KB071216

빼기의 기술

SUBTRACT

빼기의 기술

본질에
집중하는
힘

라이디 클로츠 지음
이경식 옮김

Leidy Klotz
Subtract

청림출판

일러두기

본문의 각주는 모두 역자주입니다. 저자주는 미주로 표시했습니다.

"나는 ○○을 덜 해야 해"가 아니라
"나는 ○○을 더 해야 해"라고
결심하지 않는가?

예전보다 이런저런 물건을
더 많이 가지고 있지 않은가?

알고 있는 정보를 정리하는 것보다는
새로운 정보를 얻는 데
시간을 더 많이 쓰지 않는가?

시작했다가 마무리짓지 않은 채
다른 활동을 시작하는 경우가 많지 않은가?

가정이나 직장에서,
없애는 것보다 더 많은 수의 규칙을
새로 추가하지 않는가?

당신은 3년 전보다
지금 더 바쁘지 않은가?

우리는 ~~삶과 일과 사회를 개선하려고~~
엄청나게 많은 것을 더한다.

~~동시에 빼기를 대수롭지 않게 여긴다.~~
~~제도와 관습에서도 빼기를 간과한다.~~
우리가 사는 세상은 빼기를 무시한다.

그러나 ~~때로는~~
빼는 것이 기쁨을 가져다준다.
~~끊임없이 더하지 않아도 된다.~~

빼기가 믿을 수 없을 정도로
강력하고 많은 보상을 안겨주며
또한 재미있는 것임을 깨달았으면 좋겠다.

당신이 더 맑은 눈으로
세상을 바라볼 수 있다면 좋겠다.

어떤 문제를 해결해야 하든,
당신이 놓치고 살아가는 선택지들을
더 많이 찾을 수 있으면 좋겠다.

이 책은 빼기에 대한
나의 오랜 집착이 낳은 결과물이다.

프롤로그 변화를 만드는 또 다른 관점

세상을 바꾸려면 빼기를 해야 한다

우리 가족이 샌프란시스코에 놀러 갔을 때였다. 그때 엠바카데로 해변은 필수 방문지 목록에서도 순위가 높았다. 우리는 그곳에서 역사 속 이야기를 담고 있는 부두와 페리빌딩 Ferry Building 을 보았다. 야자수가 늘어선 해변 산책로를 따라서 느긋하게 걸었고, 나무가 우거진 공원에서 야생 앵무새를 찾아 두리번거렸다. 풍선 예술가가 내 아들 에즈라에게 풍선으로 원숭이를 만들어주었는데, 에즈라는 이 원숭이를 항구 바다표범들에게 보여주겠다면서 나무 데크에서 쉬고 있던 바다표범들 쪽으로 아장아장 걸어갔다. 그렇게 우리는 우리 말고 다른 사람들도 잊지 못할 추억을 부지런히 만들고 있었다.

이 멋진 장소가 탄생할 수 있었던 것은 역설적이게도 지진 덕분이었다. 수 비어만Sue Bierman이라는 여성이 했던 노력과 기여도 빼놓을 수 없다.

고속도로를 빼다

엠바카데로가 지금은 꼭 가봐야 하는 명소이지만, 과거에는 아니었다. 예전의 엠바카데로는 2층으로 된 콘크리트 고속도로였다. 미국의 다른 많은 도시에도 있는 시내를 가로지르는 고속도로처럼, 엠바카데로 고속도로는 2차 세계대전이 발발한 뒤에 군대과 군용물자를 신속하게 이동시키고, 늘어난 교통량을 처리할 목적으로 연방정부의 지원을 받아 건설되었다.[1]

엠바카데로 고속도로는 건설된 뒤로 수십 년에 걸쳐 샌프란시스코 동쪽 해변을 따라 약 1.6킬로미터가 넘는 구간이 연장되었다.[2] 그 탓에 해변 풍경이 가로막혔고 사람들이 해변에 접근하기도 불편해졌다. 도시의 다른 곳에서는 지역 활동가들이 이 고속도로가 도시에 이득보다는 해를 더 많이 줄 것이라는 이유로 도로의 철거를 주장하고 나섰다(고속도로를 찬성하는 집단들은 처음에 이 활동가들을 '철부지 가정주부들'이라고 부르며 대단치 않게 여겼다). 그러나 엠바카데로 고속도로를 이용하는 차량은 하루에 수만 대나 되었다. 고속도로를 새로 놓을 필요가 없다고 결정하는 것과, 이미 사용되는 고속도로를 없애는 것이 좋은 생각인지를 묻는 것은 다른 차원의 문제였다. 다행히도 샌프란시스코에는 수 비어만이라는 사람이 있었고, 덕분에 우리는 지금 엠바카데로의 멋진 풍광을 즐길 수 있다.

수 비어만은 네브래스카에서 자랐고 1950년대에 샌프란시스코로 이주했다. 그때만 하더라도 비어만은 도시계획에는 관심도 없고 음악 교육을 받겠다는 마음뿐이었다. 그러나 그녀는 놀라울 정도로 명석하고 추진력이 강했다. 고등학교를 졸업할 때는 졸업생 대표였으며, 손에서 책을 놓지 않는 부지런한 독서가이기도 했다. 그녀는 샌프란시스코에서 지역사회의 주부 활동가로 일하며 일을 어떻게 추진하고 또 매듭지어야 하는지 배웠다. 그녀는 지역 활동가들의 리더가 되었고, 1976년에는 샌프란시스코 도시계획위원회 위원으로 임명되었다.

비어만은 맡은 일을 꼼꼼하게 처리했다. 그녀는 도시계획위원회와 함께 엠바카데로 고속도로가 처리하는 교통량이 얼마인지, 얼마나 많은 방문객이 샌프란시스코를 사업차 방문하는지, 이 고속도로가 주변 부동산 가치에는 어떤 영향을 주는지, 또 이 고속도로 덕분에 다른 지역과 연결되는 지역에 거주하는 주민의 삶의 질과 이 고속도로 때문에 마을이 두 쪽으로 갈라지는 지역에 거주하는 주민의 삶의 질에는 각각 어떤 영향을 주는지 등 동원할 수 있는 모든 변수를 고려해서 이 고속도로를 연구했다.

도시계획위원회는 몇 가지 선택지를 놓고 고심했다. 복층 고속도로를 지하 터널로 바꾼다면 비용은 얼마나 들고 또 이때의 이점은 무엇일까? 고속도로를 연장해서 금문교와 연결하면 어떨까? 고속도로는 그냥 두고 여기에 들어갈 예산을 다른 사업에 쓰면 어떨까?

이것 말고도 여러 방안이 있었고, 이 방안들을 모두 분석하는 데 10년이 넘게 걸렸다. 마침내 1985년에 도시계획위원회는 엠바카데로 고속도로 계획안을 확정했다. 철거하는 것이 좋겠다는 결정이었다.

고속도로 인근에 있던 상점들은 그 계획안에 반대했다. 자동차 통행량이 줄어들면 방문객이 그만큼 줄어들 것이라는 이유였다. 정말 놀랍게도 이 계획안에 반대하고 나선 사람들은 상인만이 아니었다. 샌프란시스코 시민들이 고속도로 철거를 놓고 주민투표를 실시했는데, 철거 반대가 압도적이었던 것이다. 철거의 찬반 비율은 거의 1대 2였다. 교통지옥을 염려했든, 장사가 망할지 모른다고 두려워했든, 그저 변화 자체를 두려워했든, 유권자들은 고속도로 철거에 반대했다. 그게 샌프란시스코 시민의 민심이었다. 결국 수 비어만과 위원회는 주민투표가 끝나자 그 프로젝트에서 손을 떼고 다른 프로젝트로 넘어갔다.

그런데 무서운 자연현상 하나가 모든 것을 바꾸어놓았다. 1989년 10월 17일에 발생한 로마프리타 지진[3]이 없었더라면 그 고속도로는 지금도 여전히 샌프란시스코의 해변을 가로막고 있을지도 모른다.

당시 나는 스포츠에 열광하는 중학생이었는데, 미국 프로야구 최종 승자를 놓고 벌어지는 월드시리즈 3차전 중계방송을 보겠다는 마음으로 들떠 있었다. 그런데 TV 화면이 갑자기 깜깜하게 꺼졌다. 곧 다시 켜진 화면 속에서 샌프란시스코의 종합경기장인 캔들스틱파크를 배경으로 아나운서가 겁에 질린 목소리로 지진 소식을 전했고, 무너진 복층 고속도로와 불타는 도시가 나왔다. 나는 로마프리타 지진의 모든 것을 TV 화면으로 경험했다.

농구 코트만큼 넓은 상층 콘크리트 평판이 샌프란시스코와 오클랜드를 연결하는 다리인 베이브리지의 하층 데크로 떨어졌다. 불길이 마리나 지구 전체를 덮었다. 그곳은 엠바카데로에서 북쪽으로 불과 몇 블록 떨어지지 않은 곳이었다. 사람들은 서둘러 집을 빠져나오면서 몇 가지 가재도구만 가까스로 챙겼고, 이렇게 챙긴 짐을 옆에 두고 얼이 빠진 얼굴로 노천에 주저앉았다. 이 지진으로 60명 넘게 사망했으며 수천 명이 다쳤다. 약 60억 달러의 재산 피해가 발생했는데, 당시 기준으로 미국 역사상 가장 값비싼 대가를 치른 지진이었다.[4]

바로 이 지진이 엠바카데로 고속도로 철거의 셈법을 바꾸어놓았다. 우선, 더 이상 기존 고속도로를 사용할 수 없게 되었다.[5] 손상되거나 노후한 구조물을 수리한 다음에 그 많던 교통량을 다시 처리한다고 하더라도, 차라리 철거하는 편이 비용 편익 계산에서 오히려 유리했던 것이다.[6] 둘째, 지진은 고가도로가 얼마나 위험한 건축물인지 일러주는 비극적인 경고였다. 그 지진으로 사망한 사람 가운데 다수는 오클랜드의 사이프레스 스트리트 육교가 붕괴할 때 압사당했다.[7] 길이가 1.6킬로미터가 넘는 복층의 고가 콘크리트 구조물인 사이프레스 스트리트 육교는 엠바카데로 고속도로처럼 불길하게 보였다.

이 끔찍한 지진의 참상을 보고서도 샌프란시스코의 똑똑한 사람 가운데 많은 수는 무너진 도로를 원래 모습대로 복원하길 원했다. 엔지니어들은 도로를 수리해서 두꺼운 콘크리트 기둥으로 보강하거나, 제자리에 그대로 두자고 제안했다. 지역 상인들도 여기에 동의했고, 많은 주민도 역시 그렇게 하길 바랐다.[8] 퓰리처상을 수상한 〈샌프란시스코 크로니클〉의 칼럼니스트 허브 카엔**Herb Caen**은 "다시 또 엠바카데로 고속도로 건설보다 훨씬 더 나쁜 생각인, 철거와 관련된 '진지한 논의'가 있다"라고 말했다.[9] (현재 고속도로가 사라진 해변 산책로는 그의 이름을 딴 명칭으로 불리고 있다.)

그러나 이번에는 주민투표가 없었다. 주민투표를 했다면 그 고속도로가 지금도 그 자리를 지키고 있을지 모른다. 이 고속도로를 어떻게 처리할 것인가 하는 결정은 샌프란시스코 감독위원회에 위임되었고, 이 위원회는 6대 5의 아슬아슬한 표결 끝에 마침내 도시계획위원회의 원래 권고안인 철거 계획안을 승인했다.[10]

수 비어만은 만족했다. 그러나 이 만족은 오래가지 않았다. 1991년에 새로 선출된 시장이 비어만을 해임했기 때문이다. 그 시장은 선거 때 엠바카데로 고속도로를 철거하자고 했던 도시계획위원회를 해체하겠다는 공약을 내세웠는데, 당선된 뒤 그 공약을 지킨 것이다.

지진뿐만 아니라 몇몇 공직자의 희생으로, 마침내 문제의 고속도로는 철거되었다. 고속도로가 사라지자 관광객과 샌프란시스코 시민이 해변을 되찾았다. 고속도로가 철거된 뒤로 10년 동안 이 지역에 주택이 50퍼센트 증가했으며 일자리가 15퍼센트 증가했다.[11] 이 증가율은 도시의 다른 지역의 증가율을 크게 웃도는 수준이었다. 고속도로를 철거했음에도 일부에서 걱정했던 교통지옥 현상이 나타나지도 않았다. 지상의 도로망, 베이브리지로 가는 다른 진입로, 대중교통 등으로 교통량이 분산되었기 때문이다.[12] 사람들은 샌프란시스코 시내를 돌아다닐 새로운 노선들을 찾아냈다. 자동차 전용도로였던 고속도로는 이제 자동차를 타고 이동하던 사람들만큼이나 많은 보행자를 수용한다.[13]

샌프란시스코를 방문하는 사람들에게는 이런 상황이 너무도 당연하다. 어떤 고속도로든 엠바카데로를 덮고 지나가면 안 되는 이유는 분명하다. 고속도로가 철거된 지 10년이 지난 2000년에 〈샌프란시스코 크로니클〉은 "고속도로를 철거한 것이 잘못된 결정이라고 생각하는 사람을 찾아보기 힘들다"라고 보도했다.[14]

수 비어만이 사망했을 때 한 신문에 추도사가 실렸는데, 샌프란시스코를 위해서 반세기 동안 봉사한 "대표적인 공동체 활동가"라는 말로 그녀를 칭송했다.[15] 현재, 해변 근처에서 정신없이 바쁘게 돌아가는 금융가에 둘러싸인 약 6,000평 넓이의 녹색 오아시스는 '수 비어만 공원'이라는 이름으로 불린다. 이 공원에서 내 아들 에즈라와 나는 야생 앵무새를 찾으며 즐겁게 돌아다녔다.

투자금을 빼다

수 비어만이 엠바카데로 고속도로를 철거하자고 최종 제안을 하던 무렵에, 부두 노동자 레오 로빈슨Leo Robinson은 오클랜드 콜로세움에 있었다.[16] 메이저리그 구단인 오클랜드 어슬레틱스의 홈구장을 빽빽하게 채운 약 6만 명의 사람들 앞에서 연설하던 넬슨 만델라는 로빈슨에게 고맙다고 했다. 샌프란시스코의 부두 노동자 로빈슨은 남아프리카 공화국에서 일상적으로 진행되던 인종차별주의적 억압 체계인 아파르트헤이트(인종분리정책)를 철폐했을 것 같은 인물로는 보이지 않았다.

1937년에 루이지애나의 슈리브포트에서 태어난 로빈슨과 그의 가족은 그가 아직 어린 소년일 때, 아프리카계 미국인에게는 미국 남부 지역보다 훨씬 더 나은 기회를 약속하던 땅 베이에어리어Bay Area로 이사했다. 그러나 로빈슨 가족은 사실상 인종적으로 분리되어 '붉은 선으로 접근 금지 구역 표시가 된' 곳에 살았다. 레오의 부모가 일자리를 얻을 수 있었던 것은 순전히 대통령의 완벽한 행정명령과 차별적인 고용에 반대하는 조직적인 시위, 전시 경제 호황기의 노동력 부족 덕분이었다. 로빈슨은 고등학교를 다니다가 마지막 학년 때 중퇴하고 해군에 입대해서 한국전쟁 이후 몇 년 동안 복무했다.

로빈슨은 1960년대 초에 명예제대를 한 뒤 부두로 일하러 나갔다. 처음에 그는 남아프리카공화국에서 벌어지는 일은 말할 것도 없고, 자기 주변 일 외에는 그다지 신경 쓰지 않고 살았다. 나중에 그는 정치적인 행동을 하게 된 계기를 회상하면서, 베트남전쟁에서 미국이 하는 역할을 놓고 자신이 의견을 제시할 자격이 없다고 느꼈던 어떤 상황을 꼽았다. 그런 일이 있은 뒤에 로빈슨은 정치에 깊이 발을 들여놓았고, 얼마 지나지 않아서 여러 세계적인 쟁점에 대해서 행동으로 정치적인 의사표시를 하기 시작했다.

어느 시점에선가 남아프리카공화국의 아파르트헤이트가 로빈슨의 투쟁 목표 중 하나가 되었다. 아파르트헤이트의 인종차별주의가 미국의 인종분리정책, 고용 차별, 소득 불평등에 대한 그의 투쟁심을 일깨웠다. 그는 남아프리카공화국과 미국에서 자행되는 인종차별이 비슷하다는 점을 강조하면서 부두 노동자들의 반反인종차별주의 조직을 만들고 이 조직을 키우는 데 힘을 보탰다.

1984년 말 샌프란시스코 80번 부두에 네들로이드 킴벌리 **Nedlloyd Kimberley** 호가 정박했을 때, 로빈슨을 비롯한 부두 노동자들은 다른 화물을 모두 내린 후 남아프리카공화국에서 온 화물 하역을 거부하고 자리를 떠나버렸다. '인종차별의 피가 묻은' 강철, 자동차 부품, 와인 등은 하역되지 못한 채 그 배에 그대로 실려 있었다.**17** 로빈슨의 조직이 워낙 강력하다 보니 인근 다른 부두들에서도 노동자들은 아파르트헤이트 화물을 받아들이지 않겠다고 선언했다.

로빈슨이 기대했던 대로 부두 노동자들의 이 파업은 일련의 반反아파르트헤이트 행동의 불씨가 되었다. 날마다 수천 명이 네들로이드 킴벌리 호 옆에서 시위를 벌였다. 얼마 뒤 오클랜드 시청은 남아프리카공화국에서 사업을 하는 회사들에 투자했던 모든 자금을 회수했다.[18] 캘리포니아 주정부도 남아프리카공화국에 투자했던 110억 달러가 넘는 돈을 뺐다.[19] 이어서 비슷한 조치가 다른 도시와 주, 다른 나라들로 퍼져나갔다. 제너럴일렉트릭, 제너럴모터스, 코카콜라 등을 포함한 다국적기업들도 남아프리카공화국과 맺었던 관계를 서둘러서 끊었다.

아파르트헤이트에 대한 조직적인 저항은 오랫동안 존재했다. 특히 남아프리카공화국에서는 더욱 그랬다. 이런 저항 때문에 넬슨 만델라 같은 사람들이 체포되고 투옥되었다. 그러나 외국의 투자 자본이 철수하기 시작하자 남아프리카공화국에서 아파르트헤이트 시대의 종말이 머지않은 미래로 다가왔다. 만델라가 오클랜드 콜로세움에서 연설하면서 레오 로빈슨과 그의 동료들에게 "베이에어리어에서 반아파르트헤이트 운동의 최전선"이 되어줘서 고맙다고 인사한 것도 바로 이런 이유 때문이다.[20]

생각을 빼다

레오 로빈슨은 사회의 어떤 시스템 하나를 개선했다. 수 비어만은 도시 하나를 개선했다. 그리고 엘리너 오스트롬 Elinor Ostrom은 어떤 발상 하나를 개선했다. 오스트롬의 재능은 어떤 발상을 개선하고 확장하기보다 그 발상을 떨쳐내는 데 있었다. 이런 경우는 노벨상 수상자에게서도 흔하게 볼 수 있다.[21]

인디애나대학교 교수 오스트롬은 경제적 지배구조를 연구하는 데 전념하면서 '공유지의 비극'으로 일컬어지는 이론에 반기를 들었다. 그 이론은 생태학자 개럿 하딘Garrett Hardin이 주창했다. 하딘은 1968년에 〈사이언스〉에 게재한 논문에서 공유지에서 '소를 방목하는 목동들'이라는 오래된 우화를 들고 나왔다.[22] 목동들은 그 공유지에 얼마나 많은 소를 방목할지 결정해야 한다. 모든 목동이 적절한 수의 소만 방목한다면, 공유지는 재생력을 잃지 않고 해마다 적정한 만큼의 소가 먹을 풀을 생산할 수 있고, 따라서 목동들은 그 공유지를 이용해서 편익을 누리는 일을 영원히 이어갈 수 있다. 그러나 딜레마가 있다. '다른 목동들은 자기가 기르는 소의 수를 제한하는데 어떤 목동들은 그렇게 하지 않는다면 어떻게 될까?' 하는 것이었다. 이렇게 되면 공유지는 결국 황무지가 될 것이고, 소의 수를 스스로 제한했던 목동들은 더 많이 가질 수도 있었던 단기적인 이익을 놓치고 만다. 이런 일이 한번 일어나면, 모두가 이기적인 목동이 되고 만다. 이기적이지 않은 목동이 되고 싶어도 다른 목동들이 이기적으로 행동할 것임을 아는 순간 이기적으로 될 수밖에 없다. 이런 상황에서는 되도록 많이, 그리고 신속하게 자기 몫을 챙기는 것이 좋다. 챙길 수 있을 때 빨리 챙기는 게 최고라는 말이다.

하딘은 목동의 비유를 현대적인 환경 쟁점으로 확장했다. 그는 많은 사람이 편리하게 쓸 수 있지만 아무도 소유하지 않은 공유자원에서는 이기적인 목동의 행동이 언제든 만연할 수밖에 없음을 발견했다. 환경과 관련된 많은 쟁점을 공유지의 비극이라는 관점에서 바라볼 수 있다. 기후변화만 해도 그렇다. 깨끗한 대기는 인류가 생명을 유지할 수 있는 공동의 자원이다. 그런데 어떤 사람들은 이기적인 목동처럼 화석연료를 무지막지하게 소모함으로써 치명적일 정도로 많은 양의 온실가스를 대기로 배출한다. 흔하게 일어나는 이런 환경 파괴에 대처할 수 있는 유일한 방법은 자연자원의 소유권을 공동 소유가 아닌 개인 소유로 하는 것이라고 하딘은 주장했다.**23**

하딘이 말한 공유지의 비극은 인간의 동기와 공유자원을 다스리는 규칙, 자원 자체에 대한 몇 가지 가정이 전제될 때만 성립한다. 그런데 오스트롬은 이런 가정들이 틀렸음을 입증했다.**24** 인간은 아무런 비극을 겪지 않고서도 공동체를 얼마든지 잘 관리할 수 있다는 것이다. 그녀는 정밀한 현장 연구를 통해서 이런 일이 인도네시아의 숲**25**, 네팔의 관개 시스템**26**, 뉴잉글랜드의 랍스터 어장**27** 등 전 세계에서 일어나고 있다고 확인했다.

하딘이 우화에서 일반적인 이론을 제시한 반면에, 오스트롬은 구체적인 증거를 가지고서 더 미묘한 주제들을 추출했다. 오스트롬이 다룬 주제들 가운데 하나는 공동체가 나서서 신경 쓰는 방식(예컨대 어부들이 동네 술집에서 대화를 하면서 랍스터 남획을 자율적으로 규제하는 방식)과 대규모로 자원을 다스리는 방식(예컨대 랍스터가 멸종 위기에 있을 때 연방정부가 나서서 랍스터 어획을 전면적으로 금지하는 방식)을 하나로 섞어서 공동의 자원을 잘 운용한다는 전략이었다.

집단지식 collective knowledge에 대한 엘리너 오스트롬의 재능은 바로 편집 재능이었다. 오스트롬은 '공동 소유라는 일반적인 상황은 결국 비극으로 끝날 수밖에 없다'는 하딘의 주장에서 시작했지만, '각각의 특정한 개별 상황은 훈훈한 결말로 끝날 수 있음'을 보여주었다.**28** 사려 깊은 계획만 마련한다면 얼마든지 행복한 결말을 만들 수 있음을 발견한 것이다.

이 세 가지 이야기의 공통점은 '빼기'의 힘을 이용했다는 사실이다. 수 비어만은 샌프란시스코를 세계에서 방문객이 가장 많은 도시로 만들기 위해서 고속도로를 뺐다. 레오 로빈슨은 투자금을 빼게 만들어서 아파르트헤이트를 무너뜨렸다. 엘리너 오스트롬은 잘못된 발상을 뺌으로써 인류가 더 나은 공동의 미래를 함께 가꾸어나갈 수 있게 했다. 세 사람 모두 자기가 가지고 있던 생각과 용기와 끈기 덕분에 세상을 더 나은 곳으로 바꾸었다. 이들이 이런 변화를 일으킨 것은 다른 사람들이 놓쳤던 기회를 포착했기 때문이다.

더하기만큼 강력한 빼기의 힘

혹시 당신은 어떤 결심을 할 때, '나는 ○○을 덜 해야 해'가 아니라 '나는 ○○을 더 해야 해'라고 생각하지 않는가?

당신은 예전보다 이런저런 물건을 더 많이 가지고 있지 않은가?

이미 알고 있는 정보를 걸러내는 데보다는 (팟캐스트든 웹사이트든 다른 사람과 나누는 대화를 통해서) 새로운 정보를 얻는 데 시간을 더 많이 쓰지 않는가?

이미 써놓은 글을 다듬고 줄이기보다는 새로운 내용을 추가하는 데 시간을 더 많이 쓰지 않는가?

어떤 일을 마무리짓지 않은 채로 다른 일을 시작하는 경우가 잦지 않은가?

가정이나 직장에서, 없애는 규칙보다 더 많은 수의 규칙을 새로 추가하지 않는가?

사람들이 일하지 않고 얻은 사회적 특권을 없애기보다는 사회적 약자에게 무엇을 더 줄 수 있는지 생각하지 않는가?

당신은 3년 전보다 지금 더 바쁘지 않은가?

만일 당신이 이 질문들에 "그렇다"라고 대답했더라도 너무 실망할 필요는 없다. 당신만 그런 게 아니기 때문이다. 우리는 너 나 할 것 없이 자기의 삶과 일과 사회를 조금이라도 개선하려고 엄청나게 많은 것을 '더한다'. 여기에는 많은 이유가 복잡하게 얽혀 있다. 문화적인 이유, 경제적인 이유, 역사적인 이유도 있고 심지어 생물학적인 이유도 있다. 그런데 굳이 이렇게 더하지 않아도 된다.

물론 때로는 많은 것이 좋다. 샌프란시스코 여행을 마치고 돌아왔을 때 우리 가족은 방이 다섯 개인 집에서 각자 흩어져 여유롭게 지냈다. 더하는 것이 그 자체로는 나쁘지 않지만, 예컨대 우리 집 1층이 수만 개의 레고로 가득 차는 경우처럼 시간이 지남에 따라 우리를 답답하게 만든다. 그래서 때로는 빼는 것이 기쁨을 가져다준다. 나는 러닝머신 밖에서도 달리곤 한다. 러닝머신에서 달릴 때는 눈으로 텔레비전 뉴스를 보면서 귀로 오디오북과 팟캐스트를 듣곤 했는데, 그러다 보니 나의 두뇌는 데이터를 지식에서 지혜로 전환할 기회를 좀처럼 마련할 수 없었다. 더 적은 것이 가져다주는 보상은 '어떻게 하면 조금 덜 가질까' 하는 생각이 구체적인 증거로 보강된 뒤에야 비로소 실현되었다.

우리는 빼기를 대수롭지 않게 본다

샌프란시스코의 해변을 조사하는 수 비어만이나, 집을 리모델링할 생각을 하는 나나, 어떤 결심을 하는 당신이나, 본질적으로는 모두 같은 시도를 한다. 어떤 대상을 현재의 모습에서 자기가 바라는 모습으로 바꾸고자 하는 것이다. 변화를 꾀하는 행동은 늘 있게 마련이다. 한 가지 선택지는 이미 존재하는 것에 어떤 것을 더하는 것이다. 이것은 사물일 수도 있고 생각일 수도 있고 사회 시스템일 수도 있다. 그런데 더하기 외에 또 다른 선택지가 있다. 이미 존재하는 어떤 것을 빼는 것이다.

문제는 우리가 빼기를 대수롭지 않게 여기고 간과한다는 점이다. 어떤 것을 더했을 때의 결과를 떠올리기는 쉽지만, 뺐을 때의 결과를 떠올리기는 어렵다. 어찌어찌해서 빼기라는 선택을 머리에 떠올렸다고 해도 실행하기가 더 어려울 수 있다. 그러나 우리는 선택할 수 있다. 빼기를 대수롭지 않은 것으로 여기는 이런 실수가 우리의 도시와 제도와 정신에 피해를 준다. 그러니 실수하지 말자. 변화의 전체 범주를 간과할 때는 대가를 치러야 한다.

빼기를 대수롭지 않게 여기고 무시하는 일은 가정에서도 해롭다. 그런 예를 수십만 가지도 들 수 있다.**29** 믹서기, 몸에 맞지 않는 옷, 레고 블록, 바람 빠진 채 방치된 원숭이 풍선(샌프란시스코 가족 여행에서 생긴 쓰레기) 등을 누군가는 정리해야 한다. 그러려면 돈도 많이 들고, 생각만 해도 머리가 아플 정도로 복잡하고 번거롭다. 많은 시간을 들여야 한다는 뜻이기도 하다. 점점 더 부족하고 소중해지는 시간 말이다. 특히 빡빡한 일정을 조금이라도 느슨하게 줄이는 방법으로 빼기를 고려하지 않으면 시간은 더 부족하고 소중해진다.

우리는 제도와 관습에서도 빼기를 무시한다. 정부와 가정에서는 더하기가 기본 사항으로 설정되어 있다. 아직 어린 에즈라는 자라면서 점점 더 많은 규칙에 얽매이고, 어른들은 1950년의 스무 배에 달하는 연방 규정을 머리에 새겨야 한다.[30] 너무 많은 규칙과 형식적인 절차는 우리가 진정으로 바라는 행동을 우리 아이들이 그리고 (뒤에서 살펴보겠지만) 낙농업자들이 하지 못하도록 그들의 주의를 흐트러뜨릴 수 있다. 게다가 사회적인 변화라는 측면에서도, 우리가 놓치는 빼기라는 방식은 종종 더 나은 선택지가 된다. 아파르트헤이트에 저항하는 반군에 돈을 기부하는 것이 도움이 되긴 하지만, 그것만으로는 해로운 시스템의 힘을 온전하게 제거하지는 못한다. 그러나 아파르트헤이트로부터 투자금을 회수하는 것은 다르다.

우리가 사는 세상은 빼기를 무시한다. 이런 경향이 얼마나 보편적이고 강력한지, 전문가들은 학습을 아예 '지식 구성knowledge construction'이라고 말한다.[31] 우리가 어떤 지식을 잘못 알고 있을 때, 이 지식 위에다 또 다른 지식을 쌓는 것은 지진으로 손상된 고속도로 위에다 콘크리트 평판을 얹어서 기존의 지식을 강화하겠다는 발상이나 마찬가지다. 이상적으로 말하면 낡은 생각을 버리고 안정된 기반 위에 새로운 생각을 쌓는 것이 옳다. 그런데 우리는 개인적인 차원에서든 사회적인 차원에서든 개럿 하딘이 말했던 공유지의 비극을 배웠기 때문에 이것을 의심하지 않고 믿는 경향이 있다. 그러나 명심해야 할 점이 있다. 하딘은 다민족 사회에 반대하려고 자기가 고안한 공유지의 비극 이론을 사용한 우생학자였다. 그렇기 때문에 성격이 다른 공동체들 사이의 협력과 관련된 문제를 해결할 때는 하딘의 이론이 특히 더 해롭다. 그런 발상이 어디에서 비롯되었든 자기의 마음을 활짝 열어놓으려면 직관적으로 틀렸다는 판단이 드는 순간에도 과감하게 빼는 작업을 할 필요가 있다.

빼기를 무시하는 행동은 지구에게도 더 나쁘다. 닥터 수스**Dr. Seuss**가 반세기 전에 환경주의의 고전적인 저서《로렉스**The Lorax**》를 통해서 밝혔듯이, 만약 우리 인류가 후세에 여러 가지 선택지를 남기고 싶다면 일단 지금은 여러 가지 것을 뺄 필요가 있다. 대기 중의 이산화탄소 농도가 일정한 기준선 위로 올라가 있을 때는 이산화탄소를 조금 더 천천히 배출한다고 해서 그 문제가 해결되지 않는다. 좋은 출발점이긴 하지만 그것만으로는 문제를 근본적으로 해결할 수 없다. 그렇기 때문에 지금 우리는 무언가를 뺄 필요가 있고 또 그렇게 해야 한다.

우리는 더하기의 특성과 근원을 이해함으로써 서로 이질적인 세상들에서 더 적은 것을 찾는 방법을 배울 수 있다. 당신이 빼기를 하는 소수의 사람들 가운데 한 명이라면, 당신은 변화라는 우리의 시장에 팽배한 비효율성을 이용해서 변혁을 이뤄낼 것이다.

빼기가 소외되어온 이유

이 책은 '더 적음less'에 대한 나의 오랜 집착이 낳은 결과물이다. 나는 적어도 10대 시절부터, 내가 보기에 그 어떤 사람의 삶도 개선하지 못하는 것을 없애지 못하는 온 세상에 만연한 무능함을 놓고 곰곰이 생각했다. 그때 나는 여름마다 잔디를 깎아야 했다. 잔디를 깎으며 이런 생각을 했다. '아무리 봐도 잔디는 깎일 때만 쓸모가 있는 것 같네. 이것 말고 잔디가 어디에 쓸모가 있다는 거지?'

잔디 깎던 소년에서 20년이 지난 지금 나는 유치원생 아들 에즈라와 함께 놀면서 빼기를 생각한다. 에즈라는 내가 그 나이일 때 가졌던 것보다 더 많은 책과 레고 블록, 주의를 산만하게 하는 온갖 것을 가지고 있지 않은가. 이 아이가 일관성 있는 문장들을 하나로 연결하기 훨씬 이전에 이미, 장난감이든 놀이든 뭐든 상관없이 쌓고 더하고 합치는 방법부터 터득한 이유는 도대체 무엇일까?

잔디를 깎던 예전에도, 미취학 아동을 분석하는 지금도, 빼기를 하려는 인간의 노력과 그 결과로 얻는 잠재적인 보상에 대한 생각을 한순간도 멈춘 적이 없다. 나는 학부생일 때 토목공학을 전공했다. 건물과 다리를 만드는 데 중점을 둔 토목공학은 에즈라가 블록을 가지고 노는 놀이의 전문가 버전인 셈이다. 역설적이게도, 물리적인 인프라(기반시설)를 추가하는 토목공학과 수학을 배우면서 나는 오히려 정신적인 빼기의 가치를 깨달았다.

대학교를 졸업한 뒤 나는 뉴저지에 있는 건축학교에서 몇 해를 보냈다. 그때 나는 바닥 타일을 제거하면 청소가 얼마나 쉬워지는지, 따라서 얼마나 더 건강한 학습 환경이 되는지 보았다. 또 공사 일정이 간소화되면 효율이 얼마나 높아지는지도 보았다. 프로젝트 관련 업무가 중복된 직원들을 재배치할 때 사무실이 얼마나 더 원활하게 돌아가는지도 보았다. 또 현실에서 빼기가 적용되는 경우가 얼마나 드문지도 보았다.

'더 적음'에 대한 생각은 내가 교수가 되면서부터 날개를 활짝 폈다. 소년 시절 잔디를 깎기 시작한 이후로 내내 자유롭게 생각하는 대가로 보수를 받지 못하다가 교수가 되고 비로소 보수를 받게 되어서 그런 건 아니었다. 이제 나에게는 더 적음을 생각할 때 유용하게 사용할 몇 가지 새로운 도구도 생겼다.

나도 대부분의 다른 교수들처럼 즐겁게 지식을 창조하고 공유하는 (그리고 때로는 빼는) 일에 연구 활동을 바친다. 그런데 나는 그들과 달리 단일한 학문에 덜 얽매인다. 나의 명함은 공학과 건축과 사업을 하나로 연결해서 나를 설명하지만, 나와 함께 일하는 많은 사람은 나를 행동과 학자로 여긴다. 내가 전공하는 분야가 고무줄처럼 늘어난다는 것은 일정표에서 빼야 할 약속이 다른 사람에 비해서 상대적으로 더 많다는 뜻이고 또 걸러내서 휴지통으로 버려야 할 이메일이 더 많다는 뜻이다. 그러나 이런 불편함은 당신이 이 책에서 만날 아이디어와 작업의 매우 특별한 네트워크를 위해서 내가 지불하는 작은 대가일 뿐이다.

빼기에 대한 생각을 연마할 수 있었던 것은 내가 학계에 몸담은 덕분이다. 어린 시절에 잔디를 깎으면서 했던 생각은 지난 10년 동안 다른 곳으로 빠져나가지 않고 마음속에서 다듬어졌고, 마침내 여러 가지 증거로 열매를 맺었다. 이제 나는 이 증거를 최대한 많은 사람과 공유해야 한다는 생각에 짜릿한 흥분감을(동시에 의무감을) 느낀다.

그 증거를 검토하기 전에, 우리가 찾고 있는 것이 무엇인지 알아야 한다. 먼저 지금까지 발전시켜온 내 생각을 소개해야겠다. 내가 어떤 목표 지점에 도달하려고 노력하며 기울였던 수천 시간은 모두 다음 두 단락에 압축되어 있다.

이 문제에서 돌파구를 찾은 것은, 내가 관심을 가지는 대상이 단순함이나 우아함**32** 혹은 '더 적은 것이 오히려 더 많은 것이다 Less is more '**33** 같은 정태적인 현상이 아님을 깨달았을 때였다. 빼기는 일종의 동작이다. 그리고 더 적다는 것은 최종 상태다. 더 적은 상태는 때로 빼기의 결과이기도 하고, 어떤 때는 아무것도 하지 않은 선택의 결과이기도 하다. 이 두 가지 유형의 상대적인 적음 상태는 서로 많이 다르다. 우리가 훨씬 더 희귀하고 더 보람 있는 유형에 도달하는 방법은 오로지 빼기라는 행동을 통할 때다.

다른 말로 하면 빼기는 더 적어지는 것을 추구하는 행동이지만 행동을 덜 하는 것과는 다르다. 사실, 더 적어진다는 것은 행동을 더 많이 하거나 적어도 더 많이 생각하는 것을 의미한다. 예컨대 고속도로를 없애는 일은 고속도로를 그냥 두거나 아예 처음부터 고속도로를 건설하지 않는 것보다 훨씬 어렵다. 우리 연구팀이 실험을 통해서 발견한 사실이지만 정신적인 차원의 빼기에도 많은 노력이 든다. 그러므로 빼기를 하는 사람이라고 해서 미니멀리스트가 될 필요는 없다. 느긋해야 한다거나 반反기술주의자여야 할 필요도 없다. 손쉬움을 인기의 비결로 삼는 철학을 따로 가질 필요도 없다. 그런 철학을 빼기와 혼동할 경우에는 빼기를 하나의 선택지로 바라보지 않으며, 또 빼기를 하는 데 필요한 힘든 일을 대수롭지 않게 여기고 무시하는 태도가 나타난다.

우리 연구팀은 이런 생각을 명확하게 공유한 다음에 수만 시간을 연구 작업에 쏟아부었다. 우리는 실험하고, 토론하고, 쓰고, 발표하기를 반복했다. 마침내 사람들은 빼기를 머릿속에 떠올리지도 못한 채 그냥 넘어간다는 사실을 발견했다. 빼기가 명백하게 더 나은 선택임에도 불구하고 더하기 외의 변화는 아예 생각조차 하지 않는다는 말이다.

이렇게 해서 내가 제기해야 할 질문이 나온다. 도대체 이렇게 되는 이유가 무엇일까? 그렇다면 우리는 어떻게 하면 빼기를 더 잘 볼 수 있을까?

빼기의 기술이 필요한 시대

빼기의 힘을 알아차린 사람은 나만이 아니다. 우리 주변에는 더 적은 상태를 유발함으로써 효과를 발휘하는 사람이 많다. 이를테면 컴퓨터 과학자 칼 뉴포트Cal Newport는 디지털 미니멀리즘을 전파하고,[34] 요리사 제이미 올리버Jamie Oliver는 다섯 가지 식재료만 가지고서 다양한 요리법을 제시하며,[35] 정리정돈의 달인 곤도 마리에近藤麻理惠는 온갖 잡동사니를 없애서 집을 재단장하는 법을 가르친다.[36] 이런 전문가들은 빼기로 더 나은 상태를 만드는 특별한 방법을 제시한다. 그들의 충고는 언뜻 봐서는 도무지 맞지 않을 것 같지만, 이상하게도 우리에게 기쁨을 선사한다.

그런데 왜 이런 조언이 '놀랍다'는 반응을 불러일으킬까? 동일한 문제를 해결하는 데 왜 군이 컴퓨터와 요리와 청소라는, 분야가 전혀 다른 세 가지 책을 그때마다 찾아서 읽어야 할까? 레오나르도 다빈치가 "완벽한 상태는 더는 아무것도 뺄 게 없는 상태"라고 정의를 내린 지 500년이나 지났다. 14세기의 신학자 윌리엄 오컴이 "적게 들이고도 얼마든지 할 수 있는 일을 많은 것을 들여서 하는 것은 쓸데없는 짓이다"

라고 지적한 지는 700년이나 되었고, 노자가 "지식을 얻으려면 날마다 하나씩 보태고, 지혜를 얻으려면 날마다 하나씩 빼라"라고 가르친 지는 무려 5,000년이 넘었다.

나는 이 참신하고도 오래된 빼기의 예언자들로부터 지금까지 많은 것을 배웠다. 중요한 점은 그들 자체가 바로 빼기의 필요성을 증명하는 예외라는 것이다. 그들의 조언이 지금까지 유효한 것은 우리가 여전히 빼기를 소홀히 하기 때문이다.

대수롭지 않게 여기고 무시하는 태도의 결과는 우리 주변에서 가장 두드러지게 나타나는데, 특히 눈에 띄는 효과는 우리의 사고방식에서 비롯된다. 19세기 미국의 사상가이자 시인 랄프 왈도 에머슨은 우리의 생각과 물리적인 세상을 에세이 〈자연 Nature〉에서 다음과 같이 시적으로 연결한다.

오늘날의 발상을 관찰해보라. 목재와 벽돌과 석회와 돌이 어떻게 지금처럼 편리한 모양으로 바뀌었는지, 또 어떻게 많은 사람의 마음을 지배하는 중심적인 발상에 순종하게 되었는지를. 발상을 아주 조금만 확대해도 외부 사물에게는 엄청나게 두드러진 변화로 이어진다.[37]

심리학의 초석을 다진 사람 중 한 명인 윌리엄 제임스 William James 는 《심리학의 원리 The Principles of Psychology》에서 본질적으로 동일한 대상을 다른 방향에서 관찰하여, 우리가 사는 집과 여러 사물이 어떻게 우리의 개성을 구성하는 한 부분이 되는지 묘사했다.[38]

이것이 바로 내가 고립적으로 존재하는 단일 학문의 범위를 초월해

도시계획에서 인간의 행동으로, 공학에서 심리학으로, 또 건축에서 사업과 정책으로 넘나드는 이유다. 생각, 우리의 생각이 영감을 불어넣는 창조물, 그렇게 해서 결과로 나타나는 생각, 또 그렇게 해서 창조되는 새로운 것… 이 모든 것 사이의 관계를 이해하고자 나는 여러 학문 분야를 넘나든다.

외부 세계와 내부 세계 사이에 형성된 공생은 강력하다. 이것이 수비어만이 고속도로를 그냥 해체하지 않고 샌프란시스코 시민들이 자동차와 사람들과 그들이 사는 동네 사이의 관계를 다시 생각하도록 도왔던 이유다. 사물과 사상이 하나의 지점으로 수렴한다는 사실은, 레오 로빈슨이 단지 투자 철회를 촉발하기만 한 것이 아니라 미국에 있는 사람들이 남아프리카공화국에도 그들의 형제자매가 있음을 깨닫도록 도왔던 이유다. 엘리너 오스트롬은 생각에서 사물로 나아감으로써, 모든 사람이 함께 편익을 누리는 공유자원에 대한 잘못된 생각을 없애는 데 그치지 않고 인도네시아의 숲에서 미국 매사추세츠주 남동부에 있는 코드곶의 어장까지, 환경 자체를 변화시켰다.

인류에게 오스트롬과 로빈슨과 비어만이 필요할 때가 있다면, 바로 지금이다. 코로나19 팬데믹은 우리가 끔찍한 대가를 치르도록 하면서 우리에게 변화를 위한 단 한 번의 기회를 주었다. 이 팬데믹 때문에 우리는 일상적인 일정과 거리와 도시 그리고 자기가 사는 사회를 다시 생각해야만 했다. 기후 공유자원이라는 차원에서 보면 팬데믹은 여행과 소비 행태에 충격을 주어서 이산화탄소 배출량이 처음으로 감소세로 돌아서게 만들었다.[39]

이기적인 목동 행위를 경고하는 이 충격을 우리는 어떻게 받아들여야 할까? 우리는 팬데믹으로 인한 모든 빼기의 결과를 받아들여야 할까? 적어도, 지금까지 빼먹지 않고 해왔던 이런저런 회의와 출퇴근을 영구적으로 포기하는(즉 빼는) 데 동의할 수 있지 않을까?

미국에서 시스템적으로 자행되는 인종차별주의를 바라보는 불길한 인내심에 대한 각성이 최근에 나타났다. 이 모든 추정을 바탕으로 우리는 지금 무엇을 해야 할까? 같은 미국인이라고 해도 코로나19에 감염될 확률은 흑인이 백인의 세 배다.**40** 공중보건 문제를 다루는 공무원 수에서 흑인 비율이 지금보다 높아지면 거기에 만족해야 할까? 아니면, 이 변화의 기회를 활용해서 구조적인 인종차별주의를(예를 들어 건강한 음식과 운동의 기회가 부족한 동네에 흑인을 몰아넣고 접근 금지의 붉은 줄을 둘러치는 그런 행위를) 철폐하는(즉 빼는) 데로 나아가야 할까?**41**

늘 그렇듯이 우리는 각자 개인이 자기 일정이나 생각을 바꾸지 않고서는 도시나 정치 제도를 개선하지 못한다. 따라서 이 책은 변화의 또 다른 유형이 가지는 힘을 사람들이 활용하도록 돕고자 한다. 1부에서는 빼기를 대수롭지 않게 여기고 무시하는 사람들의 태도를 진단할 것이고, 2부에서는 그 진단에 따른 처방을 다룰 것이다.

차례

1부

1장   빼기의 기술을 놓치는 이유

2장   우리는 본능적으로 더하기만 한다

왜 우리는 빼기를 떠올리지 못하는가

2부

Subtract

어떻게 빼기를 적용할 것인가

왜 우리는 빼기를 떠올리지 못하는가

1부

1장 빼기의 기술을 놓치는 이유

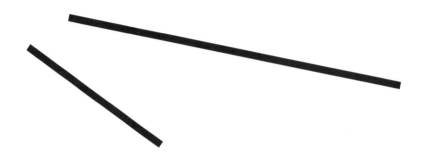

우리는 더하기만 알고 빼기는 몰랐다

'더 적음'에 대한 내 생각이 처음 나타났던 것은 아들 에즈라와 함께 레고 블록으로 다리를 만들 때였다. 다리의 두 교각 높이가 달라서 이 둘을 연결할 수 없었다. 두 교각의 높이가 같도록 맞춰야 했다. 그래서 나는 낮은 교각을 조금 더 높일 생각으로 손을 뻗어 블록을 잡았다. 그런데 세 살이던 에즈라가 높은 교각에서 블록을 하나 제거하는 게 아닌가! 그 순간, 나는 내 방식이 틀렸음을 깨달았다. 낮은 교각에 블록을 추가해서 더 높이 쌓아올리기보다는 높은 교각에서 블록을 빼는 게 더 효율적임을 깨달은 것이다.

교수가 된 이후로 나는 더 적은 것에 대한 관심을 그냥 곰곰이 생각만 하는 대신에 구체적으로 연구할 수 있는 대상으로 바꾸려는 노력을 줄곧 했다. 처음에 나는 건물과 도시가 에너지를 덜 소비하도록 함으로써 기후변화를 유발하는 탄소 배출량을 조금이라도 줄일 방법을 연구했다.[1] 나는 건축과 도시계획, 이것을 사용하는 사람들과 설계하는 사람들을 연구했다. 얼마 지나지 않아 나는 설계자들에게 곧장 집중했다. 설계자들은 자기 설계가 최적이 아닌 것으로 이어질 때조차도 정신적인 지름길을 사용한다는 것을 알았기 때문이다. 설계자들은 터무니없이 숫자에만 초점을 맞춰서 고집을 부리고,[2] 기본적인 설정으로 제시된 선택지를 별다른 생각도 하지 않은 채 수용하며,[3] 구체적인 사례에 흔들린다[4]는 것을 깨달았던 것이다. 그러나 나는 건물과 도시를 공부하는 것에서 벗어나서 그 공부 자체를 줄이는 것으로는 조금도 나아가지 못했다.

에즈라가 레고 블록을 가지고 놀면서 빼기를 추구하는 것을 본 뒤로 설계에 대한 나의 생각은 한층 더 기본적인 차원으로 나아갔다. 우리집 거실에서 상당히 단순한 상황이 제시되었다. 무언가를 더함으로써 변화를 유도할 수도 있고, 무언가를 뺌으로써 변화를 만들 수도 있었다. 에즈라의 선택에 나는 깜짝 놀랐고, 곧 나는 '더 적다'는 것은 결과이며, '뺀다'는 것은 그 결과에 도달하기 위한 행동임을 깨달았다.

에즈라의 레고 블록 다리는 내 생각의 초점을 '더 적은 것'에서 '빼기'로 옮겨놓았을 뿐만 아니라, 나의 그 깨달음을 다른 사람들과 공유하고 테스트도 가능한 설득력 있는 방법까지도 제시했다. 나는 레고 블록으로 에즈라의 다리와 똑같은 모양을 만들어서 그것을 들고 다니며 학생들을 상대로 테스트해보았다. 학생들이 과연 나처럼 더할지, 아니면 에즈라처럼 뺄지 확인하고 싶었다. 놀랍게도 이 간단한 실험에 참여한 모든 학생이 나처럼 더하는 방식으로 문제를 해결하려 들었다.

나는 이 레고 블록 다리를 교수들이 모이는 자리에도 여러 번 들고 나갔다. 그들 중에 공공정책과 심리학을 전공하는 가브리엘 애덤스Gabrielle Adams가 있었다. 게이브(가브리엘의 애칭)와 나는 버지니아대학교에 같은 시기에 채용되었다. 나는 게이브 덕분에 건축 설계와 전혀 다른 차원인 인간 행동을 연구하는 학자들과 함께 일할 기회를 얻었고, 게이브는 직장 내 정치, 윤리적 위반, 사과, 용서 등의 주제를 다루면서 내가 바라고 또 필요로 하던 것을 온전하게 충족시켰다. 나는 그녀가 밟아왔던 연구 실적에 감명을 받았으며, 또한 똑같은 내용으로 되풀이되는 신입직원 오리엔테이션과 밤에 자지 않고 깨서 칭얼대는 아기 때문에 시달리는 그녀에게 연민의 마음을 가졌고, 그 뒤로 나는 그녀와 함께 작업할 다양한 주제를 제시해왔다.

나는 더 적은 것에 대한 나의 관심을 게이브의 연구와 연결시키려고 줄곧 노력했다. 예컨대 "직장에서 얼간이를 빼버릴 때 직장 내 정치가 일으키는 문제점을 개선할 수 있다"라는 식으로 말이다. 또 나는 "더 적은 자원을 사용하도록 설계함으로써 자연자원을 약탈하지 않고서도 인류에게 진보를 안겨줄 수 있다"라는 식으로 상대적으로 적은 것을 환경에 대한 게이브의 관심과 연결하려고 했다. 심지어 "팀 페리스Tim Ferriss의 책《나는 4시간만 일한다The 4-Hour Workweek》[5]는 우리가 신입사원 오리엔테이션을 생략해야 한다고 말합니다"라는 말로써 상대적인 적음을 최근의 추세와 연결시키려고도 했다. 게이브는 늘 내 말을 끝까지 들어주긴 했지만, 우리 두 사람이 함께 시간을 들여서 연구할 만한 어떤 소재나 발상을 가려내진 못했다. 아직 20대일 때 이미 MBA 종합 정보 웹사이트 포이츠앤드퀀츠**Poets and Quants**에서 '40세 미만 최고의 교수'**6**로 선정되었던 게이브로서는 확실하지도 않은 어떤 발상을 연구 과제로 덥석 잡지 않는 건 당연했다.

성인들과 다르게 빼기라는 방식으로 문제를 해결한 에즈라 덕분에 다음번에 게이브를 만날 때 내가 쉽게 설명할 수 있는 연구 제안 소재가 마련된 셈이었다. 나는 에즈라의 미완성 레고 블록 다리를 게이브의 책상에 내려놓고, 게이브에게 다리를 완성해보라고 했다.

조금 염려가 되긴 했다. 게이브가 워낙 똑똑한 사람이고 또 상대적으로 적은 것을 놓고 그동안 나와 워낙 많은 대화를 나누었으므로 더하기와 빼기 중 하나를 선택하는 그 문제를 너무 쉽게 풀지나 않을까 싶어서였다. 그러나 게이브도 나나 다른 사람들과 다르지 않았다. 그녀는 짧은 교각에 블록을 추가하는 방식으로 다리를 완성하려고 했다.

나는 흥분한 목소리로 "에즈라는 높은 교각에서 블록을 빼는 방식으로 다리를 완성하려 했어요"라고 말했다. 바로 그 순간, 게이브의 마음이 움직였다. 그녀가 보여준 반응에 고무되어서 나는 잔디 깎는 기계 뒤에서 고민했던 내용이며 이제 막 세 살이 된 어린아이와 함께 레고 블록을 가지고 놀면서 느꼈던 것을 이야기했다. 그러자 그녀는 이렇게 말했다.

"아, 그러니까 교수님은 어떤 것을 바꾸는 방법과 관련해서 사람들이 빼기라는 행동을 소홀하게 여기는 게 아닌가 하는 점이 궁금하다는 거죠?"

내가 듣고 싶어 했던 바로 그 말이었다.

사람들은 빼기보다 더하기를 많이 한다

게이브는 내가 탐구하고자 하는 질문이 무엇인지 알아차린 뒤에 본격적으로 앞으로 나서서, 심리학과 공공정책 분야를 전공하는 또 다른 교수인 벤 컨버스Ben Converse를 설득해 연구에 끌어들였다. 궁극적으로는 이 작업이 사람들이 빼기를 잘 사용하지 않는 **이유**를 연구하는 작업임을 알고 있었고, 인간의 판단과 의사결정이 이루어지는 과정에 벤이 보유한 전문성이 꼭 필요하다고 판단했던 것이다.

게이브는 실험설계◆와 관련된 대학원 강좌를 강의하고, 벤은 실험설계를 직접 수행한다. 벤과, 역시 심리학 교수인 그의 배우자는 실험설계를 주제로 한 어떤 세미나에서 만났다고 한다.

극성스러운 부모들은 유치원에 다니는 자기 아이가 나중에 커서 보다 더 큰 만족을 얻도록 하기 위해서 지금 당장의 작은 만족을 과연 얼마나 오래 유예할 수 있을지 알아보려고 이른바 '마시멜로 테스트'를 한다7(결혼해서 자녀를 둔 심리학자라면 모두 다 그렇지 않을까 싶다). 원래 실험에서, 아이들에게 마시멜로 하나를 주면서 앞으로 몇 분 동안 먹지 않고 참으면 마시멜로를 하나 더 주겠다고 했다. 어떤 아이들은 참을성 있게 버텨서 마시멜로를 하나 더 얻었지만, 어떤 아이들은 끝내 유혹을 이기지 못하고 눈앞에 보이는 마시멜로를 먹어버림으로써 추가로 주어질 보상을 놓쳤다. 이후 심리학자들은 이 실험에 참가한 아이들을 추적 조사했고, 그 결과 유치원 시절에 끝까지 유혹을 참았던 아이들이

◆   가설의 검증을 위한 실험을 수행하기 위해 조건들을 미리 계획하는 것.

나중에 10대 청소년이 되어서 SAT 점수를 상대적으로 높게 받는다는 사실을 확인했다.**8**

왜 이런 상관성이 나타나는지는 명확하지 않다. 그러니 유치원에 다니는 당신의 자녀가 마시멜로를 어떻게 하든 당신은 그저 아이를 잘 키우기만 하면 된다. 지금 당장 알아야 할 사실은, 벤이 자기 아이에게 마시멜로 테스트를 했을 뿐만 아니라 아내에게 부탁해서 그 테스트를 반복하게 했다는 점이다. 연구자는 이래야 한다. 많은 실험과 연구를 할 자세가 되어 있어야 한다는 말이다.

벤과 게이브와 함께 했던 내 첫 실험에서는 레고 블록을 사용했다. 연구 조교들이 대학교 교정에서 실험 참가자를 모집했고,**9** 실험에 기꺼이 참가하겠다는 학생들은 레고로 만든 구조물이 하나 놓여 있고 주변에는 제법 많은 블록이 흩어져 있는 작은 책상 앞에 섰다. 이 실험 참가자들은 각각 가로와 세로가 모두 8칸인 평평한 바닥에 배열된 8개 또는 10개의 레고 블록 구조물을 각각 하나씩 잡고 작업을 했다.

실험 참가자는 마음대로 구조물을 바꿀 수 있었고, 완성한 구조물을 진행자에게 제출했으며, 진행자는 각 실험 참가자가 몇 개의 블록을 추가하고 또 뺐는지 셌다. 결과는 어땠을까? 원래 구조물보다 블록 수가 줄어든 비율은 12퍼센트밖에 되지 않았다.

그런데 우리가 관찰한 내용이 레고 블록에 한정해서만 나타나는 현상일 수도 있었다. 우리는 다른 여러 상황에서도 더하기보다 빼기가 명백하게 덜 구사되는 행동인지 알고 싶었다. 어떤 상황에서 이런 현상이 나타나지 않을까?

우리는 사람들에게 악보를 하나 제시하고 음표를 마음대로 바꾸어보라고 했다. 그 결과, 실험 참가자들이 더한 음표는 뺀 음표의 약 세 배나 되었다. 사람들에게 어떤 글을 한 편 제시하면서 수정하라고 했을 때도 추가한 단어와 뺀 단어의 비율은 대략 3대 1이었다. 또 사람들에게 다섯 종류의 식재료가 들어가는 수프를 다르게 바꾸어보라고 했을 때는 실험 참가자 90명 가운데 딱 두 명만 기존의 식재료에서 두 가지를 뺐을 뿐이다.

이런 결과를 받아들고 우리는 다음과 같이 생각했다. '실험 참가자들이 빼기라는 행동을 단념하도록 유도하는 상황을 우리가 결코 만들지 않았다고 확신할 수 있을까?' 예로, 제시된 글을 수정해보라고 했던 실험에서 우리가 실험 참가자에게 제시한 글이 단어를 추가해야만 할 정도로 중요한 정보가 빠져 있지 않았을까? 우리가 빼기라는 행동을 실험 참가자가 할 수 없도록 일부러 설정한 게 아님을 잘 알면서도 나는 내 잠재의식을 경계하며 조심스러운 태도를 취하게 되었다.

순전히 우리의 실수 때문에 더하기 행동을 유도하는 설정이 실험 설계 과정에서 마련될 수 있었다. 이런 일이 일어나지 않도록 확실하게 보장하는 방법이 있었다. 실험설계를 우리가 직접 하지 않고 다른 사람에게 맡기는 것이었다. 이런 과정을 거쳐 만들어진 시나리오로 우리는 무작위로 조립된 레고 블록 구조물로 실험을 다시 했다. 그런데 이번에도 실험 참가자 60명 가운데 딱 한 명만 블록을 뺐다.

우리는 이 실험에 사용한 초기 구조물을 다른 실험 참가자들에게 각자 자기 마음 내키는 대로 바꿔보라고 했다. 그랬더니 실험 참가자들 가운데 단지 5퍼센트만이 구조물에서 블록을 빼는 방식으로 그 구조물을 변형·개선했다.

글을 수정하는 실험에서도 마찬가지 시도를 했다. 우리가 아닌 실험 참가자들이 글을 쓰게 하고, 이 글을 다른 실험 참가자들이 수정하게 했던 것이다. 즉 실험 참가자들이 어떤 기사를 요약했고 (주차장 지하에서 리처드 왕의 유골이 발견된 사실을 다룬 기사였다), 이렇게 요약된 글을 다른 실험 참가자들에게 수정해보라고 한 것이다. 그런데 이 실험에서도 전체의 14퍼센트만 빼기라는 행동으로 더 짧은 요약문을 만들었을 뿐이다.

실험에 참가한 사람들은 더하기 행동을 압도적으로 많이 했다. 실험 참가자에게 제시하는 과제물을 우리가 만들었든, 무작위로 만들었든, 다른 사람이 만들었든 빼기 행동이 압도적으로 적게 나온 사실은 달라지지 않았다.

그래서 우리는 새로운 상황을 하나 더 만들었다. 실험 참가자들에게 워싱턴D.C.(이하 워싱턴)에서 보낼 하루 동안의 여행 일정을 수정해달라고 요청했는데, 이때 우리가 제시한 일정은 실험 참가자들의 빼기 행동을 부추길 수 있도록 일부러 빡빡하게 만든 것이었다. 14시간 동안에 백악관, 국회의사당, 워싱턴 국립성당, 미국 국립수목원, 옛날 우체국 **Old Post Office**, 포드극장을 차례로 방문하도록 되어 있었으며, 여기에 추가로 링컨 기념관과 2차 세계대전 기념관과 베트남 재향군인 기념관도 들르게 되어 있었다. 그런데 이뿐만 아니었다. 여행하는 동안에 미술관 한 곳을 둘러보고 쇼핑을 하며 별점 다섯 개를 받은 식당에서 점심을 먹는 것도 포함되어 있었다. 이 모든 곳을 찾아다니려면 이동하는 데만도 두 시간이 훌쩍 넘을 것이고, 워싱턴의 교통 지옥을 염두에 둔다면 이보다 더 많은 시간이 걸릴 수도 있었다.

실험 참가자들은 이 여행 일정을 '오전 8시~오후 3시'와 '오후 3시
~오후 10시'라는 두 부분으로 나누어서 바라보았다. 실험 참가자들은
마우스로 아이콘을 끌어놓는 방식으로 일정을 추가할 수도, 뺄 수도 있
었고 또 기존 일정의 순서를 바꿀 수도 있었다. 그런데 애초의 일정에
서 방문지를 뺀 사람은 실험 참가자 네 명 가운데 한 명꼴이었다.

레고 블록으로 구조물 만들기, 글 수정하기, 요리하기, 여행 일정 조
정하기 등을 동원한 실험에서 우리가 발견한 사실은 빼기보다 더하기
가 확실히 보편적인 행동 방식이라는 것이었다. 이 사실을 확인한 우리
는 다음 질문을 던졌다. 우리가 실험을 통해서 확인한 사실을 과연 일
반적인 양상이라고 할 수 있을까? 즉 다른 모든 조건이 동일할 때 사람
들은 빼기보다 더하기를 더 많이 한다고 할 수 있을까?

이 점을 확인하려면 맥락에서 자유로운 어떤 실험을 설계해야만 했
다. 즉 우리가 관찰한 모든 행동을 우리가 확인하고자 하는 익숙한 어
떤 것으로 설명할 수 있는 그런 실험을 설계해야만 했다. 우리는 사람
들이 과거에 경험한 적도 없고, 따라서 특정한 습관이나 성향을 가지고
서 우리가 제시하는 과제에 임할 수 없는 상황에 실험 참가자들이 어떻
게 대처하는지, 그래서 우리가 제시하는 과제를 어떤 방식으로 수행하
는지 관찰하고 싶었다. 이런 실험설계는 우리가 레고 블록으로 구조물
만들기, 글 수정하기, 요리하기 등에서 관찰한 내용이 다른 모든 것에도
일반적으로 적용된다는 사실을 입증하는 데 큰 도움이 될 수 있었다.

게이브와 내가 벤을 연구팀에 합류시킬 때 우리는 벤과 함께 연구
작업을 하던 박사후 과정의 학생 한 명도 불러왔다. 앤디 헤일즈**Andy
Hales**였다. 앤디는 현재 미시시피대학교 교수인데, 빼기를 연구하지 않

을 때는 배척과 반복 가능성의 모범 사례를 연구한다. 앤디는 자기 연구를 설계하고 수행하며 그 결과를 조목조목 따지고 분석할 때를 제외하고는 언제나 느긋한 편이다. 그러다가도 연구에 돌입하기만 하면 대량의 카페인을 섭취한 벤의 모습으로 바뀐다. 나로서는 무척 고맙고 반가운 일이다.

앤디는 우리가 했던 초기 작업에서는 약간의 도움만 주었지만, 맥락에서 자유로운 실험을 진행할 때는 본격적으로 연구에 참여했다. 그의 반복성 작업은 여섯 개의 격자 패턴 과제로 이어졌다. 당신도 실험 참가자가 되었다고 생각하고 도전해보기 바란다.

당신이 해야 할 일은 가운데 있는 검은색의 세로 중간선을 기준으로 왼쪽과 오른쪽에 있는 두 개의 패턴을 동일하게 만드는 것이다. 회색 칸을 추가할 수도 있고 뺄 수도 있다. 중요한 점은 밝은 칸이든 회색 칸이든 추가하거나 빼는 횟수를 최소한으로 해야 한다는 것이다.

해결책은 왼쪽에 회색 칸 네 개를 추가하거나 오른쪽에 있는 회색 칸 네 개를 빼는 것이다.

그런데 아무 맥락이 없는 이 경우에서도 사람들은 빼기보다 더하기를 많이 했다. 그런데 이게 다가 아니었다. 실험 참가자 가운데서 오른쪽의 회색 칸을 뺀 사람의 비율은 겨우 20퍼센트밖에 되지 않았다.

앤디의 격자 패턴 실험에서 비롯된 증거는 분명했다. 모든 더하기 행동을 단지 버릇으로만 설명할 수 없다는 사실이었다. 또한 사람들이 단지 더하기를 빼기보다 좋아해서 더하기를 더 많이 하는 것이 아니었다. 만약 사람들이 구조물에 있는 하나의 레고 블록이나 수프에 들어 있는 토마토를 본질적으로 가치 있다고 판단한다면, 그 블록 하나 혹

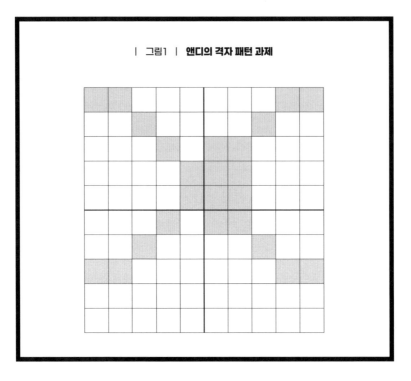

| 그림1 | **앤디의 격자 패턴 과제**

은 토마토를 빼는 것이 구조물이나 수프를 더 낫게 개선한다고 할지라도 그것들을 빼려고 하지 않을 것이다. 그러나 컴퓨터 화면에서 보이는 정사각형에는 그 어떤 가치도 내재되어 있지 않다. 앤디의 격자에 회색 칸을 추가하는 행동을 디지털 사각형을 향한 사랑이라고는 설명할 수 없을 테니까 말이다.

앤디의 격자 덕분에 우리는 더하기를 하는 모든 행동이, 더하거나 빼는 행동에 각각 필요한 노력이 다르기 때문에 빚어진 결과도 아님을 알았다. 레고 구조물을 분해해서 빼는 동작이 기존의 구조물에 추가 블록을 끼우는 것보다 조금 더 어려울 수는 있다. 비록 모니터 화면으로 바라보는 수프 레시피이긴 하지만, 실험 참가자들은 다른 식재료와 섞여 있는 토마토를 물리적으로 제거하는 것이 얼마나 번거로울지 상상했을 수도 있다. 그러나 모니터 화면 속의 격자에서는 회색 칸을 흰색 칸으로 전환하든 반대로 전환하든, 마우스 클릭이나 화면 터치에는 동일한 노력이 들어간다. 더하기와 빼기라는 행동에 각각 요구되는 **정신적** 노력의 차이를 고려해야 하는 필요성은 여전히 남아 있었다. 그러나 신체적인 노력은 사람들이 빼기보다 더하기를 더 자주 하는 이유를 설명하지는 못했다.

내가 실험 결과를 발표했을 때, 다른 연구자들이 이런 지적을 했다. 앤디의 격자 패턴에서 회색 칸을 뺀 사람들은 이 행동을 밝음을 **보태는**(더하는) 행동으로 생각했을 수도 있고, 과제로 제시된 구조물에서 레고 블록을 제거한 사람들은 이 행동을 그 구조물에 공간을 **보태는**(더하는) 행동으로 생각했을 수 있으며, 또 레시피에서 토마토를 뺀 사람들은 그런 선택이 맛을 **보태는**(더하는) 행동이라고 생각했을 수도 있지 않느냐는 것이었다. 즉 빼려고 뺀 게 아니라 더하려고 그랬을 수 있다는 말이었다. 일리가 있으면서도 해결하려면 골치 아픈 지적이었다. 우리는 더 많음과 더 적음에 대해서 사람들이 통상적으로 지닌 발상과 상식에 호소한 뒤에 구체적인 증거를 모으기 시작했다.

사람들이 무슨 생각을 하는지 알아내는 데는 여러 방법이 있는데 그중 하나는 직접 물어보는 것이다. 앤디의 격자 실험을 마친 뒤에 우리는 실험 참가자들에게 그들이 각자 동원했던 전략이 무엇인지 설명해보라고 했다. 이를테면 그 대답이 "양쪽 패턴이 같아질 때까지 회색 칸을 추가했다"라거나, "양쪽 패턴이 같아질 때까지 회색 칸을 제거했다"라는 것일 수도 있었다. 실험 참가자들에게 들어본 결과, 그들이 더하기를 더하기로만, 빼기를 빼기로만 여긴다는 사실을 확인했다. 그 증거는 설득력이 있었다.

더하기와 빼기에 대한 철학적인 문제 제기

잘 설계된 연구의 아름다움은 그 연구에서 얻는 교훈이 해당 연구를 훌쩍 넘어서 일반적인 지평까지 확장된다는 데 있다. 많은 것이 동일한 양상을 보일 때는 특히 더 그렇다. 나는 우리가 확인한 사실들이 의미하는 내용과 관련된 결론을 서둘러 내렸다.

연구 결과를 놓고 내가 벤에게 제시했던 한 가지 타당한 해석은 이렇다. 만약 빼기가 더하기만큼 유용한데도 사람들이 빼기를 자주 사용하지 않는다면, 바로 여기에 사람들이 개발할 수 있는 잠재력의 가능성이 있지 않을까? 변화를 만들어내는 빼기라는 기본적인 방법을 사람들이 지속적으로 방치한다는 말이다. 빼기를 무시하는 태도를 들이밀면 우리는, 샌프란시스코 주민이 고속도로를 제거하는 데 어려움을 겪었던 사실에서부터 사람들이 자기가 사는 집과 일정과 마음을 온갖 잡동사니로 어지럽게 채우는 경향을 설명할 수 있다.

그러나 그때만 해도 우리는 빼기와 관련된 함축적인 의미를 받아들일 준비가 되어 있지 않았다. 예컨대 벤은 나에게 "우리는 사람들이 빼기를 소홀하게 여긴다고 **믿을 수 있다**는 상태에서 벗어나 소홀하게 여긴다는 사실을 **믿어야 한다**는 상태로 인식을 바꿀 필요가 있다"라고 말했다.

기본적으로 연구에는 독특한 의심이 필요하다. "우리는 이것을 믿어야 한다"라는 결론을 섣부르게 내리지 않기 위해서 그렇다. 그러나 한편으로는 자신감도 필요하다. 실제로 그런 결론에 다다르기 위해서다. 이런 믿을 만한 의혹은 벤이 담당해서 제기했다. 아닌 게 아니라 벤은 그야말로 믿을 만한 의혹의 원천이다. 그리고 자신감을 얻기 위해서 우리는 외부 검증을 받고 있었다. 비록 그 외부 검증이 우리를 자극하는 효과가 있긴 했지만 말이다.

판단과 의사결정을 주제로 시애틀에서 열린 컨퍼런스[10]에 벤이 우리가 진행했던 연구의 초기 조사 결과를 가지고 갔다. 그곳에서 벤이 다른 참석자들과 어떤 대화를 나누었든, 우리가 '흥미로운 현상'을 경험했음을 벤은 확신하고 돌아왔다. 비슷한 시기에 나는 프린스턴대학교에 가서 나의 롤모델이었던 분에게 우리가 진행하던 연구를 설명하고 의견을 물었다.[11] 그때 그분의 첫마디가 "정말 멋진데요"였다. 그런 다음에 벤이 전했던 '흥미로운 현상'이라는 표현에 담겨 있던 의견과 비슷하게, 앞으로 우리가 계속 진행해야 할 연구 주제를 명확하게 규정하는 말을 했다.

"그것은 정말 멋진 철학적인 문제 제기군요."

나로서는 '멋진 철학적인 문제 제기'라는 말보다 더 좋은 평가가 없다. 흥미로운 현상을 발견했을 때 내가 가장 즐기는 결과는 온갖 종류의 사람들을 상대로 그들이 변화에 관심을 가지는 것에 그 발견이 과연 어떻게 적용될 수 있을지 토론하는 것이다.

그때 우리 연구는 중요한 질문에 아직 대답을 못하고 있었다. 사람들이 더하기를 빼기보다 훨씬 많이 한다는 것까지는 확인했다. 이런 사실은 흥미롭다. 그런데 이런 현상에는 **이유**가 있을 텐데, 그 이유가 도

대체 뭘까? 그 이유를 알기만 하면, 더하기 행동 때문에 소중한 것을 놓치는 일이 왜 일어나는지 확인할 수 있을 것이다. 그리고 더 적음을 더 자주 발견함으로써, 소중한 것을 미처 놓치는 일이 없도록 막아줄 방법을 확실히 드러낼 것이다. 그렇게만 된다면 얼마나 큰 도움이 될까?

우리가 연구를 진행하면서 발견했던 사실들에 대한 전혀 다른 어떤 설명 하나가 나를 끈질기게 따라붙었다. 어쩌면 실험 참가자가 개인적으로 빼기를 더하기만큼 좋아하지 않을 수 있다. 사람들은 블록이 더 많은 레고 구조물을, 단어가 더 많은 글을, 또 회색 칸이 더 많은 격자 패턴을 상대적으로 더 좋아할지도 모른다. 식재료를 추가한 사람은 자기가 만드는 수프가 더 복잡한 맛이 나도록 하고 싶었을 수도 있고, 워싱턴 여행 일정에 또 다른 박물관 방문을 추가한 사람은 빡빡한 여행 일정을 좋아했을지도 모르고, 결과적으로는 올바른 선택을 한 것일지도 모른다.

빼기가 아닌 더하기 행위를 선택한 사람들은 결과와 상관없이 그저 더하기를 하는 행위 자체를 좋아했을 수도 있다. 사람들이 빼기보다 더하기를 하는 것은 어떤 것을 만드는 과정에 자기가 직접 참여하는 것을 좋아하기 때문일지도 모른다. 이케아 효과◆가 작동했을 수도 있다는 말이다.**12** 또 어쩌면 사람들이 더하기 행동을 선택하는 이유가, 빼기 행동을 할 때 그 이전에 더했던 것이 매몰비용으로 처리되는 것을 인정하고 싶지 않아서일지도 모른다.**13** 또는 어떤 것이 존재한다면 그 자체로 그럴만한 이유가 있다고 가정하기 때문에 빼기를 포기할 수도 있다.**14** 또

◆ 　　소비자가 불편을 감수하고 자신의 노력이 투입된 제품에 대해 더 만족하는 현상.

는 손실이 이득보다 더 커 보이기 때문일 수도 있다.[15] 물론 잘못된 이론이나 해변 풍경을 가로막는 고속도로 또는 아파르트헤이트를 없애는 것이 손실은 아니다. 그러나 원래보다 적어진 것을 손실로 오인하기란 무척이나 쉽다.

만일 우리가 어떤 이유로든 더하기를 선택한다면 '흥미로운 현상'이 반드시 해결해야 할 나쁜 문제가 되지는 않는다. 그러나 빼기라는 선택을 아예 처음부터 고려하지 않는 경우는 어떨까? 빼기의 가능성을 고려하지 않는다면 의미 있는 것을 반드시 놓치게 된다.

사람들은 빼기를 소홀히 여긴다

우리 연구팀은 '믿을 수 있다'에서 '믿어야 한다'로 나아가야 했다. 워싱턴 여행 일정을 짠 사람들은 빡빡하게 바쁜 일정을 일부러 기꺼이 선택했던 것일까, 아니면 자유시간을 넣는다는 선택지를 아예 생각조차 하지 못했던 것일까?

벤의 전공 분야인 판단과 의사결정 영역에서, 이것은 정신적인 차원의 접근성 accessibility [16]과 관련된 질문이었다. 나는 정신적 접근성이 에즈라의 장난감 수납장에 대한 물리적 접근성과 비슷하다고 생각한다. 이 수납장에는 책과 미술 관련 용품들이 에즈라의 눈높이에 놓여 있고, 권투 장갑과 새총은 이것보다 높은 선반에 놓여 있다. 에즈라의 옷장에서 접근성은 다른 장난감을 사용하는 빈도에 영향을 미친다. 이처럼 접근성은 뇌에 미리 저장되어 있는 생각을 꺼내오는 빈도에 영향을 미친다.

접근성은 정신적 효율성을 높여준다. 어제 사용한 발상은 20년 전에 마지막으로 사용했던 발상보다 오늘 더 많이 사용될 가능성이 높다. 우리의 뇌는 어제 사용한 발상과 20년 전에 사용했던 발상을 모두 저장하지만, 어제 사용한 발상에 접근하기가 더 쉽다. 그러나 접근성은 우리를 엉뚱한 곳으로 이끌 수 있다.[17] 예컨대 우리는 자동차 여행의 위험을 과소평가하고 항공 여행의 위험을 과대평가한다. 왜냐하면 비행기 추락 사고가 기억에 더 강하게 남고, 따라서 이 사고와 관련된 생각에 접근하기가 더 쉽기 때문이다. 이 경우에 쉽게 접근할 수 있는 발상은 비교적 덜 안전한 여행 방법을 선택하도록 우리를 유도할 수 있다.

조부모님을 만나러 여행을 가든, 앤디의 격자 패턴을 바꾸든, 우리의 여행은 아무것도 없이 비어 있는 정신 상태로 시작하지 않는다. 물론 상황을 어떻게 바꾸느냐 하는 것은 의식적인 선택에 달려 있지만, 에즈라가 자기 눈높이에 놓인 책을 선택할 가능성이 더 높듯이, 사람은 자기에게 접근성이 가장 높은 발상을 선택할 가능성이 상대적으로 높다. 벤이 그 분야의 전문가들과 함께 저녁을 먹으면서 추정한 사실은, 사람들이 빼기를 소홀하게 여기는 것은 더하기가 변화를 도모하기에 접근성이 더 높기 때문이라는 것이었다.

우리는 이 가설을 테스트할 수 있었다. 더하기가 빼기보다 접근성이 높다면, 다음 세 가지의 접근법으로 이 차이를 줄일 수 있을 거라고 가정했다.

- **상황을 바꿀 방법을 찾기 위해서 자기 마음을 더 깊이 탐구한다.**

- 특히 빼기라는 행동 방식을 우선적으로 생각한다.
- 변화의 노력에 정신적 대역폭◆의 용량을 더 많이 들인다.

- 특히 빼기라는 행동 방식을 우선적으로 생각한다.
- 변화의 노력에 정신적 대역폭◆의 용량을 더 많이 들인다.

　더 깊은 정신적 검색을 유도하는 한 가지 방법은 반복이라는 방식을 통하는 것인데, 이 방법을 쓰면 자기 머리에 맨 처음 떠오른 생각에 그치지 않고 그 너머에 있는 생각까지도 끌어올 수 있다. 우리는 이것을 테스트하기 위해 앤디의 격자 패턴으로 다시 돌아갔다. 만일 실험 참가자들에게 격자 패턴 문제를 풀 수 있는 여러 가지 방법을 제안한다면 어떻게 될까? 과연 실험 참가자들은 회색 칸을 뺀다는 발상을 떠올릴까, 또 그 방식을 실제로 실천해서 변화를 도모할까?

　이 실험에서 우리는 일부 실험 참가자에게 '공식적인' 테스트에 도전하기 전에 세 차례의 '연습'을 하게 했다. 이 경우에 실험 참가자들은 연습 단계에서보다 실제 테스트 단계에서 회색 칸을 빼는 선택을 하는 경향이 확실히 높았다. 또 이들은 연습 단계를 거치지 않은 사람들보다 빼기 행동의 경향이 높아졌다. 일단 격자의 회색 칸을 제거하는 선택을 떠올리기만 하면 사람들은 그 선택을 자기가 가장 좋아하는 행동 방식으로 선택할 가능성이 높아졌다. 심층적인 검색을 통할 때 사람들은 빼기라는 해법을 발견할 가능성이 더 높아졌고, 또 자기가 그 해법을 선호한다는 사실도 깨달았다.

　이 실험과 함께 비슷한 연구를 통해서 확인한 증거를 바라보면서 나는 초기의 여러 대화 가운데 하나를 떠올렸다. 그때 나로서는 사람들

◆　심리학에서 말하는 대역폭(bandwidth)은 주의력을 기울이고 올바른 판단을 내리며 계획을 고수하고 유혹에 저항하는 역량을 가리킨다.

은 이미 만들어져 있는 레고 구조물을 뜯어내는 것을 좋아하지 않는다는 것 말고는 달리 할 말이 없었다. 그 자리에 함께했던 어떤 건축학 교수는 학생들이 자기의 맹점을 극복하지 못할 때 그 맹점을 극복하도록 돕는 방법이 몇 가지 있다면서 그 가운데 하나를 나에게 제안했다.[18] 그 방법은 빼기와 관련이 있든 없든 당장 해결해야 할 문제에 대한 개념적 변화를 다섯 개나 열 개, 심지어 쉰 개쯤 만들어보라고 권하는 것이라고 했다. 이렇게 할 때만 비로소 학생들은 더 온전하게 문제를 해결하는 데 필요한 자기가 선호하는 변화 방식을 선택할 수 있다고 했다. 우리가 새롭게 확인한 증거는 그 교수의 통찰과 일치했다.

즉 사람들에게 그 문제를 반복해서 시도해보라고 요구하는 것이 빼기 방식으로 문제를 해결하는 데 도움이 될 수 있다. 그 증거는 이 책의 후반부에서 집중적으로 다룰 빼기 기술 가운데 몇몇을 암시한다. 또한 그 증거 덕분에 우리 연구팀은 빼기 방식을 무시하는 것이 해롭다는 '반드시 믿어야 하는' 증거에 더 가깝게 다가갔다. 사람들은 주관적으로 더하기를 좋아하기 때문에 객관적으로 더 나쁜 결과를 받아들일 뿐만 아니라, 빼기라는 방식을 애초부터 고려하지 않았다는 것이다.

접근성을 다룬 두 번째 테스트는 사람의 뇌가 두 가지 유형의 변화를 어떻게 저장해왔는가 하는 점을 논외로 하면서 빼기라는 방식이 특별히 머릿속에 떠오르도록 유도하는 것이었다. 우리는 나중에 실험 참가자가 돌이켜볼 때 빼기가 최선의 선택이었음을 분명하게 알 수 있도록, 즉 만일 실험 참가자가 빼기라는 방식에 접근할 수 있다면 당연히 그것을 선택하도록 실험 과제를 설계했다.

그 무렵에 벤의 아들은 슈퍼히어로 캐릭터에 푹 빠져 있었다. 이 아이의 영웅 캐릭터 인형들과 에즈라에게 남아돌던 레고에 영감을 얻어서 우리는 '레고 샌드위치 속의 돌격대원' 실험을 했다. 이 실험에서 우리는 레고로 만든 샌드위치 형태의 구조물을 변형시켜서 충분히 강하고 높게 만들라는 과제를 참가자들에게 제시했다.

실험 참가자에게는 다음 페이지의 그림과 같은 레고블럭 구조물이 주어졌다. 두 개의 수평판이 수직 기둥으로 연결되어 있으며, 수직 기둥과 상단부 수평판은 하나의 블록으로 연결되어 있다.

우리는 실험 참가자들에게 이렇게 요구했다.

"돌격대원의 머리 위로 벽돌을 올려놓아도 거뜬하게 버틸 수 있도록 이 구조물의 성능을 개선하세요."

아울러 인센티브도 제시했다.

"이 과제를 완수하면 우리는 당신에게 보상으로 1달러를 줄 것입니다. 그런데 당신이 블록을 추가할 때는 개당 10센트의 비용을 차감할 것입니다."

당신도 한번 시도해보라.

최상의 해법은 수직 기둥의 맨 윗부분 블록 하나를 제거하는 것이다. 그러면 상단부 수평판이 기둥의 넓은 면적 전체와 맞닿아서 구조물은 한결 안정적이 되며, 돌격대원의 머리가 상단부 수평판에 닿지 않는다. 그리고 상단부 수평판에 벽돌을 하나 올려놓아도 돌격대원이 찌부러질 위험은 전혀 없다.

그러니까 블록 하나를 빼는 것이 문제를 해결하는 가장 빠른 방법이었다. 또한 실험 참가자로서는 추가하는 블록에 따르는 비용을 물지 않아도 되었으므로 1달러 보상을 고스란히 챙길 수 있었다.

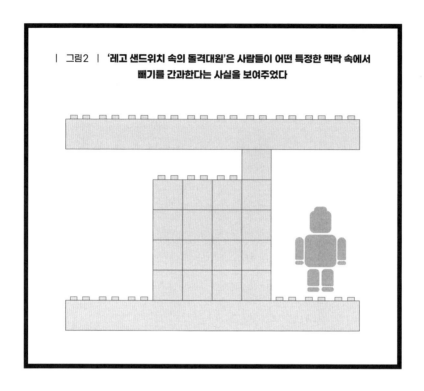

| 그림2 | '레고 샌드위치 속의 돌격대원'은 사람들이 어떤 특정한 맥락 속에서 빼기를 간과한다는 사실을 보여주었다

그런데도 이상하게 실험 참가자들은 빼기보다 더하기를 많이 했다. 사람들이 더하기를 하는 경향이 있다는 증거였다. 적어도 레고 구조물이 돌격대원의 머리 위로 벽돌을 안전하게 지탱하도록 개조할 때는 확실히 그랬다.

레고 구조물의 구체적인 사항은 중요하지 않았다. 이 실험에서 우리는 정확히 얼마나 많은 사람이 빼기라는 방식을 머리에 떠올렸는지는 관심을 두지 않았기 때문이다. 우리는 빼기 방식이 머리에 떠올랐던 사람들 가운데서 빼기를 선택한 사람들의 비율이 그렇지 않은 사람들보다 높은지 낮은지 그것이 알고 싶었다.

더하기의 접근성이 상대적으로 높게 작용하는 효과를 배제하기 위해서 우리는 일부 참가자들에게 빼기가 하나의 선택이 될 수 있다는 미묘한 암시를 제공하기로 했다. 만약 암시를 받은 사람들이 빼기를 하는 빈도가 높다면 그것은 그 암시를 받지 못한 사람들은 빼기 방식을 간과했다는 뜻이 될 수 있었다.

실험 진행자는 모든 실험 참가자에게 "이 과제를 완수한 사람은 1달러를 보상으로 받을 것입니다. 그런데 이 구조물에 블록을 새로 추가한 경우에는 블록 한 개당 10센트의 비용을 차감할 것입니다"라고 말했다. 그리고 빼기 방식의 암시를 받을 또 다른 실험 참가자 집단을 무작위로 선정한 다음에 이 집단에게는 "그러나 레고 블록을 제거하는 데는 비용을 차감하지 않습니다"라는 말을 추가로 더 했다.

그 짧은 말이 단서였고, 두 개의 실험 참가자 집단을 가르는 유일한 차이점이었다.

그런데 아무런 단서도 없었던 집단에서는 실험 참가자 가운데 41퍼센트가 문제의 그 레고 블록 하나를 제거했다. 그런데 단서를 암시받았던 집단에서는 비율이 61퍼센트나 되었다. 또 단서를 암시받았던 집단은 평균 88센트를 인센티브로 받았는데, 이 금액은 단서를 암시받지 않았던 집단이 받은 금액보다 10퍼센트 더 많았다. 몇 단어 되지 않는 그 단순한 암시가 사람들에게, 그 암시가 없었더라면 결코 알지 못했을 수익성 높은 해법을 알려준 셈이다. 암시를 받지 못한 사람들은 빼기라는 선택권을, 자기 선택에 따른 게 아니라 아예 처음부터 머리에 떠올리지 못해서 놓쳤음이 확실해 보였다.

레고에 대한 벤과 나의 한결같은 애정을 슬슬 지겹게 느꼈던 게이브가 새로운 실험을 고안했고, 이 실험 덕분에 우리 연구팀은 더 많은 증거를 축적했다. 게이브가 고안한 이 실험에서는 모든 실험 참가자에게 자기가 미니 골프장의 부사장이라고 상상하라고 했다. 그런 다음에는 골프장의 현재 모습을 알 수 있는 이미지 하나를 보여준 뒤에 "많은 돈을 들이지 않고 골프장을 개선할 수 있는 가능한 모든 방법을 목록으로 작성하라"라고 했다. '많은 돈을 들이지 않고'라는 말을 굳이 넣은 것은 실험 참가자들이 빼기 방식을 고려하라는 일종의 암시를 주기 위해서였다. 우리는 또한 그 미니 골프장 이미지에 빼도 아무런 문제가 없는 시설이나 장치를 일부러 넣어두었다. 예컨대 골프장 코스를 더 어렵게 만들고 싶은 사람은 공을 튕겨내는 설치물을 제거할 수 있었고, 또 골프장 코스를 더 쉽게 만들고 싶은 사람은 홀을 더 쉽게 만들 수 있었다.

'레고 샌드위치 속의 돌격대원' 실험 경우와 마찬가지로, 우리는 실험 참가자들 가운데 한 집단을 무작위로 선정한 후 이들에게 단서가 될 암시를 주었다. 그런데 이번에는 말이 아니라 글로 암시를 주었다.

"골프장에 어떤 것을 추가할 수도 있고, 또 반대로 어떤 것을 제거할 수도 있음을 명심하세요."

이 단서는 더하기와 빼기를 모두 암시했다. 그러므로 이 단서가 빼기의 비율을 (21퍼센트에서 48퍼센트로) 높였지만 더하기의 비율은 높이지 않았다는 사실은, 단서 속에 담긴 더하기 방식에 대한 암시는 사람들이 이미 머릿속에 가지고 있던 생각과 중복되었던 반면에 빼기 방식에 대한 암시는 사람들이 생각하지 않던 것을 생각하게 만들었다고 볼 수 있다.

13장

이 미니 골프장 실험의 결과에는 중요한 지혜가 한 가지 더 담겨 있었다. 변화에는 많은 목표가 있을 수 있으며, 이런 목표 대부분은 기존의 상황에 무언가를 덧붙이려는 것이다. 수 비어만은 샌프란시스코의 수변 지역을 개선하고자 했다. 엘리너 오스트롬은 사람들이 공유자원을 관리하는 방식에 대한 지식을 개선하고 싶었다. 그러나 때로 그 목표는 레오 로빈슨이 아파르트헤이트 제도를 철폐하려고 했을 때처럼 현재 상황을 방해하거나 가로막기까지 한다. 목표가 방해 요소로 작용하는 상황에서 빼기를 무시하는 태도를 연구하기 위해 미니 골프장 실험의 또 다른 버전을 동원했다. 이 실험에는 실험 참가자들이 경쟁자들의 골프장 코스를 '더 나쁘게' 변형하는 악의적이지 않은 장난을 하도록 설정했다. 목표가 '더 좋게' 하는 것이든 '더 나쁘게' 하는 것이든, 시설물이나 장치를 추가할 수도 있고 뺄 수도 있다는 암시는 빼기 방식을 선택하는 사람의 비율을 증가시켰다(그러나 더하기를 하는 사람의 비율은 증가하지 않았다). 이 결과는 우리가 아파르트헤이트를 철폐하려고 할 때도 빼기에 대한 동일한 무시가 발동함을 암시한다. 이런 태도는 우리가 사는 곳을 더 살기 좋은 곳으로 만들지 못하게 유도한다.

이 시점에서 나는 사람들이 빼기보다 더하기를 더 많이 하고, 빼기라는 방식을 생각조차 하지 않아서 좋은 선택을 놓치고 만다는 것을 확신했다. 지금쯤은 당신도 나처럼 이렇게 확신하지 않을까 싶다. 그러나 내가 그랬듯이 당신도 이보다 훨씬 더 높은 단계인 '믿어야 하는' 단계로 나아가면 좋겠다.

미니 골프장 실험을 마친 뒤에도 우리 연구팀은 여전히 접근성의 대역폭 이론을 붙잡고 있었다. 우리가 가진 정신적인 처리 능력은 경쟁하는 서로 다른 요구들을 선택적으로 수용할 수밖에 없다.[19] 이것은 우리가 산만한 정신으로 운전해서는 안 되는 이유이고, 두 개의 대화에 동시에 참여할 수 없는 이유이기도 하며, 또 가난해서 돈 걱정을 끊임없이 해야 할 때는 인생의 다른 분야에 쏟을 수 있는 정신적인 역량이 부족할 수밖에 없는 이유이기도 하다.[20] 2장에서는 인간의 뇌가 우리의 소중한 정신적 대역폭을 보호하기 위해 어떻게 무의식적인 빼기를 수행하는지 살펴볼 것이고, 8장에서는 우리가 어떻게 하면 의식적으로 빼기를 수행할 수 있을지 살펴볼 것이다. 그러나 일단 여기서는 접근성을 확인하기 위해서 대역폭을 바꾸어놓을 때 어떤 일이 일어나는지 살펴보자. 이론적으로 보자면 대역폭이 상대적으로 크면 빼기 선택에 접근하기가 상대적으로 쉬워지고, 반대로 대역폭이 상대적으로 작으면 빼기 선택에 접근하기가 상대적으로 어려워진다.

우리는 수천 시간을 들여서 빼기를 무시하는 행동을 연구했지만 우리가 본능적으로 선택한 방법은 실험 참가자들의 대역폭을 늘리는 것이었다. 우리는 실험 참가자들에게 생각할 시간을 더 많이 주는 것을 놓고 생각했다. 일부 실험 참가자들을 무작위로 선정한 다음, 마음에 드는 쪽으로 결정하기 전에 자기가 선택할 수 있는 여러 가지 사항을 5분 동안 곰곰이 생각해보라고 한다면 어떻게 될까? 실험 참가자들은 주어진 5분을 오로지 우리의 실험을 생각하는 데만 사용할까?

만약 우리가 그들의 대역폭 가운데 일부를 의도적으로 줄여버리면 어떻게 될까? 이 경우에는 빼기 행동의 비율이 통상적인 경우보다 줄어들까? 인지 부하를 유발하여 대역폭이 줄어들게 만든다고 알려진 두 가지 기법이 이미 나와 있었다. 우리에게는 사람들이 빼기를 머리에 떠올리면 빼기를 선택하는 비율이 확실히 더 높아진다는 사실을 이미 확인했던 앤디의 격자 패턴 실험이 있었다.

이 실험의 대면 버전에서 우리는 통제집단의 실험 참가자들에게 그냥 편안하게 앉아서 과제를 수행하라고 했다. 그러나 대역폭을 의도적으로 줄이려고 설정한 집단에게는 다음 지시를 따라서 과제를 수행하라고 했다.

"머리로 원을 그리며 움직이세요. 시계 방향이든 반대 방향이든 상관없지만, 이때 당신의 턱이 그리는 작은 원에 집중해야 합니다. 동일한 크기의 원을 동일한 속도로 쉬지 않고 계속해서 그려야 합니다. 이 동작을 격자 패턴 과제를 완수하는 동안 쉬지 않고 계속해야 합니다. 자, 지금부터 시작하세요."

이 실험의 온라인 버전에서는 실험 참가자가 바라보는 모니터 화면 전체에 숫자가 끊임없이 나타났다가 사라지도록 설정한 다음에, 통제집단에게는 그 숫자들을 무시하라고 했고, 대역폭 감소 조건의 집단에게는 숫자 5가 화면에 나타날 때마다 키보드의 'F' 키를 누르라고 했다.

다양한 격자 패턴와 1,500명이 넘는 실험 참가자가 동원된 이 일련의 실험에서 대역폭이 줄면 빼기 행동을 선택하는 비율이 적은 것으로 나타났다. 대역폭은, 암시를 주는 단서 및 더 깊은 검색과 함께, 사람들이 빼기라는 선택을 무시하는 가장 중요한 이유가 우리가 그것을 생각조차 하지 못하기 때문이라는 세 가지의 증거를 우리에게 보여주었다.

에즈라가 만들었던 레고 블록 다리를 놓고 게이브를 만났을 때와 마찬가지로, 대역폭 결과를 논의하려고 모인 만남은 나에게 무척 소중했다. 우리가 함께 추측하고 토론하고 읽고 또 분석하는 데 수천 시간이 걸렸다. '개선을 위한 빼기'라는 이름으로 우리가 사용하던 공동 폴더에는 역설적이게도 250개가 넘는 하위 폴더와 1,700개가 넘는 파일이 들어 있었다. 이제 접근성 개념을 '믿어야 한다'라는 것을 앤디가 마침내 인정했다. 벤도 덥수룩한 턱수염 사이로 하얀 치아가 보일 정도로 활짝 웃으며 동의했다. 게이브는 캘리포니아로 가서 회의에 참석한 뒤에 우리에게 훨씬 더 큰 그림을 상기시켰다. 즉 "쉽게 접근할 수 있는 더하기 선택이 우리에게서 모든 것을 박탈한다는 사실 역시 믿어야 하는데, 왜냐하면 우리가 마침내 빼기라는 선택지를 바라보게 될 때 우리는 이것을 좋아하게 되기 때문입니다"라고 게이브는 설명했다.

사람들은 왜 빼기를 무시할까?

레고 블록, 미니 골프장, 앤디의 격자 패턴을 가지고서 빼기 행동을 연구할 때는 실험의 맥락과 조건을 엄격하게 통제할 수 있다는 게 장점이다. 이때 우리는 변동성을 제거할 수 있고, 따라서 빼기를 무시하고 소홀하게 여기는 태도에 대한 다른 여러 설명을 배제할 수 있다. 컴퓨터 화면으로 격자 패턴을 해결하는 실험에서 통제집단과 대역폭 감소 집단 사이의 유일한 차이점은 대역폭 감소 집단에게 과제를 수행하는 동안 화면에 나타나는 숫자를 주시하고 반응하라고 지시한 것이다. 그래서 우리는 특정 집단에서 빼기를 선택하는 확률이 낮게 나타난다면 해당 집단에 속한 실험 참가자의 대역폭이 감소했기 때문이라고 확신할 수 있었다.

그러나 현실에서 변화는 우리가 의도적으로 조작한 실험 환경에서 보다 더 복잡하게 나타난다. 샌프란시스코의 일부 주민에게는 엠바카데로 고속도로를 없애는 것이 (문자 그대로나 비유적으로나) 아마도 상상하기조차 힘들었을 것이다. 그러나 빼기를 선택지 가운데 하나로 생각하지 않는 것은 말할 것도 없고, 접근성이 부족하다는 것만으로도 모든 것에 대한 온전한 설명이 될 수 없다.

빼기가 무시되는 이유가 무엇인지, 샌프란시스코의 눈엣가시가 제거되기까지 수십 년이라는 세월과 지진이 필요했던 이유가 무엇인지를 설명하는 다른 심리적 요인과 문화적·경제적 요인도 분명히 있을 것이다. 그렇기 때문에 우리 연구팀의 연구 결과로 다음 단계에 속하는 모든 종류의 질문의 물꼬가 트였다. 예를 들면 이렇다. 왜 인간은 레고 블록을 조립하는 유년기부터 집을 늘려나가는 성인기까지 계속 더하기를 이어가도록 되어 있을까? 여기에서는 유전학이 하나의 요인으로 작동할까? 물질적인 부富와 희소성이 빼기 행동을 더 많이 유발할까, 아니면 덜 유발할까?

뒤에서 곧 살펴보겠지만, 인간이 빼기를 소홀하게 여기는 태도는 인간의 본성과 양육에 깊게 뿌리를 내리고 있으며 또 이 뿌리는 서로 뒤엉켜 있다. 이 뿌리는 인류가 미개하던 역사에서부터 성장을 향한 인류의 현대적인 친밀함까지 온갖 과학 분야와 직업적 규범에 걸쳐서 널리 퍼져 있다. 이러한 요인을 많이 알수록, 상대적인 적음이 가져다주는 기쁨을 찾는 데 우리는 더 유능해질 수 있다.

건물을 짓든, 요리를 하든, 생각을 하든, 작곡을 하든, 우리는 상대적인 적음을 무심코 간과한다. 회사를 조직하고 일정과 머릿속의 생각을 정리할 때도 그렇다. 어떤 사물이나 상황을 우리가 원하는 쪽으로 바꾸려고 할 때마다 그렇다. 그렇게 해서 결국 우리는 삶을 더 충만하게 만들고 제도를 더 효과적으로 개선하며 우리가 사는 지구를 더 살기 좋게 만드는 방법을 놓쳐버리고 만다.[21]

어쩌다가 우리는 이렇게 되고 말았을까?

2장 우리는 본능적으로 더하기만 한다

더하기는 인간의 본능일까?

바우어새는 매우 정교하지만 실용성은 전혀 없어 보이는 둥지를 짓는 데 많은 시간과 에너지를 소비한다.[1] 종에 따라 다르지만, 수컷 바우어새는 어린 나무 주변으로 막대기를 둘러서 둥그런 오두막을 짓거나 수직 막대기로 벽을 둘러쳐서 판잣집 같은 구조물을 짓기도 한다. 이 수컷은 견본주택을 공개하는 부동산 개발업자들처럼 조개, 꽃, 나무열매, 동전, 못, 소총 탄피까지 온갖 것을 동원해서 자기가 지은 둥지를 화려하게 장식한다. 수컷이 제각기 둥지를 지어서 공개하면 암컷은 그 둥지들을 모두 돌아본 다음에 가장 마음에 드는 둥지로 돌아가서 구석구석 살핀다. 암컷 바우어새는 앞으로 자기가 어디에서 살지 판단하고 결정해야 한다.

마침내 암컷은 마음에 드는 둥지를 선택하고 그 둥지를 지은 수컷과 짝짓기를 한다. 그런 다음 암컷은 그 둥지에서 제법 멀리 떨어진 곳에 다른 둥지를 짓는다. 새로 짓는 둥지는 암컷이 혼자 알을 낳고 새끼를 기르는 곳이다. 그러니까 수컷 바우어새가 지은 둥지는 전통적인 의미의 둥지로는 전혀 사용되지 않는다. 수컷 바우어새가 짓는 궁전과 그 안에 들어가는 온갖 장식은 자신이 좋은 유전자를 지녔다는 확실한 증거를 과시하기 위한 것일 뿐이다.

1장에서 빼기 연구와 관련된 폴더가 250개가 넘고 파일은 1,700개가 넘는다고 했는데, 기억하는가? 물론 폴더와 파일 가운데 일부는 기록 보존을 위해서 꼭 필요하다. 만약 누군가가 우리가 했던 연구를 그대로 반복하고 싶다면, 우리는 모든 자료를 세부적인 내용까지 꼼꼼하게 챙겨서 내줄 수 있다. 그 파일 가운데 일부를 복사하여 붙여넣기를 해줄 수도 있다. 그러나 다음 세대를 위해서라면 굳이 우리가 작성한 첫 논문의 초고부터 18차 수정본까지 모두 보관할 필요는 없을 것이다 (과장이 아니라 실제로 수정본을 모두 보관하고 있다). 아마도 전자 문서를 정리하는 문제에 관해서는 당신이나 다른 사람들이 나보다는 더 현명하고 신중할 것이다. 그러나 보고서에 전혀 필요 없는 내용을 굳이 포함하거나, 앞으로도 읽을 생각이 전혀 없는 책을 굳이 책장에 꽂아두는 사람이 나뿐만은 아니지 싶다.

수컷 바우어새가 화려한 둥지를 짓는 것처럼 과도하다 싶은 나의 자료 보존 경향도 유전적으로 타고난 것일까? 이제는 쓸모가 없어진 진화적인 강점일까? 건강함을 과시하는 것은 행동의 기본적인 생물학적 이유 가운데 하나다. 수컷 바우어새들은 건강함을 과시한다. 막대기를 주워다가 끼워 맞춰서 어떤 구조물을 조립하는 데 능한 수컷 바우어새는 모든 면에서 건강할 수 있다. 그렇다면 컴퓨터의 파일 폴더를 계속 추가하며 늘려나가는 나도 건강함을 과시하는 것일까?

1959년에 하버드대학교의 심리학자 로버트 화이트**Robert W. White**는 수많은 파일 폴더를 진화와 연결하는 첫 시도를 했다. 화이트는 논문에서 "주변 환경에 대처할 필요성을 느끼는 것이 단지 생존을 위한 것만이 아니라 무력감을 느끼지 않기 위한 것이기도 하다"고 설명했다(이 논문은 나중에 1만 번 넘게 인용된다). 화이트는 자기의 핵심 발상을 **유능함competence**이라는 단어 하나로 정의했는데, 이것은 사람이 자기 주변 환경을 능숙하게 잘 다루며 대처하는 수준을 의미한다.[2] 1977년에 스탠퍼드대학교의 심리학자 알버트 반두라 **Albert Bandura**는 화이트의 발상을 더 확장해서, 자기가 유능하다고 느끼길 바라는 인간의 본질적인 필요성을 충족하는 한 가지 방법은 과제를 성공적으로 완수하는 것이라고 결론을 내렸다.[3] 자기 주변의 세계를 잘 다루어야 한다는 생물학적 필요성이 엄연히 존재한다는 사실은, 수행해야 할 과제 목록에서 완료된 과제를 하나씩 지워나갈 때(혹은 논문의 새로운 초안을 완성할 때) 기분이 좋아지는 이유이기도 하다.

그렇다면, 자기가 유능하다고 느껴야 하는 내재적인 필요성은 왜 빼기 행동과는 반대로 작동할까? 어쨌거나 내 아들 에즈라는 레고 블록을 구조물에 덧붙일 때뿐만 아니라 그 구조물에서 레고 블록을 뺄 때도 자기가 사는 세상을 배우지 않는가? 그렇다. 우리는 빼기를 통해서도 유능함을 **개발**할 수 있다. 그런데 빼기라는 행동으로는 유능함을 **과시하기**가 더 어렵다는 점이 문제다.

어떤 사물이나 상황을 자기가 원하는 대로 바꿀 때, 우리에게는 증거가 필요하다. 동료나 경쟁자나 자기 자신에게 보여줄 증거 말이다. 고속도로를 건설하거나 파일 폴더를 추가하는 행위는 자기가 수행한 성취 내용을 세상에 보이는 것이다. 샌프란시스코 해변에서 엠바카데로 고속도로가 사라지고 없는 것처럼, 내가 어렵게 마음먹고 지워버린 공유 파일 폴더 몇 개에 대한 증거는 지금 남아 있지 않다. 빼기 행동이 아무리 유익하다고 하더라도, 빼기 행동 그 자체는 그 행동과 관련된 증거를 많이 남기지 않을 것 같다.

1장에서 우리는 인간이 더 적은 것을 놓치는 가장 큰 이유가 그것을 생각조차 하지 못하기 때문임을 확인했다. 더 적은 것이 상대적으로 더 중요하다고 판단하려면 애초에 그것을 선택지로 바라보아야 하지만, 사람들은 흔히 그렇게 하지 않는다. 그러나 무심코 흘려버리는 것만이 사람들이 빼기를 무시하는 유일한 이유는 아니다. 뒤에서 곧 살펴보겠지만, 생물학(2장), 문화(3장), 경제(4장)가 빼기를 무시하는 과정에 기여할 뿐만 아니라, 우리가 빼기 행동을 머리에 떠올렸을 때조차도 완벽하게 좋은 빼기를 거부하도록 유도한다.

생물학적·문화적·경제적 요인들은 물론 서로 겹친다. 고속도로를 건설한 것은 유능함을 과시한 것이었고, 이 고속도로는 샌프란시스코의 자동차 문화를 자극했으며, 이 문화가 도시의 미래 발전에서 비용과 편익 사이의 균형을 바꾸어놓았다. 겹치는 모든 요인이 '이렇게 된 바람에 저렇게 되었다'라는, 결코 풀리지 않는 퍼즐을 만들어낸다. 그러나 다양성은 우리에게 좋은 것이다. 우리가 가진 더하기 본능을 다양한 각도에서 이해할 때 비로소 우리는 상대적인 적음을 찾아내는 다양한 기술을 습득할 수 있다.

우선 생물학자의 관점에서 더하기 행동을 살펴보자. 변화에 대한 왜곡된 접근법을 설명하는 데 도움이 되는 진화적 요인은 깊이 각인되어 있다. 이 요인들이 작동해서 수컷 바우어새가 화려한 둥지를 만들게 했고, 인간이 고속도로를 건설하게 했으며, 또 모든 생명체가 살아남아 자기 유전자를 후대로 전하게 했다. 이 요인들 덕분에 우리 연구팀은 250개나 되는 하위 폴더를 만들었을지도 모를 일이다. 그러나 진화는 우리 연구팀을 만들었고, 또 우리 연구팀이 유능함을 과시하고자 하는 열망으로 불타오르게 만들었다.[4]

모으고 쌓아두는 것은 유전이다

조상을 찾아주는 그 회사는 나에게 보내주는 소식의 단어 조합을 매우 정교하게 구성했다. 나에게는 네안데르탈인 유전자가 '4퍼센트에 조금 덜 되는 수준으로' 섞여 있다. 그런데 이 표현은 네안데르탈인 유전자가 '3퍼센트 조금 더 되는 수준으로' 섞여 있다는 표현보다 확실히 듣기에 좋다.

나는 유전자 조상을 검사해주는 한 회사의 얼리어댑터 고객이었다. 플라스틱 시험관에 타액 표본을 넣은 다음에 내 이름을 적고, 이를 우편요금을 이미 지불한 편지봉투에 넣어서 보냈던 초기 고객 가운데 한 명이 바로 나였다. 그 덕분에 지금 나는 그 회사로부터 나의 유전자 조상과 관련된 자료를 꾸준하게 업데이트 받는다. 이런 업데이트가 진행되는 경우는, 그 회사로 타액을 보낸 새로운 고객들이 나와 8촌이나 12촌 관계로 밝혀졌을 때가 대부분이다.

한번은 매우 인상적인 업데이트를 받았다. 내가 부분적으로는 네안데르탈인이라는 것이었다. 이 업데이트는 내가 '4퍼센트 조금 덜 되는 수준으로' 네안데르탈인의 유전자를 가지고 있다는 말과 함께, 사하라 이남 아프리카에 최근의 조상 뿌리를 가지지 못한 사람은 거의 부분적으로는 네안데르탈인이라는 사실을 전했다. 그리고 인간과 네안데르탈인 사이의 짝짓기는 약 4만 년 전에 대양을 가로질러 현재의 유럽과 아시아에서 있었다는 사실을 강조했다.[5]

4만 년 전은 인류 역사에서, 특히 더하기와 빼기에 관련하여 결정적으로 중요한 시기였다.[6] 그 시기는 바로 우리의 조상이 물리적으로 존재하지 않는 것에 대해 생각하는 새로운 능력을 개발한 시점이고 이 때문에 인류에게 행동 근대성 behavioral modernity◆으로의 전환이 시작된 때라고 말할 수 있다.[7] 즉 더 적은 것과 더 많은 것이 미래에 어떤 의미를 지니는지 인류가 처음으로 상상했던 때다.

행동 근대성 이전에는 빼기가 의식적인 선택이 아니었고, 더하기도 의식적인 선택이 아니었다. 인간은 새로운 상황을 상상조차 할 수 없었기 때문에 어떤 변화든 모두 본능에 따른 것일 뿐이었다.

생물학적 요인이 어떻게 빼기보다는 더하기를 선호하는지 살펴보려면 바로 이 지점에서 시작할 필요가 있다.

행동 근대성이 시작된 무렵에 생존은 끊임없이 음식을 찾는 과정을

◆　　　인간만이 가지는 보편성에 따른 보편적인 행동이 나타나는 것.

의미했다. 이 과정은 너무도 많은 것을 소모하는 작업이어서, 이것 자체가 인류를 정의하는 표현이 되었다. 4만 년 전의 인류는 모두 수렵채집인이었고, 그 뒤로도 줄곧 그랬다.[8] 지난 약 10만 년 동안에 나의 조상들은 수렵채취를 하면서 홍해를 건너 아라비아반도의 남동쪽으로 들어갔다가 중동과 중앙아시아로 갔다. 그곳에서 가지를 따고 돌로 무기를 만들어 매머드를 사냥해서 음식을 조달했다.

그런데 지금, 많은 사람에게는 일상이 음식을 구하는 활동을 중심으로 돌아가지 않는다. 심지어 건강을 유지하려고 음식을 적게 먹는 사람도 있다.[9] 그러나 사람들은 여전히 먹는 것을 즐긴다. 칼로리 섭취를 추구했던 인류의 오랜 역사를 통틀어볼 때, 음식을 먹는 행위는 살아남아서 자기 유전자를 후대로 물려주는 데 도움이 되었다. 바로 내가 그렇다. 배가 아무리 불러도 과자 한 봉지를 더 비우고는, 아직도 나에게 남아 있는 식탐의 진화적 본능을 비난한다. 이 본능을 절제하려고 하지만 잘 되지 않는다.

그렇지만 에즈라에게 스케이트보드를 새로 사줄 때 덤으로 함께 받은 모자, 너무 작아서 도저히 머리에 들어가지도 않는 이 모자를 굳이 마다하지 않고 챙기는 나의 행동은 어떻게 설명할 수 있을까? 음식 공급이 불확실했다는 점이 인류 진화 과정의 대부분을 설명할 수 있지만, 모자 공급이 불확실하다는 사실로는 인류 진화 과정을 설명할 수 없다. 한 번도 만난 적이 없는 사람을 페이스북 친구로 추가할 때 진화 본능이 비난받아야 할까? 더하기라는 행위가 치명적으로 바뀌게 된 것을 진화를 가지고서 설명할 수 없음은 확실하다. 아니… 정말 그럴까?

콜리어 형제가 보여준 극한의 소유욕

1947년 3월 21일, 뉴욕의 할렘에 있는 4층 저택에서 호머 콜리어의 사체가 발견되었다. [10] 누더기 같은 목욕 가운을 입은 채로 휠체어에 앉아, 길고 헝클어진 허연 머리카락으로 덮인 머리를 무릎 위에 구부린 자세로 죽어 있는 그를 경찰이 발견했다.

호머의 룸메이트이자 관리인이며 또한 동생이었던 랭글리는 보이지 않았다. 랭글리가 애틀랜틱시티행 버스에 오르는 모습을 보았다는 소문이 돌았고, 뉴저지 해안을 따라서 랭글리를 찾는 수색 작전이 펼쳐졌다. 경찰이 아홉 개 주를 뒤졌지만 결국 랭글리를 찾지 못했다.

콜리어 형제는 오페라 가수와 맨해튼의 산부인과 의사 사이에서 태어났으며 유복하게 성장했다. 둘 다 컬럼비아대학교에서 학위를 취득했다. 두 사람은 1932년까지는 평범하게 살았는데, 그해에 호머가 뇌졸중으로 시력을 잃자 랭글리는 호머를 돌보려고 하던 일을 그만두었다.

랭글리에 따르면, 그는 형을 먹이고 목욕시켰으며, 고전 문학을 읽어주기도 했고, 피아노 소나타를 연주해주기도 했다. 랭글리는 충분한 휴식과, 매주 오렌지 100개에 해당되는 비타민C를 포함한 엄격한 식단으로 형이 잃었던 시력을 되찾기를 바랐다. 그러나 호머는 끝내 시력을 회복하지 못했고, 결국 관절과 근육에 염증이 생겨 사지가 마비되었다. 그때 병원을 찾아갔더라면 치료를 받고 나을 수도 있었지만, 형제는 그렇게 하지 않았다.

경찰이 호머의 시신을 발견했을 때, 그 집에서 수십 년 동안 쌓이고 쌓인 온갖 물건도 함께 발견했다. [11] 랭글리가 모은 신문과 잡지가 그대로 쌓여 있었다. 아마 이 신문과 잡지에서 오렌지가 시력에 효과가 있다는 정보를 접했을 것이다. 두 사람 모두 자식이 없었지만 온갖 유모차와 유아용 의자까지 수북하게 모아두었다. 또 말이 끄는 마차의 덮개와 포드자동차 모델 T의 섀시와 14대의 피아노도 발견되었다. 쌓아둔 물건이 얼마나 많았던지 천장까지 닿을 정도였다.

이런 것들에 파묻혀 살던 랭글리는 집 안에 미로 같은 터널을 만들었다. 랭글리와 호머는 마치 햄스터처럼 자기들이 오랜 세월 더하고 또 더한 결과물들 속에서 이리저리 통하는 구멍을 확보해두고 마치 둥지에 사는 것처럼 그렇게 살았다.

호머의 사체가 발견되고 열흘이 지난 뒤까지도 랭글리를 찾는 수색 작업은 계속 이어졌으며, 두 형제가 살던 집에서 물건이 끊임없이 나오는 진기한 광경을 구경하려는 인파가 가까운 동네에서 또 먼 곳에서 끊임없이 몰려들었다. 호머의 사체가 발견되고 2주가 조금 더 지났을 때 랭글리의 사체도 발견되었다. 놀랍게도 부패한 그의 사체는 호머가 발견된 지점에서 3미터 정도밖에 떨어지지 않은 곳에 있었다.

랭글리의 사체가 발견되고 나자 비로소 모든 게 분명해졌다. 랭글리가 호머보다 **먼저** 질식사로 죽었다. 경찰은 랭글리가 터널 중 하나가 무너질 때 그 아래로 기어서 지나가다가 무거운 짐에 깔려 질식사했을 것이라고 추정했다. 돌봐줄 사람 없이 혼자가 된 호머는 결국 휠체어에 앉아서 굶어 죽었다.

뇌는 '더 더 더 많이'를 외친다

콜리어 형제는 둘 다 아이를 낳지 않았지만, 그들이 죽을 때까지 했던 더하기 행동의 일부가 우리 모두의 유전자 안에 있음은 그전에 이미 과학적으로 밝혀진 사실이다.

미시간대학교의 스테파니 프레스턴Stephanie Preston 교수는 '소유욕acquisitiveness' 즉 우리가 물건을 손에 넣고 또 보관하는 과정과 이유를 누구보다도 많이 알고 있다.[12] 프레스턴은 이 소유욕을 객관적으로 측정하는 심리 실험 도구를 개발했다.[13] 이것은 앤디가 개발해서 우리가 사용했던 격자 패턴처럼 컴퓨터 기반의 도구로, 여러 가지 조건을 신중하게 제어하면서 실험할 수 있었다.

프레스턴이 제시한 소유욕 과제를 보자. 이 과제의 첫 번째 부분에서 실험 참가자들은 100개가 넘는 사물을 한 번에 하나씩 무작위 순서로 보게 된다. 각각의 물건이 컴퓨터 모니터 화면에 나타날 때 참가자들은 그것을 가질지 말지 질문을 받는다(실험 참가자들은 해당 물건을 실제로 얻지는 못한다는 사실을 잘 안다). 모든 물건은 무료이며 실험 참가자는 원하는 만큼 얼마든지 많이 또는 적게 가질 수 있다.

그 물건들의 유용성은 다양하다. 바나나, 커피 머그잔, 멀티탭, 공짜 라면 사람들이 누구나 챙길 법한 물건들이다. 그중에는 빈 병 두 개, 사용한 스티커 메모지, 옛날 신문 같이 쓸모 없는 것도 포함되어 있다.

실험 참가자들이 각각의 물건을 가질지 말지 선택하고 나면, 실험 진행자는 실험 참가자가 가지겠다고 응답한 물건을 모두 보여준다. 예를 들어서 70개 항목을 가지겠다고 한 사람의 화면에는 그 70개 물건이 모두 표시된다.

이제 실험 진행자는 실험 참가자에게 지금까지 모은 물건 가운데 일부를 빼라고 말한다. 그 과정은 다음과 같다.

먼저, 실험 참가자는 자기가 가지겠다고 한 물건이라도 원하기만

하면 버릴 수 있다는 말을 실험 진행자로부터 듣는다. 그다음에는 자기가 모은 물건이 화면 속의 쇼핑 카트에 다 들어갈 수 있도록 나머지 물건을 추려내라는 말을 듣는다. 마지막으로, 가상의 종이 봉지 하나에 다 들어갈 수 있도록 다시 물건을 추려내라는 말을 듣는다.

이 실험에서 실험 참가자 앞에 제시된 목표는 분명하다. 자기가 소유하는 모든 것이 종이 봉지 하나에 다 들어가도록 하는 것이다. 실험 참가자들은 심지어, 최종적으로 선택한 물건을 봉지 하나에 다 담을 수 있을 만큼 충분히 많은 물건을 뺐는지 알려주는 실시간 피드백도 받는다. 그럼에도 불구하고 많은 실험 참가자는 물건의 양을 종이 봉지 하나 분량만큼 줄이지 못한다. 쇼핑 카트 한 대 분량으로도 줄이지 못하는 사람도 많다. 가상의 물건인데도 사람들은 쓸모없는 물건을 빼지 않는다. 결국 그 과제에 실패하고 만다.

너무 많이 더하고 나서 충분히 많이 빼지 않는 행위는 실험에서 바보 같은 짓으로 비친다. 그러나 이런 행동이 실제 현실에서 일어날 때는 어떨까? 이런 행동은 슬픔으로 이어진다. 스트레스가 과식과 관련이 있듯이, 물건을 추가하는 행동이 스트레스와 관련이 있음을 프레스턴이 발견했다.[14] 극단적인 경우에, 빼야 할 대상을 결정할 때 빼기를 고려하지 않는 것은 엄청난 불안과 우울증의 징후일 수 있다. 다시 말해서, 공짜로 가질 수 있는 멀티탭과 커피 머그잔을 포기하지 않고 계속 가지기로 선택한 사람들은 콜리어 형제를 죽음으로 몰고 갔던 소유욕을 가지고 있다.[15] 강도가 훨씬 약하긴 하지만 말이다.

우리 연구팀의 초기 연구 실험과 마찬가지로 프레스턴의 대상 결정 작업은 더하기와 빼기에 대해서 사람들이 지닌 왜곡된 접근법을 보여준다. 프레스턴이 수행했던 다른 연구 가운데 일부는 빼기를 꺼리는 이런 행동의 뿌리가 생물학적인 차원에 닿아 있음을 암시한다.

프레스턴이 수행했던 이 연구 실험에서 실험 참가자는 캥거루쥐였다. 캥거루쥐는 야생 환경에서 먹이를 저장하는 습성이 있어서 실험 참가자로 안성맞춤이었다. 프레스턴은 캥거루쥐가 자기가 모아둔 음식을 도둑질당했을 때 다시 음식을 비축한다는 사실을 발견했다.[16] 캥거루쥐의 행동을 처음 글로 접할 때만 하더라도 나는 특별하지 않다고 생각했다. 그런데 가만히 생각해보니 그게 아니었다. 나는 집에 사둔 식료품이 바닥을 드러낼 때쯤이면 식료품을 새로 사서 다시 비축해둔다. 캥거루쥐가 하는 행동을 내가 똑같이 하고 있었다.

먹을 것을 비축하는 행동은 다른 포유류 동물은 말할 것도 없고 조류에서도 관찰할 수 있다.[17] 조류와 포유류의 경우처럼 수억 년 전에 공통 조상에서 시작해 그 뒤로 진화의 과정을 밟아온 동물 사이에서 비슷한 행동이 발견된다면, 이 행동은 생물학적 본능에서 비롯되었다고 볼 수 있다. 이 본능은 인간의 역사와 그 너머까지 확장된다.[18]

음식을 획득하려는 우리의 본능은 다른 물건을 추가하려는 본능으로까지 확장될 수 있다. 신경과학자들은 뇌 활동을 보여주는 장비를 실험 참가자들과 연결한 다음에 이들이 물건을 획득하게 했는데, 이들이 음식뿐만 아니라 다른 물건을 획득할 때도 뇌의 보상 체계 즉 중뇌-변연계 피질 경로mesolimbocortical pathway가 활성화한다는 사실을 확인했다.[19] 이 경로는 생각과 행동을 목표와 일치시키는 대뇌피질에서 시작하여 감정적인 삶을 수용하는 중간뇌 구조를 거쳐 도파민 경로의 근원인 뇌실 중뇌덮개 영역ventricle tegmental area까지 이어진다.

중뇌-변연계 피질 경로는 뇌에서 사고와 느낌을 관장하는 부분들을 연결하기 때문에 먹는 행동을 유쾌한 행위로 만들어준다. 이런 보상 경로는 코카인과 같은 마약에 의해서, 또 페이스북 친구를 추가하거나 트위터에서 악성 사용자를 상대로 싸움을 하거나 책을 살 때 클릭과 스크롤을 계속하게 만드는 웹사이트 설계에 의해서 자극을 받고 활성화될 수 있다.[20] 물건을 광적으로 모으는 사람들에게는 다른 사람이 사용한 스티커 메모지조차도 강렬한 열망을 불러일으킬 수 있다.

아주 간단한 행동을 하는 데도 뇌의 여러 부위 사이에서 조정 과정이 필요하다. 그렇긴 하지만, 특정한 보상 제도의 역할을 보면 우리가 연구 주제로 다루는 더하기 행동이 얼마나 뿌리 깊은지 알 수 있다. 어떤 것을 획득하는(즉 더하는) 행동은 뇌의 중요한 동기부여 시스템과 일치하기 때문에, 빼기 같은 대안 행동을 추구하는 것을 원천적으로 막아버릴 수 있다.

생존에 절대적으로 필요했던 음식을 구하는 데 오랜 세월 도움이 되었던 더하기에 뒤따르는 이 보상 체계의 작동 전원을 끄기는 어렵다. 공짜로 얻었지만 작아서 머리에 들어가지도 않는 스케이트보드 모자를 내가 실제로 머리에 쓸 가능성이 아무리 적다고 하더라도 그 체계는 작동을 멈추지 않는다.

획득하려는 본능은 본질적으로, 많은 것 쪽으로 치우쳐 있다. 그러나 근대인으로 행동하며 살아가는 우리는 2주 동안 여행을 떠난다고 해서 출발 전날 바나나를 비축하지 않는다. 눈이 먼 호머 콜리어 앞에 놓여 있던 오래된 신문 더미만큼이나 쓸모없어진 필수품인 파니니 프레스를 혹시 당신은 가지고 있지 않은가? 우리는 얼마든지 그것을 버릴 수 있다. 그 엄청난 소유욕에는 치료법도 있다. 이를테면 인지행동치료◆로 유전적인 원인을 상쇄할 수 있다.21 우리가 더하기 본능을 많이 배울수록, 그 본능을 극복할 가능성이 그만큼 커진다.

더하기와 빼기를 인식하는 직감이라는 도구

에즈라가 네 살이던 어느 날 저녁이었다. 아내와 나는 에즈라에게 초콜릿 케이크를 먹기 전에 완두콩을 세 숟가락 먹으라고 했다. 그런데 에즈라는 케이크를 다 먹고 나서야 비로소 완두콩 세 숟가락을 먼저 먹었어야 했음을 알았다. 그새 그 사실을 깜박 '잊어버렸던' 것이다. 채소로 저녁 식사를 마치는 것을 좋아하는 사람은 아무도 없기에,◆◆ 아이는 "내일 다섯 숟가락을 먹으면 안 되나요?" 하고 물었다.

아내 모니카는 아이의 이 제안이 이틀 동안 섭취할 전체 콩 섭취량에서 한 숟가락 분량을 빼겠다는 책략이라고 생각했다. 그렇지만 나는 아내에게, 인간이 가진 여러 가지 양적 본능quantitative instinct에 대해 설득력 있는 연구조사 결과를 토대로, 아이가 정직하고 또 누구나 충분히 예상할 수 있는 실수를 저지른 것이라고 말했다. 그러나 아내는 내 말을 곧이곧대로 믿으려 들지 않았다.

하버드대학교의 발달 심리학자 엘리자베스 스펠크Elizabeth Spelke 교

◆ 사고·신념·가치 등의 인지적 측면과 정신·신체 행동 측면을 체계적으로 통합하여 부적응 행동을 치료하는 것.
◆◆ 물론 이것은 저자의 개인적인 생각이다.

수는 유아와 어린아이의 심리를 40년 동안 연구해왔다. 이 연구를 토대로 스펠크는 인간의 학습과 발달 과정에서 교육이 수행하는 역할과 유전자가 수행하는 역할을 구분했다.[22]

스펠크는 에즈라의 완두콩과, 인간의 빼기 무시 태도와 매우 관련이 깊은 어떤 실험을 진행했다. 이 실험에 참가한 어린이들은 다섯 살에서 여섯 살이었다.[23] 스펠크가 굳이 이 연령대의 아이들을 선택한 것은 이 아이들이 숫자를 알기는 하지만 아직 덧셈이나 뺄셈은 배우지 않았기 때문이다. 이 실험으로 스펠크는 아이들이(나아가 모든 사람이) 더 적은 것이나 더 많은 것에 대해 어떤 본능적인 지향성이 있는지 확인하고 싶었다.

스펠크의 동료 연구원들은 각각의 어린이에게 단어 문제로 세 가지의 숫자를 제시했다.

로즈는 사탕 21개를 가지고 있다.

그녀는 30개를 더 얻었다.

아이다는 사탕 34개를 가지고 있다.

그다음에 실험 진행자는 "누가 사탕을 더 많이 가지고 있을까?"라고 아이들에게 물었다. 정답은 '로즈'였지만 그 아이들은 산수를 할 줄 몰랐고[24] 그저 느낌만으로 대답을 했다.

이것을 두고 이 연구 실험의 허점을 지적할 수도 있다. 즉 아이들은 산수를 알고 있었음에도 불구하고, 실험 진행자가 아이들의 산수 능력을 검증하는 테스트 과정에서 자신들의 산수 기술을 보여주지 않았을

지도 모른다는 말이다.

스펠크의 연구 실험 설계는 이와 같은 설명을 배제했다. 연구자들은 아이들에게 제시하는 문제의 숫자를 다양화해서, 일부 아이들에게는 최종적인 사탕 갯수의 차이가 너무 작아서 직관만으로는 답을 알 수 없는 문제를 냈다. 산수를 할 줄 아는 아이는 작은 차이까지도 구분할 수 있는 반면에, 근사치에 의존하는 아이는 두 개의 선택지 개수가 비슷할수록 정답을 말할 가능성이 적도록 설계했던 것이다.

이를테면 다음과 같은 질문은 직관에 의존하는 아이에게는 어려울 수밖에 없다.

로즈는 사탕 14개를 가지고 있다.

그녀는 19개를 더 얻었다.

아이다는 사탕 34개를 가지고 있다.

누가 사탕을 더 많이 가지고 있을까?

"아이다!"라고 대답하려면 산수를 할 줄 알아야만 한다.

이처럼 두 개의 선택지가 가리키는 개수가 가까울 때 아이들은 누가 사탕을 더 많이 가졌는지 그저 직관으로밖에 대답할 수 없다. 이처럼 두 개의 선택지가 가리키는 개수가 가까울수록 누가 사탕을 더 많이 가졌는지 정확하게 판단하고 선택할 가능성은 그만큼 더 낮아졌다.

아이들은 산수가 아니라 직관을 사용했다. 마치 에즈라가 다음날에는 그날 먹지 않은 완두콩 세 숟가락을 포함해서 다섯 숟가락을 먹겠다고 제안했던 것처럼 말이다.

스펠크가 했던 이런 실험과 같은 연구들은, 우리는 산수를 배우기도 전에 이미 양을 인지한다는, 현재 설득력이 있는 강력한 증거 가운데 처음 몇 조각이었다. 촉각, 시각, 후각과 마찬가지로 인간은 더 적거나 더 많은 것에 대한 감각을 기본적으로 가지고 태어난다.[25]

신경과학자 스타니슬라스 드앤Stanislas Dehaene은 저서 《숫자 감각The Number Sense》에서 자기가 연구한 내용을 포함해 여러 관련 연구의 결과를 엮어서, 이 선천적인 감각이 우리 의식에 얼마나 깊고 넓게 침투해 있는지 보여준다.[26] 수학을 배우지 않은 아이들도 상대적인 양에 대한 직관을 필요로 하는 과제를 뚝딱 해치울 수 있다. 아마존에서 고립된 생활을 하며 살아가는 부족의 성인들도 산수를 배운 적이 없음에도 얼마든지 그런 과제를 수행할 수 있다. 쥐도 더 많은 것과 더 적은 것을 인식한다는 사실이 확인되었다.

인간이나 다른 동물들이 수학을 모르면서, 심지어 언어도 모르면서 어떻게 양을 감지할 수 있을까? 이 질문에 대한 대답으로 드앤은 자동차 주행 기록계를 비유로 제시했다. 주행 기록계는 그저 "1마일(1.6킬로미터) 더 갈 때마다 한 눈금씩 전진하는 톱니바퀴에 불과하다"라는 것이었다.[27] 이런 간단한 장치가 그동안에 축적된 양을 기록할 수 있다는 점을 고려하면, 지능의 높고 낮음과 상관없이 생물은 그런 측정 작업을 수행하는 메커니즘을 가지고 있으리라는 추론은 합리적이다.

이 이론을 뒷받침하는 것은 단순한 비유만이 아니다. 뇌 영상 연구는 우리가 대략적인 양을 추정할 때 뇌의 특정한 신경망이 활성화됨을 보여준다.[28] 이 신경망은 공간과 시간을 감지하는 데 도움을 주는 것으로 알려진 신경망들과 밀접하게 연결되어 있다.

산술 신경망에 영향을 주는 뇌 부위에 손상을 입었지만 양을 감지하는 데 필요한 신경망은 다치지 않은 사람인 '근사치 남자Approximate Man'에 관한 연구도 있다. 이 사람은 "2 더하기 2는 얼마일까요?" 같은 질문을 받으면 3에서 5까지의 근사치로 대답한다. 그러나 "그는 9처럼 터무니없는 답을 내놓는 경우는 한 번도 없다"라고 드앤은 말한다. 이 근사치 남자의 수학 신경망은 더는 작동하지 않게 되었지만, 그는 더 적은 것과 더 많은 것을 여전히 직관적으로 파악할 수 있다. 마치 네 살 에즈라처럼 말이다.

'행동적으로 근대적인 인간behaviorally modern human'은 새롭게 획득하게 된 추상적인 사고 능력을 양과 관련된 본능과 결합했다. 개코원숭이의 뼈에 눈금을 새기고 동굴 벽에 수많은 점을 칠하는 데는 이 두 가지 요소가 모두 필요하다.[29] 숫자를 세는 초기 형태에서 (33개의 사탕과 34개의 사탕처럼) 의미가 매우 가까운 개념을 구분할 수 있게 해준 것은 숫자와 수학이었다. 이런 식으로 수학은 우리의 뇌에 선천적으로 장착된 유선 주행 기록계의 성능을 개선했다.

처음 주행 기록계 비유를 들었을 때, 어쩐지 빼기를 불공정하게 대한다는 느낌이 들었다. 적어도 내가 생각하기에 그것은 사람이라면 당연히 더 많은 것을 감지할 수 있어야 함을 암시했다. 주행 기록계는 올라가기만 할 뿐이다. 이런 사실은 단순한 비유의 결함이었을까, 아니면 양에 대한 우리의 본능이 더 적은 것보다 더 많은 것을 선호하기 때문일까? 내가 직접 수행한 연구 결과로는, 둘 다 조금씩 맞는 말이다.

그 이유를 알려면, 또 우리가 무엇을 할 수 있을지 알려면 인간의 본능을 더 깊이 파고들 필요가 있다. 사람은 자기가 의지할 구체적인 숫자를 가지고 있지 않을 때, 많은 양 사이의 차이가 적은 양 사이의 차이보다 상대적으로 작다고 판단한다. 이런 양상은 청각이나 미각과 같은 다른 감각에서도 마찬가지다. 어떤 음식에 소금을 처음 칠 때가 같은 양을 열 번째로 칠 때보다 짠맛의 강도 변화가 더 크게 느껴진다. 또 헤드폰 볼륨을 막대기 하나에서 막대기 두 개로 높이는 것이 막대기 여덟 개에서 아홉 개로 높이는 것보다 더 큰 변화처럼 들린다. 이처럼 우리가 느끼는 변화는 초기 상태에 따라 달라진다.[30]

절대적인 변화가 아닌 상대적인 변화를 감지하는 본능은 진화에 도움이 되었던 매우 유용한 행동이었을 것이다. 굶주리며 배회하던 우리 조상들에게는 매머드 여덟 마리와 아홉 마리 사이의 차이는 한 마리와 두 마리의 차이보다 훨씬 덜 중요했다. 아홉 마리의 매머드 집단이나 여덟 마리의 매머드 집단이나 생존과 단백질 공급원으로서의 기회에 관한 한 기본적으로 동일한 크기의 위협이었을 것이다. 한편, 매머드 한 마리가 다른 동료도 없이 혼자 있을 때라면 두 마리가 함께 있을 때보다 우리 조상들이 손에 든 돌멩이만으로 그 동물을 사냥하기가 훨씬 쉬웠을 것이다.

중요한 것은 추가되는 절대적인 양이 아니다. 추가되는 절대적인 양은 두 경우 모두 매머드 한 마리로 동일하다. 더 유용한 것은 추가되는 상대적인 양이다. 매머드가 여덟 마리에서 아홉 마리로 늘어날 때는 약 13퍼센트 늘어나지만 한 마리에서 두 마리로 늘어날 때는 100퍼센트 늘어난다. 본능에 의존할 때 한 마리에서 두 마리로의 변화는 여덟 마리에서 아홉 마리로의 변화보다 변화폭이 더 크다. 양이 커질수록 단위 증가량에 따른 변화의 차이를 우리는 그만큼 적게 인지한다.

상대적인 양에 대한 인지가 어떻게 작동하는지 알기 때문에 우리는 무엇보다도 중요한 다음 질문을 할 수 있다. 이것이 상대적으로 더 유리할까, 아니면 더 불리할까?

다시 사탕 이야기로 돌아가자. 아이들이 80 빼기 30의 결과를 추정하기 위해서 이 본능을 사용할 때는, 20 더하기 30의 결과와 동일하게 50이긴 하지만, 더하기를 할 때보다 덜 정확하다. 아이들이 20개의 사탕에 30개의 사탕을 **더해서** 50개의 사탕이라는 결과를 얻는다면, 이 아이들이 하는 계산의 정밀도는 30과 20에 대한 그들의 인지 감각에 기초한다. 반면에 사탕 80개가 있던 통에서 30개를 빼서 50개가 남았다고 계산한다면, 이 계산의 정밀도는 30과 80에 대한 인지 감각에 기초한다.

아이들은 두 경우에서 모두 30을 인지하지만, 80에 대한 아이들의 인지는 20에 비해서 덜 정확하다.

근사치에 의존할 때의 정밀도는 최종적인 양이 아니라 거기에 도달하기 위해 사용하는 양에 따라서 달라진다. 즉 동일한 결과를 얻기 위해서는 덧셈이 뺄셈보다 더 정확할 수밖에 없다는 뜻이다. 이것이 '작은 것에서 시작하는 것'이 변화를 유도하는 데 유용한 조언이 되는 이유일지 모른다. 큰 것에서 시작하면 상상하기가 더 어렵다.

인간이 가진 육감이 빼기를 무시하는 사람들의 태도를 어떤 식으로든 설명할 수 있다는 사실에 나는 충격 받을 정도로 놀랐다. 고속도로가 철거됨으로써 달라진 도시가 어떻게 보일지 상상한다는 것이, 혹은 남아프리카공화국에 투자되었던 자금의 회수로 아파르트헤이트가 철폐됨으로써 인종차별 상황이 어떻게 달라질지 상상한다는 것이 정말 그렇게 어려웠을까? 어쩌면, 더 적은 것에 대한 직관이 서툴다는 점이 우리가 어떤 문제를 해결하려고 할 때 빼기 방식을 하나의 선택지로 좀 처럼 머리에 떠올리지 못하는 이유일지 모른다고 나는 생각했다. 더하기(즉 획득)에 대한 본능과 마찬가지로 양에 대한 본능도 더 적은 것에는 덜 이끌린다.

빼기를 할 때 변화는 더 크게 느껴진다

스타니슬라스 드앤이 등장하기 350년 전에 또 다른 프랑스 과학자인 블레즈 파스칼Blaise Pascal은 현재 사용되는 압력의 단위와 프로그래밍 언어, 보험업자와 도박꾼이 반기는 확률론 등에 자기 이름을 남기는 작업을 하고 있었다. 하지만 그토록 뛰어났던 파스칼조차도 상대적으로 적은 것의 한 가지 유형을 간과했다. 내용과 딱 들어맞는 제목의 책인 《팡세Pensées(생각)》에서, 그는 이렇게 썼다.

"0에서 4를 빼면 남는 것이 0이라는 사실을 이해하지 못하는 사람들을 나는 알고 있다."[31]

이 진술이 우리가 보기에는 이상하지만 당시 사고방식으로는 맞았다. 즉 매머드를 0마리 이하로 사냥하거나 개코원숭이 종아리뼈를 0개 이하로 셀 수 없다는 합의가 형성되어 있었다. 파스칼이 살던 시대에는 똑똑한 사람들이 많이 나타나서 대수학과 기하학, 심지어 미적분학을 세상에 소개했다. 그러나 여전히 음수는 용인될 수 없는 해법이었다.[32] 파스칼은 '0에서 4를 빼다'라는 발상을 "터무니없는 것"이라고 여겼다. 계산 결과가 음수였기 때문이다.

하버드대학교에서 아이들을 대상으로 했던 실험을 포함해서, 빼기

089

의 많은 사례는 정답이 음수가 아니다. 파스칼은 수학에 대해서 거만한 태도로 말했는데, 이것은 상대적인 양에 대한 인간의 본능이 추상적으로 드러난 하나의 모습일 뿐이다. 만약 우리가 더 적은 것에 대한 몇몇 사례를 생각조차 하지 않겠다고 한다면, 인간은 더 적은 것을 추구하려 들지 않음을 입증하는 셈이다.

당신이 산수의 빼기를 어떻게(즉 어떤 과정을 거쳐서) 배웠는지 돌이켜보라. 혹은 운이 좋게도 빼기를 공부하는 아이를 알고 있다면, 그 학습 과정을 주의 깊게 살펴보라. 맛있는 사탕이나 몸에 좋은 사과처럼 구체적인 사물이 특정한 수를 나타내는 것으로 동원되어 아이들이 빼기라는 개념을 쉽게 이해하도록 돕는다. 사탕이든 사과든 특정한 수의 사물을 가지고 있다가 이 가운데 일부를 빼는 접근법은 수학 교사가 '집합' 스키마'set' schema 라고 부르는 것으로 이어진다.

집합 스키마는 아이들이 더 적은 것과 더 많은 것을 시각화할 수 있도록 돕는다. 그러나 결과가 양수인 경우에만 그렇다. 당신도 여섯 살 아이가 되었다고 생각하고 다음 문제를 풀어보라.

로즈는 사탕 5개를 가지고 있다.

여기에서 20개를 뺀다.

당신은 지금 말이 되지 않는 소리를 들었다. 벤이 자기 아들에게 이렇게 물었을 때 그 아이가 대답했듯이, "이것은 불가능하다."

상대적인 양에 대한 본능 때문에 빼기에 따른 변화의 결과를 정확하게 상상하기란 더 어렵다. 이런 변화가 이미 존재하는 것보다 더 많은 것을 빼는 것이라면, 이 변화는 '불가능한' 것이다.

이 집합 스키마에 관한 한 파스칼이 옳았다. 조금 더 많거나 조금 더 적은 것의 단위로 사과나 사탕을(혹은 숟가락으로 뜬 완두콩을) 사용한다면, 음수는 말이 안 되기 때문이다.

이 집합 스키마에 대한 대안은 '거리distance' 스키마인데, 이것은 대상을 추상적인 숫자로 연관 짓지 않고 머릿속에 어떤 공간적인 숫자열을 상상하도록 유도한다.[33] 일곱 살 어린이인 당신이 5에서 20을 빼라는 질문을 받을 때 이 숫자열을 사용한다면 어떻게 될까? 당신은 각각의 수를 머릿속 숫자열의 어느 지점에 각각 위치시킬 것이다. 당신의 대답은 15가 될 것이다. 5와 20 사이의 거리가 15이기 때문이다. 일곱 살 어린이인 당신은 양을 정확하게 파악하지만, 그것이 양수인지 음수인지는 알지 못한다.

아이들은 음수를 이해할 수 있는 어떤 설정 아래에서 거리 스키마를 사용할 때 음수와 양수를 정확하게 이해하기 시작한다. 예를 들어 어떤 교사가 운동장의 온도가 낮에는 섭씨 5도이고 밤에는 거기서 20도 떨어진다고 학생들에게 말했다고 치자. 만약 아이들이 미터법에 대한 경험이 있다고 가정하면(그리고 정말로 추운 날씨라면), 아이들은 이제 0보다 낮은 것을 상상할 수 있다. 0도가 가장 낮은 온도가 아니라 물이 어는 온도라고 한다면, 이것은 0도보다 낮은 온도가 있음을 상기시킨다. 이럴 때, 5도에서 20도를 빼면 매우 타당한 영하 15도가 된다.

음수에 대한 추상적인 생각은 직관을 거스른다. 적어도 우리의 두뇌에 이미 축적되어서 우리가 이해하는 내용에 그 음수의 위치를 잡아주기 전까지는 그렇다. 영하의 온도가 그렇다. 만약 당신의 아이가 보험

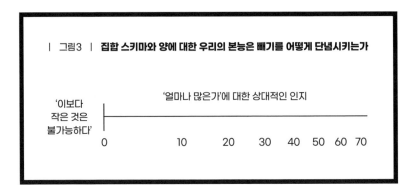

| 그림3 | 집합 스키마와 양에 대한 우리의 본능은 빼기를 어떻게 단념시키는가

'이보다
작은 것은
불가능하다'

'얼마나 많은가'에 대한 상대적인 인지

0   10   20   30   40 50 60 70

계리사 자질을 가지고 있다고 생각한다면 비용이 수입을 초과하는 경우를 어떻게 봐야 할지 설명해줘라. 또 만약 당신의 아이가 골프를 친다면 언더파가 무엇인지 설명해줘라.

집합 스키마에서 거리 스키마로 전환하는 것은, 우리의 인식을 바꿀 때 상대적으로 적은 것으로 나아가는 어떤 경로를 드러낼 수 있다는 최초의 사례다. 빼기가 우리가 선택할 수 있는 여러 대안 가운데 하나인지, 결코 있을 수 없는 '불가능한 것'인지는 우리가 취하는 관점에 따라서 달라진다.

아파르트헤이트 제도를 철폐하기 위해서 분투했던 레오 로빈슨의 이야기로 돌아가보자. 로빈슨이 네들로이드 킴벌리 호의 하역 작업을 거부한 것은 인종차별주의 제도에 생명력을 계속 추가하는 것을 거부하겠다는 뜻이었다. 남아프리카공화국에 대한 신규 투자를 금지했던 미국 정부의 후속 조치도 마찬가지였다.

만약 남아프리카공화국에 대한 기존의 투자가 마음속으로든 정책적으로든 절대로 위반할 수 없는 것으로 설정되어 있었다면, 그 기준을 넘어서서 빼는 행위는 그야말로 말이 되지 않는 것이라고 할 수 있다. 0으로 끝나서 음수로는 연장되지 않는 선처럼, 빼려고 해도 더 뺄 게 없기 때문이다.

투자금을 회수한다는 발상은 남아프리카공화국에 대한 기존의 투자를 물이 어는 온도와 비슷한 것으로 바라볼 수 있어야만 가능했다. 현재의 투자는 인종차별주의 정권을 지지하지 않는 것과 지지하는 것 사이에 존재하는 연속선 위에서 주목할 만한 점임은 분명하다. 그러나 현재의 투자가 왼쪽으로 더 나아갈 수 없는 최종점이 아니다. 0에서 왼쪽으로(즉 음수 쪽으로) 뻗어나갈 가능성의 세계는 활짝 열려 있다. 이 경우에 집합 스키마를 고수하는 것은 올바르지 않으며, 심지어 해롭기까지 하다.

정말 어려운 일이긴 하다. 그러나 우리가 가진 빼기의 잠재력을 온전하게 실현하려면 집합 스키마와 더하기를 활용해서 유능함을 과시하겠다는 본능과, 양에 대한 왜곡된 인식을 무시할 필요가 있다. 그런데 수학을 따지기 이전에, 더 적은 것을 추구하도록 우리에게 동기를 부여하는 요소들이 있다. 예컨대 어떤 것을 뺄 때 나타나는 변화가 같은 양을 더할 때 나타나는 변화보다 훨씬 더 강력할 수 있다.

만약 매머드가 두 마리 있을 때 한 마리를 더하거나 한 마리를 뺄 때 각각 어떤 결과가 빚어질까? 두 마리에서 한 마리를 빼면 한 마리가 된다. 이렇게 변화된 새로운 상황에서는 매머드 한 마리가 전체의 100퍼센트다. 한편 두 마리에서 한 마리를 더하면 세 마리가 되는데, 이때 1마리는 전체의 3분의 1밖에 되지 않는다. 최종 상태를 놓고 비교하면, 동일한 양의 변화라고 하더라도 더 적은 것을 추구할 때는 더 많은 것을 추구할 때보다 변화의 폭이 훨씬 더 크다. 매머드 무리의 수가 아무리 많다고 하더라도, 혹은 남아프리카공화국의 경제 규모가 아무리 크다고 하더라도, 변화된 새로운 상황을 놓고 비교할 때는 더 적은 것이 더 큰 변화를 가져다준다.

좋든 나쁘든 우리는 더 적은 것이나 더 많은 것에 늘 왜곡된 인식을 가지게 마련이다. 그러나 수학은 우리가 생물학적 본능을 넘어서기 위해서 행동적으로 근대적인 능력을 얼마든지 사용할 수 있음을 상기시키는 좋은 예다. 본능을 무시하는 것이 이치에 맞을 때 일부러 그런 선택을 얼마든지 할 수도 있다는 말이다.

만약 에즈라가 쿠키의 수를 근사치로 추정해서 6개가 아니라 5개라고 말하는 경우라면, 나는 아이가 그냥 5개만 먹도록 내버려둘 것이다. 그러나 몸에 좋은 완두콩이라면 3 더하기 3은 5가 아니라 6임을 설명해줄 수 있다.

빼기의 기술로 진화적 본능에 저항하기

내가 네안데르탈인과 짝짓기를 한 조상들의 삶을 조사했을 때, 가장 많이 언급된 활동은 사냥, 채집, 먹기, 잠자기였다. 이러한 욕구들이 충족되고 나면, 나의 조상들은 남는 시간을 '돌깨기 knapping'로 석기를 만들면서 보냈을 것이다.

돌깨기는 비공식적인 용어다. 그러나 뗀석기와 연관을 짓기에 이보다 직관적인 용어는 없다.[34] 뗀석기는 자연석에 물리적으로 타격을 가하여 도구나 무기 형태로 다듬어 만든 석기이고, 이것을 만드는 행위를 돌깨기라고 부른다. 돌깨기는 호모속屬에 속하던 과거의 조상들에서 우리가 갈라져나온 뒤로 300만 년 넘게 지속되었던 석기시대를 규정하는 특징적인 작업이었다. 그러므로 학자들은 돌깨기를 통해서 만든 무기나 도구들을 연구해서 인간 행동의 진화와 관련된 내용을 배운다.

4만 년 전에 나의 조상들이 행동적으로 근대화되어갔다고 볼 수 있는 한 가지 징표는 새로운 돌깨기 기술을 사용하기 시작한 점이다. 이 기술은 둥근 돌에서 시작되었다. 우선 이 돌의 바깥쪽 가장자리 주변을 모두 잘라냈다. 그다음에는 위쪽을 향한 돌의 둥근 부분에서 조각을 떼어냈다. 이렇게 완성된 석기는 뒤집힌 거북의 등껍질처럼 생겼으며, 바닥의 표면은 둥그스름했고 윗부분은 납작했다.

일단 돌이 이렇게 준비되면, 돌 깨는 사람은 평평하고 안정된 표면에서 하나 혹은 그 이상의 커다란 조각을 떼어내서 돌이 툭 튀어나온 형상이 되도록 만들었다. 그러면 이 돌은 둘레에서 잘려나간 조각의 날카로운 모서리 때문에 모든 면이 날카로웠다. 이렇게 모든 면이 날카로운 석기는 자르고, 파고, 사냥하기에 좋았다.

이 새로운 2단계 접근법을 개발하기 전에는 사람들이 단순히 바위 조각들을 떼어낸 다음에 이것을 그대로 사용했다. 그래서 이렇게 만든 도구나 무기는 한쪽만 예리했고 나머지 부분은 자연스러운 윤곽 그대로였다. 자연스러운 윤곽까지 예리하게 만들기는 불가능했다. 당시에 돌 깨는 작업을 할 때는 훨씬 더 작은 돌을 사용했으며, 까딱하다간 그 돌이나 자기 손가락을 깨뜨릴 수도 있었기 때문이다. 그런데 떼어낸 돌을 다듬는 새로운 방법이 등장하면서 이 문제가 해결되었다. 돌이 떨어져나가는 현상은 대부분 원래의 돌에서 발생했기 때문이다.

이 새로운 2단계 접근법은 돌을 더 예리하게 만들었을 뿐만 아니라 행동적인 근대성도 보여주었다. 원래의 돌을 깎아내는 작업은 추상적인 사고를 드러낸다. 왜냐하면 돌 깨는 사람은 자기가 돌을 깨고 다듬는 작업을 한 뒤에 그 돌이 어떤 모습일지 상상해야 하기 때문이다.[35] 미켈란젤로는 만년에 조각에 대한 자기의 추상적인 접근을 설명하면서 "나는 대리석 속에 있는 천사를 보았으며, 이 천사가 자유로워질 때까지 계속해서 대리석을 깎아내는 작업을 했다"라고 묘사했다. 행동적으로 근대적이었던 이 돌 깨는 사람들은 인류 최초로 둥근 돌 속에서 더 예리한 칼을 보았으며, 이 칼이 자유로워질 때까지 계속 돌을 깎아냈다.

내가 이 점을 이야기하는 이유는 추상적 사고(즉 현대 인류가 자기 앞에 놓인 상황을 바꿀 수 있는 능력)의 몇몇 최초 증거들이 빼기와 관련된 변화에서 나온다는 사실을 보여주기 때문이다. **뗀석기**라는 이름부터도 그렇다. 2단계 다양성은 석기시대를 정의하는 길고 긴 추상적인 돌깨기 속에서도 최첨단이었다. 우리 연구팀은 사람들이 레고 구조물과 앤디의 격자 패턴에 더하기를 하는 경향이 있음을 알아냈지만, 300만 년도 더 전인 까마득한 과거의 우리 조상들은 본능에 따랐든 스스로 선택했든 바위와 돌에서 작은 조각을 떼어내면서(즉 빼기를 하면서) 시간을 보냈다. 그렇다면 빼기를 소홀하게 여기며 무시하는 오늘날 우리의 모습이 유전에서 비롯되었다고 말할 수는 없을 것 같다.

진화 자체는 더하기와 빼기의 균형을 잡아주는 놀라운 과정이다. 유전자를 후대로 물려줄 가능성이 상대적으로 더 높은 적응을 발견하는 과정에서 자연선택◆은 수많은 축소를 단행한다.**36** 이를테면 현대인의 뇌는 네안데르탈인의 뇌보다 작지만 현대인에게 더 적합하다.**37** 물론 언어, 사회적 행동, (변화를 상상하는 것을 포함하는) 의사결정 등을 위한 뇌의 제어부 크기는 네안데르탈인의 뇌보다 더 커졌지만 다른 부위들은 오히려 더 작아졌다.

진화는 생태계에서도 작동하며, 한 가지 공통적인 결과는 더하기를 자동적으로 점검한다는 점이다. 고래와 플랑크톤이든 여우와 토끼든 사람과 공동자원이든, 이들 각각의 균형은 전체 생태계를 무너뜨릴 수 있는 한 종만의 무분별한 성장을 억제해서 생태계 안에 존재하는 기존 구성원을 보호한다.

핵심을 말하면, 내가 비록 우리 연구팀의 공유 연구 폴더를 온갖 불필요한 파일들과 하위 폴더들로 채우기는 하지만, 우리의 뇌는 정신적 처리 과정에 과중한 부하가 발생하지 않도록 자동 보호장치를 진화적으로 발전시켜왔다. 사람이 잠을 잘 때 뇌세포가 축소하는데,**38** 이것은 미세아교세포microglial cell들이 들어와서 뉴런들 사이에 존재하는 사용되지 않는 시냅스들을 청소할 공간을 마련하기 위해서다.**39**

발생 초기에 지나치게 많이 만들어진 시냅스가 신경 활동에 의해서 필요한 부분만 남고 제거되는 현상인 시냅스 가지치기synaptic pruning도 바로 자동화된 빼기 과정이다. 과일나무가 사방으로 가지를 성장시키는 것처럼, 우리는 뉴런과 뉴런 사이에 시냅스를 성장시킨다. 수분을 많이 섭취한 나무는 점점 더 커지고 튼튼해진다. 마찬가지로 우리가 시냅

◆　　　동종의 생물 개체 사이의 경쟁에서 환경에 적응한 것이 생존하여 자손을 남기는 일.

스 연결점을 많이 사용할수록, 이 부분은 점점 크고 강해진다. 물론 번성하는 과일나무에는 가지치기가 필요하다. 소중한 햇빛이나 수분이 열매를 맺지 않는 가지에 분배되어서 결과적으로 낭비가 일어나지 않도록 하기 위해서다. 뇌에서 미세아교세포는 가지치기를 통해 덜 유용한 시냅스를 제거해서 다른 시냅스가 더 많은 에너지와 공간을 누릴 수 있게 해준다.

더 적은 것을 활용하기 위해서 우리는 자연에서 영감을 얻을 수 있다. 생태계와 종과 세포라는 각각의 차원에서 자연선택은 양방향으로 작용한다. 우리에게는 더하기 본능이 있을지도 모른다. 그러나 우리는 더하기와 빼기 두 가지로 형성되어온 삶의 환경으로 둘러싸여 있다.

의지로 변화를 유도할 수 있다

관심의 초점을 생물학적인 더하기 요인에서 문화적인 더하기 요인으로 옮기면서, 인류의 조상이 살았던 삶에서 하루가 어땠을지 생각해보자. 그들은 잠에서 깨어나 옷을 입고(그때는 빙하기였으니까 옷을 입은 채로 잤을 수도 있다) 아침 요리를 만들었을 것이다. 그러고 나서는 매머드가 나타났다는 소문이 있는 곳으로 대략 스물다섯 명이 떼를 지어 움직였을 것이다. 밤이 되면 그들은 새로운 장소에 가 있을 것이고, 거기에서 임시로 잘 곳을 마련하고는 불을 피우고 둘러앉아 돌을 깎았을 것이다. 그리고 잠을 잤을 것이다. 사냥하고, 채취하고, 잠을 잤을 것이다. 이 패턴을 계속 반복했을 것이다.

우리는 행동적으로 근대화된 뒤에도 대부분의 시간을 음식을 마련하는 것으로 보냈다. 클레오파트라나 어떤 왕의 후손이라고 하더라도,

대략 1만 세대의 인간 조상 가운데 오직 마지막 300여 세대에 속하는 사람들만이, 지금 우리가 빼고자 하는 과제의 대상인 문명과 조금은 가까운 세상에 살았다. 이전 세상에서는 레오 로빈슨이라고 하더라도 인종차별주의적이든 뭐든, 정치 제도를 발견하지 못했을 것이다. 또 아무리 수 비어만이라고 하더라도 해변 풍경에 방해가 되므로 철거해야만 하는 어떤 고속도로를 발견하지 못했을 것이다.

생물학은 현대인이 빼기를 무시하고 소홀하게 여기는 현상에 온전한 이유가 되지 않는다. 우리는 방해가 덜 되는 진화적 관성을 존중할 필요가 있다. 먹고 싶은 본능과 유능함을 과시하고 싶은 본능, 상대적인 양에 대한 타고난 감각조차도 우리를 상대적인 많음 쪽으로 끌어당길 수 있다. 그러나 진화가 무작위적인 돌연변이에 의존해서 변화를 꾀했던 반면에, 인간은 더 의도적으로 변화를 유도할 수 있다. 바우어새 수컷은 스스로도 어쩔 수 없이 화려한 둥지를 지으려고 끊임없이 노력하지만, 인간은 다르다. 예컨대 나는 공유 폴더에 담긴 쓸모없는 파일들을 얼마든지 삭제할 수 있으니까 말이다.

이 점을 염두에 두고, 다음 장에서는 더 최근에 나타난 문명 이야기를 해보자. 이 문명은 상대적인 많음을 추구하는 데서 나타났으며 또한 그것으로써 정의된다.

3장 문명은 더하기의 논리 위에서 발전했다

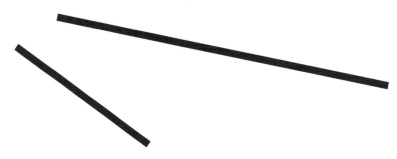

더 많은 것이 곧 문화가 되었다

약 5,000년 전 티그리스강과 유프라테스강에 인접한 비옥한 땅인 페르시아만 북쪽 지역은 더는 수렵채집인만 사는 곳이 아니었다.[1] 메소포타미아 문명에서는 집 짓는 기술자와 건축가, 교사와 사제, 의사와 정치인 등이 함께 살았다. 이 새로운 전문직 종사자들은 가족과 함께 식탁에 앉아 식기를 사용해서 식사를 했다. 메뉴에는 과일과 채소, 돼지고기와 달걀, 맥주가 포함되어 있었다. 저녁 식사가 끝나면 아이들은 방울, 인형, 공 등을 가지고 놀았다. 밤에 잠을 잘 때는 모직 매트리스 위에서 부드러운 리넨 천으로 만든 이불을 덮고 잤다. 그들이 사는 집은 외부의 온갖 위험에서 보호받을 수 있도록 벽돌로 지어졌으며, 이 집들은 석조 도로로 연결되어 있었다. 또 걸어갈 수 있는 거리에는 경외심을 불러일으키는 사원과 신전과 궁전이 있었다.

이 새로운 모습(문명)이 나타남에 따라서 새로운 발상(문화)도 함께 생겨났다. 레오 로빈슨이 메소포타미아 사람이었다면 무역선과 부두를 보았을 것이고 노예, 노동자, 전문가, 성직자, 귀족 등으로 구성된 사회적 위계체계를 보았을 것이다. 학자 엘리너 오스트롬이었다면 당시에 지배적이던 사상이 점토판에 설형문자로 기록되어서 그녀가 현대어로 옮겨 연구해주기를 기다리는 것을 보았을 것이다.

행동적 근대성의 여명과 마찬가지로 문명의 등장은 우리의 더하기 역사에서 중요한 문턱이었다. 행동적 근대성은 지금과 같이 생각하고, 자기에게 주어진 상황을 목적의식적으로 바꾸며, 또 더하기와 빼기를 선택할 수 있는 능력을 인간에게 주었다. 문명과 문화를 가짐으로써 사람들은 새롭게 보탤(즉 더하기를 할) 많은 현대적인 기회를 얻었다.

마찬가지로 이 모든 새로운 것과 발상은 빼기라는 행동을 선택할 새로운 기회도 함께 가져왔다. 화가 파블로 피카소는 예술을 "불필요한 것을 빼는 것"이라고 정의했다. 《어린 왕자》의 작가 앙투안 드 생텍쥐페리는 "완벽함은 더는 보탤 게 없을 때가 아니라 더는 뺄 게 없을 때 완성된다"라고 말했다.[2] 그러나 애초에 아무것도 더한 게 없었다면 예술적인 빼기도 완벽함의 추구도 존재할 수 없었을 것이다.

문화와 문명은 시간이 흐름에 따라서 바뀌며 우리의 주변 환경에 의해서 또 우리의 조상들에 의해서 형성된다는 점에서 생물학과 같다.[3] 하지만 유용한 유전자는 여러 세대를 거쳐야만 비로소 개체군 전체에 퍼지는 반면에, 유용한 문화는 발상이 공유되는 속도만큼 빠르게 개체군 전체로 퍼질 수 있다. 우리의 문화는 우리의 생물학에 비해서 진화할

시간이 훨씬 적었지만 진화의 속도는 훨씬 더 빨랐다.[4]

우리는 더하기에 대한 생물학적 본능을 2장에서 확인했다. 이제는 문화가 빼기를 무시하고 소홀히 여기는 우리의 태도에 어떻게 기여했는지 알아볼 차례다.

다행스럽게도 문명은 우리가 우리 주변의 세상을 바꿀 새로운 기회를 가져다주었을 뿐만 아니라, 우리가 예전에 무엇을 했는지 알려주는 기록도 제공한다.[5] 자, 그럼 지금부터 그 기록을 둘러보자.

콜로세움과 피라미드가 말해주는 것

서기 2009년의 로마. 여름 해가 아직 뜨지 않았고, 나는 그 고대 도시를 오롯이 나 혼자만 가졌다. 처음 간 장소에서는 대개 그랬듯이 나는 특별히 꼭 가야겠다는 목적지도 없이 그저 발길이 가는 대로 탐구의 여정을 걸었다. 그리고 로마는 나를 콜로세움으로 끌어당겼다.

사진으로는 많이 봤지만, 직접 바라보는 느낌은 완전히 새로웠다. 콜로세움은 거대할 뿐만 아니라, 정문의 바깥 공간에서 각 층마다 딱딱 맞아떨어지는 기둥과 출입구 위에 식각된 로마 숫자 등 세부까지 정확하고 조화로웠다. 고대의 건축물이 아니라 현대식 경기장이나 대학교 교정이었다고 하더라도 콜로세움은 경외심을 불러일으키고도 남을 것이다. 수천 년 전, 로마에 발을 들인 이주민이 콜로세움을 처음 바라보았을 때 어떤 느낌이었을지 상상해보라.

로마의 다른 지역들도 나에게 손짓을 하며 불렀지만, 나는 콜로세움에서 조금도 더 멀리 가지 않았다. 콜로세움을 바깥으로 열 바퀴나 돌았지만 나를 압도하던 경외감은 조금도 사라지지 않았다. 호텔로 돌아오니 아내 모니카는 왜 이렇게 늦었느냐고 나무랐다. 아내와 함께 박물관에 가기로 약속했던 일을 까맣게 잊었던 것이다.

나는 인간이 만든 거대한 건물에 매력을 느끼고 이끌리는데, 그 무렵에 모니카는 나의 이런 모습에 이미 충분히 적응하고 있었다. 로마에 가기 3년 전이었다. 모니카와 나는 내가 '우리의 카리브해 해변 밀월'이라고 이름을 붙였던 곳에서 하루를 보낸 적이 있다. 멕시코의 찌는 듯이 더운 유카탄 정글의 한가운데 있는 곳이었다. 고대 마야의 도시인 코바를 보고 싶었기 때문에 나는 굳이 그곳을 여행지로 선택했다.

나는 모니카가 나처럼 코바의 유적지를 구석구석 살피며 돌아다니게 하지는 않았지만, 우리 두 사람은 그 가운데 한 곳의 꼭대기까지 120개나 되는 가파른 계단을 올라갔다. 코바의 피라미드는 지어진 지 1,000년이 넘었고 높이는 10층짜리 빌딩만큼 높다.[6] 마야인들은 동력 설비를 갖춘 건설 장비 하나 없이 그 구조물을 만들었다. 나는 그 시대에 그 거대한 구조물을 짓자면 얼마나 큰 결심이 필요했을지 헤아릴 수 없었지만, 피라미드 꼭대기에 서는 순간 왜 그곳이 신에게 제물을 바치기에 좋은 장소일지는 금방 알 수 있었다. 발 아래 멀리 정글이 마치 거대한 이불처럼 펼쳐져 있었다. 그만큼 하늘에 가까이 올라선 느낌이었다.

로마의 콜로세움과 코바의 피라미드는 더하기의 놀라운 기록물이다. 이것들을 가리키는 과도한 표현들이 얼마나 흔한지 '기념비적 건축물monumental architecture'이라는 학명까지 생겨날 정도다. 유명한 고고학자 브루스 트리거Bruce Trigger는 기념비적 건축물을 다음과 같이 묘사했다.

"이런 건축물의 기본적인 특징은 규모와 정교함이 모든 실용적인

103

기능이 요구하는 것을 훌쩍 뛰어넘는다는 점이다."7

이 건축물들의 형태는 말 그대로 필요한 수준을 훌쩍 넘어설 정도로 더하기를 한 결과다. 이것이 바로 기념비적 건축물로 정의될 수 있는 조건이다.

기념비적인 건축물은 문명의 믿을 만한 표식이다. 메소포타미아의 지구라트든 이집트나 중국의 피라미드든, 거대하고 실용성은 있을까 말까 한 구조물은 주변 도시와 같은 시기에 나타났다.

최종적으로 기념물로까지 이어졌던 문화적인 단계는 로마에서나 코바에서나 비슷했을 것이다. 로마인에게 처음 잉여 식량이 생겼고, 이것 덕분에 사람들은 더 밀집해서 생활하게 되었으며, 이런 상황은 다시 주택과 도로와 상하수도 시설이 생기는 것으로 이어졌다. 이어서 번성하는 문화는 많은 사람이 한자리에 모여서 구경할 수 있는 격투 경기장을 원했으며, 그렇게 해서 콜로세움이 지어졌다. 1,000년쯤 뒤에 바다 멀리 마야인은 코바에 의식용 피라미드를 추가할 때 로마 경우와 동일한 문화 발전 경로를 걸어갔다. 두 경우 모두 행동적 근대성은 농업으로 이어졌으며, 농업이 문화를 이끌었고, 또 문화가 정말로 번성한 뒤엔 쉼터라는 용도로는 전혀 사용되지도 않는 거대한 구조물을 만들기에 이르렀다. 이러한 발전 단계를 염두에 두고 바라보면, 기념비적인 건축물은 제각기 다른 문화 속에서 더하기 행동이 성숙해진 끝에 이루어진 결과물처럼 보인다.

그러나 많은 기념물은 그런 단계와 전혀 상관없이 나타났다. 아닌 게 아니라, 종종 기념물은 문화가 번성하기 **전**에 추가(더하기)되었다.

기념물과 문화 발전 단계의 상관성을 엿보고 또 문화적인 요인으로서의 더하기를 더 깊이 이해할 수 있는 최근의 사례가 하나 있다. 1830년대 후반 미국이 독립국이 된 지 100년이 지나지 않은 시점에, 미국은 스스로가 과연 독립국으로서 발전할 수 있을지 의심하게 만드는 내전을 향해서 치닫고 있었다. 그러나 1830년대 후반에 몇몇 사람이 어떤 기념비 하나를 세우려고 했고, 이들은 기념비를 구상하는 작업에 쓸 용도로 100만 달러나 되는 돈을 모았다. 컬럼비아 특별구에 조지 워싱턴 기념비를 마련하기 위한 아이디어를 공모한 것이다.

당시 그 지역에 살던 인구는 약 3만 명이었다.[8] 그때 워싱턴은 작은 도시였다. 세계 인구 규모의 2퍼센트도 되지 않아 미국 안에서도 10대 도시에 들지 못했다. 구상만 하는 데도 무려 100만 달러가 들었던 그 기념비는, 자기가 살던 미국의 미래를 놓고 절박한 마음으로 걱정하던 소수의 사람들에게는 그야말로 대담하기 짝이 없는 사업이었다. 게다가 워싱턴 기념비를 보고 영감을 얻고 싶은 사람이라면, 볼티모어 북쪽 약 56킬로미터 지점에 이미 완벽하게 좋은 기념비가 있었으므로 그곳으로 가도 충분히 영감을 얻을 수 있었다.[9]

그러나 이 기념비의 설계 경쟁은 계속되었다.[10] 자금 지원이 들쭉날쭉했고, 정치적 우선순위가 자꾸 바뀌고, 또 남북전쟁이라는 거대한 사건이 있었음에도 불구하고 워싱턴 기념비 사업은 계속 이어졌다. 마침내 거의 50년 만에 오벨리스크는 최고 높이까지 하늘 높이 치솟았다. 1886년에 이 기념비가 대중에게 공개되었을 때, 미국은 이미 인구가 거의 네 배로 늘어나 있었으며 세계에서 가장 높은 건축물들이 즐비한 나라가 되어 있었다.[11]

콜로세움처럼 문화가 번성한 다음에 거대한 기념물을 짓겠다는 결정이 내려지는 것만은 아니다. 기념물 자체가 문화가 발생하는 기원의 한 부분이 되기도 한다. 신체 활동이 정신을 강화하는 것과 마찬가지로, 문명이라는 신체에 주의를 기울이는 것도 문화를 강화한다. 즉 기념비적인 건축물이 실제로 쓸모가 없지는 않다는 말이다. 물론 코바의 피라미드와 워싱턴의 기념비는 그 어떤 대가(예컨대 쉼터 제공)도 바라지 않은 채로 진행되었던 수많은 더하기의 결과물이었다. 그러나 이 프로젝트들은 많은 사람이 한곳에 모이게 만들었다. 처음에는 해당 건축물을 계획하고 지으려는 사람들이 모였고, 나중에는 그것을 바라보고 경외심을 느끼려고 모였다. 이렇게 많은 사람이 모일 때, 문화와 문명이 나타난다.

당신은 '더 많은 것으로 발전하는 과정에서 문화가 나타났다'는 사실에 고개를 갸웃할지도 모르겠다. 거대한 구조물을 사랑하는 사람인 나조차도 그런 미심쩍음을 충분히 이해한다. 기념비적인 건축물이 정말로 정부, 종교, 저술과 어깨를 나란히 할 자격이 있을까? 하나의 문명으로 여겨지려면 반드시 한 무리의 사람들이 존재해야만 할까?

그러나 고대 문명을 연구하는 사람들은 이 지점에서 앞으로 계속 파고들었다. 우리가 따져야 할 문제는 '기념비적인 건축물이 이러한 사회적 변화보다 과연 낮은 자리에 앉아야 하는가'가 아니다. '기념비적인 건축물이 사회적 변화보다 더 높은 위치로 올라가야 하는 게 아닌가' 하는 것이 우리가 제기해야 할 문제다.

현대의 분석에 따르면 기념비적인 건축물이 문명을 촉발한 촉매제였을지도 모른다. 괴베클리 테페 **Göbekli Tepe**(배불뚝이 언덕)는 튀르키예에 있는 고대 유적지다.[12] 1960년대에 그 지역의 고대 유적지를 조사하던 한 연구팀이 깨진 석회암 석판들을 발견한 뒤에 본격적으로 발굴이 시작되었는데, 연구자들은 서면 보고서를 통해서 그곳이 중세 시대의 버려진 공동묘지였을 것이라고 결론을 내렸다.

수십 년 뒤에 독일의 고고학자 클라우스 슈미트**Klaus Schmidt**가 연구자들이 남긴 보고서 원본을 읽었다. 그는 높이가 약 15미터나 되고 폭이 약 400미터나 되는 그곳이 공동묘지였다는 보고서의 결론에 동의하지 않았다. 그래서 직접 현장을 방문했다.

그가 커다란 바위들을 찾는 데까지는 그다지 오랜 시간이 걸리지 않았다. 이 바위들은 지표면에 얼마나 가깝게 놓여 있었던지 농부의 쟁기에 긁힌 자국까지 있었다. 슈미트와 그의 팀이 땅을 깊이 파고 들어가자, 원형으로 배열된 거대한 돌기둥들이 나타났다. 각 원의 중심에는 더 거대한 기둥들이 놓여 있었다. 이 기둥들의 높이는 기린 키만큼 컸으며 무게는 주변을 둘러싼 기둥보다 10배 이상 무거웠다.[13] 어떤 방법을 동원했는지 알 수 없지만, 놀랍게도 고대 문명은 이 거대한 기둥들을 조각하고 이동시키고 또 세웠다.

그러나 고고학자들과 역사학자들을 깊은 생각으로 빠져들게 만든 것은 바로 슈미트와 그의 팀이 괴베클리 테페에서 발견하지 못한 것이었다. 괴베클리 테페 인근에는 음식을 요리하는 난로도 없었고 집도 없었으며 장난감 방울도 하나 없었다. 그곳 주변에는 그 시기에 사람들이 모여서 살았다고 추정할 수 있는 게 아무것도 없었다.

슈미트가 괴베클리 테페에서 발견했지만 발견하지 못한 바로 이 점이, 사람들이 농사를 짓고 한곳에 정착하기 시작한 뒤에야 비로소 기념물이나 그 밖의 다른 것들을 문명에 추가할 수 있는 시간과 기술과 자원이 마련되었다는 기존의 이론에 구멍을 냈다. 신전의 돌기둥을 만들고 옮기고 또 배치하려면 일꾼 수백 명이 필요했을 것이다. 그러나 괴베클리 테페의 신전은 그 지역에 형성된 마을보다도, 심지어 농경 생활보다도 시기적으로 앞선다. 수렵채집인이 약 25명씩 떼를 지어 다니던 세상에서는, 괴베클리 테페에 신전을 지으려면 여러 부족 사이에 유례가 없을 정도로 강력한 협력이 필요했을 것이다.

슈미트는 논문 '신전이 먼저 생기고, 그 다음에 도시가 생겼다First Came the Temple, Then the City'에서 새롭고 개선된 이론을 제시했다.[14] 논문 제목이 말하듯이(아무래도 진실에 가깝다고 믿을 수 있는 내용인데) 괴베클리 테페에 신전을 짓는 행위 덕분에 수렵채집꾼이 한곳에 모여 살았을 것이라는 주장이었다.[15] 신전이라는 발상은 이질적인 집단들이 한자리에 모일 수 있는 최초의 구실이었다. 그런 다음에 신전을 짓고 또 유지하는 데는 장기간의 헌신이 필요했으므로, 수렵채집인들은 일시적인 식량원을 찾아서 여기저기 돌아다니며 수렵채집 활동을 하기보다는 한곳에 정착해서 농업에 종사하게 되었다고 슈미트는 주장한다. 괴베클리 테페의 주변 유적지에서 발견된 유물들은, 그 신전이 세워지고 난 뒤 1,000년에 걸쳐 사람들이 정착해서 밀을 경작하고 가축을 길렀음을 말해준다.

괴베클리 테페에서 발견된 사실은 문명과 더하기 사이의 관계를 뒤집어놓는다. 어떤 집단이 아무리 신전 짓기를 열망하더라도, 우선 농사를 지으면서 공동체를 형성하고 정착 생활을 하는 법을 배우는 것이 순서상 먼저라고 학자들은 오랫동안 믿어왔다. 그러나 슈미트는 이것과 정반대가 진실이라고 말했다. 즉 신전을 지으려는 장기간에 걸친 노력이 농업이 시작된 원동력이었다는 것이다. 바로 이런 식으로, 더하기는 인류에게 문명을 가져왔다.

　무언가를 짓고 세우고자 하는 문화적 경향은 우리가 빼기를 무시하게 된 이유를 설명하기에 충분할 것이다. 그러나 문명이 나타남에 따라서, 상대적인 많음에 대한 또 하나의 유서 깊은 문화가 나타났다. 그것은 바로 물질문화다. 내 신발장에 있는 제각기 다른 스타일의 열네 켤레 운동화는, 사람들이 자기의 새로운 사회적 삶을 추구할 수 있게 해주는 실용적인 다양성이 그만큼 확장되었음을 말해준다.

　인간의 뇌가 훨씬 작은 집단에서 진화했음에도 불구하고 물질문화는 우리가 큰 집단 속에서 함께 살 수 있도록 돕는다. 수렵채집인 집단에서 모든 사람은 다른 사람들이 각자 어떤 특징과 기술을 지녔는지, 매머드 고기의 어느 부위를 좋아하는지 배울 수 있었다. 그러나 문명이 성장함에 따라 이런 개인적 차원의 접근은 불가능해졌다. 그렇지만 인간은 여전히 자기 주변 사람들을 이해할 필요가 있었고, 물질문화는 바로 이 필요성에 부응했다.

　사람들은 이제 수천 명을 개별적으로 추적하려는 대신에, 옷이나 장신구 구슬 등을 바탕으로 이웃 사람들을 파악하기 쉬운 소수의 범주로 묶을 수 있다. 이런 물리적인 사물은 낯선 사람과의 상호작용을 한결 쉽게 만들었다. 예컨대 당신이 식당에 들어갔을 때 앞치마와 주문지를 가지고 당신 앞에 서는 사람이 그 식당의 직원임을 알아보듯이 말이다. 반대로 나는 반바지에 티셔츠를 입고 내가 좋아하는 운동화를 신고(물론 이 운동화는 스타일이 다른 열네 켤레 가운데 하나다) 교정을 걸어가면 내가 교수인 사실을 숨길 수 있다. 두 경우 모두, 물질문화가 사람들이 서로 만난 적이 없는 사이라도 어떻게 상호작용을 해야 하는지를 일러준다.

스카이라인을 추가하는(즉 더하는) 것과 마찬가지로 신발장에 신발을 추가하는 것이 문명의 시작에 뿌리를 두고 있음은 의심의 여지가 없다. 그러나 여기에서도 다시 '어느 쪽이 먼저일까?'라는 질문이 제기된다. 과연 물질문화가 문명보다 앞섰으며 또 문명이 일어나는 데 도움이 되었는가 하는 질문이다.

현재 힘을 얻고 있는 이론은, 수렵채취인이 무작위로 물질문명을 발생시켰다는 이론이다.**16** 즉 매머드 가죽으로 옷을 해 입은 사냥꾼은 위험한 사냥꾼이고 토끼 가죽으로 옷을 해 입은 사냥꾼은 조심성 있는 사냥꾼이라는 말이다. 이 논리에서는 자기 집단에 속한 다른 모든 사람이 사냥을 할 때 개인적으로 각각 어느 정도로 위험을 무릅쓰는지 굳이 따로 기억할 필요가 없다. 그 사람의 옷차림으로 얼마든지 추측할 수 있기 때문이다.

물질문화에 바탕을 둔 이런 심리적 지름길 덕분에 수렵채집인들이 더 큰 집단 속에서도 관계를 원활하게 관리할 수 있었을 것이다. 다시 말해, 규모가 더 커진 집단은 수렵채집인들이 기념물을 세우고 또 위계질서를 강화하는 것을 허용했을 것이고, 이렇게 해서 문명은 성장하게 되었을 것이라는 말이다.**17**

기념물이나 물질적인 장식물에 대한 문화적 끌림은 빼기에 역행한다. 즉 에즈라가 레고 블록으로 탑을 더 높이 쌓는 행위나 내가 에즈라에게 더 많은 레고를 사주는 행위는 모두 빼기에 역행한다. 전 세계적으로도 각지의 문명은 더하기의 또 다른 엔진을 강력하게 가동했다. 바로 글을 쓰는 행위다.

사람들은 새로 찾은 시간과 에너지를 이 새로운 매개 행위에 쏟아 부었다. 글을 쓰는 사람은 누가 누구에게 빚을 얼마나 졌는지를 기록할 수 있었고, 그 덕분에 더 많은 거래가 가능해졌다. 또 글을 쓰는 사람들은 투명하고 일관된 법을 만들 수 있었고, 이 법들 덕분에 문명은 더 커질 수 있었다. 글을 쓰는 사람들은 더 많은 발상을 다른 사람에게 전달할 수 있었고 또 이 발상을 더 많은 사물로 바꾸어놓을 수 있었다.

글쓰기는 더하기를 보여주고 또 더하기를 가능하게 해서, 개인이 자기 마음속으로만 제한되어 있던 정보 축적 역량을 외부로 마음껏 방출할 수 있게 되었다. 덧없이 사라지곤 하던 생각이 오래 지속될 수 있게 되었고, 사람들은 시간을 초월해서 다른 사람을 상대로 자기 생각을 정확한 내용 그대로 나눌 수 있게 되었다. 그래서 클라우스 슈미트의 괴베클리 테페 연구는 슈미트가 한 번도 만난 적이 없는 연구자들이 했던 생각을 토대로 그 위에 구축될 수 있었다. 스테파니 프레스턴, 엘리자베스 스펠크, 엘리너 오스트롬이 어떤 발상을 맨 처음 했든, 이 생각은 곧바로 전 세계로 퍼질 수 있게 되었다.

고고학자들은 앞으로도 계속 문명의 기원을 밝혀낼 것이다. 그러나 상대적인 적음을 다루는 우리의 과학은 기다릴 필요가 없다. 더하기와 문화가 불가분의 관계임은 의심의 여지가 없다. 지금까지 살펴본 것처럼, 최초의 인류 문명은 상대적인 많음으로 정의되었다는 사실이 핵심이다. 더는 하루종일 음식을 찾아 헤맬 필요가 없게 된 사람들은 피라미드나 건물이나 옷과 같은 보다 더 많은 것을 추가했다. 그들은 법, 종교, 글쓰기, 수학 같은 사회 구조와 생각도 추가했다. 이 모든 것과 생각이 부족한 세상에 사는 사람들에게, 그것을 제거한다는 것은 부자연스럽게 보였을 것이다. '뺄 게 아무것도 **남아 있지 않은 것**'이 아니라 뺄 게 아무것도 없었던 것이다. 이게 진리다.

물론 문화적 진화는 몇몇 것을 뺐다. 사냥이나 채집 활동이 줄어든 게 그렇다. 그러나 문명은 기본적으로 확대의 과정이었고 근대적인 문화는 이들 최초의 문명에서 생겨났기에, 우리는 모두 '어떤 실용적인 기능과 관련된 요구사항들을 뛰어넘는 규모와 정교함'으로 더하기의 유산을 공유한다.

문화는 더하라고 하지만
문명은 빼기도 있음을 보여준다

더 많음을 향한 우리의 공통된 사랑이 강력하긴 하지만, 이 사랑은 획일적이지 않다. 문화는 시간이 지남에 따라서 세상을 바라보는 뚜렷한 관점을 만들기 위해 진화하며, 이 관점들은 변화를 바라보는 우리의 사고방식을 형성한다. 빼기를 소홀하게 여기는 태도 이면에 작동하는 문화적 요인을 조사할 때, 우리는 이 다양한 세계관이 더 적음에 대해 무엇을 말할 수 있을지 반드시 살펴보아야 한다.

그러려면 우선 스탠퍼드대학교의 심리학자 헤이즐 로즈 마커스**Hazel Rose Markus**가 일러주는 기초 지식을 알아둬야 한다. 마커스는 정신적인 습관과 문화 사이의 상관성 분야를 개척한 심리학자다. 마커스가 수행했던 중요한 연구는 그녀가 공동저자로 참가해서 문화적 세계관을 직접적으로 설명한**18** 책《우리는 왜 충돌하는가Clash!》의 토대가 되었다.[19] 이 책에서 '충돌'은 자기가 가진 능력과 가치관과 태도를 가지고 자기를 규정하는(즉 상호독립적인) 사람들과, 자기가 맺고 있는 인간관계와 자기가 수행하는 사회적 역할과 집단소속group affiliation으로 자기를 규정하는(즉 상호의존적인) 사람들 사이에서 일어난다.

음과 양, 카인과 아벨의 전통적인 두 개의 이야기는 세상이 돌아가는 것을 바라보는 이런 '상호의존적인 관점'이나 '상호독립적인 관점'을 문화가 어떻게 영구화하는지 생생하게 보여준다.[20]

음과 양은 우주가 처음 창조될 때의 혼돈에서 태어났다. 음과 양의 이 쌍은 우주의 알cosmic egg(우주란) 속에서 균형을 이루었으며, 이렇게 해서 최초의 인간과 최초의 신이 탄생하게 되었다. 오늘날까지 음과 양은 지구의 중심에서 조화를 이루며 존재한다.

형제인 카인과 아벨은 아담과 이브의 최초의 자손이다. 카인은 농부가 되었고 아벨은 여기저기를 떠도는 양치기가 되었다. 두 사람은 각자 자기가 마련한 음식을 신에게 바쳤다. 그런데 신은 카인의 공물보다 아벨의 공물을 더 좋아했다. 질투심에 눈이 먼 카인이 아벨을 죽였다. 신은 카인에게 평생 세상을 떠돌아야 하는 벌을 내렸다. 나중에 카인과 카인의 자손들은 최초의 도시를 만들었다.

음과 양은 상호의존적인 관점을 반영하는데, 이 관점 속에서 사람들은 마치 우주의 알 속에 있는 음과 양처럼 자기를 자기 이외의 세상과 조화를 이루도록 맞추는 균형 잡힌 보완물로 바라본다. 카인과 아벨 이야기는 인간은 상황적 제약에서 독립적임을 암시한다. 즉 어떤 사람이 양치기가 될 수도 있고 도시를 건설하는 사람이 될 수도 있다는 것이다.

마커스가 분명하게 밝혔듯이 문화적인 세계관은 어떤 기원 설화가 포착할 수 있는 것보다도 더 다양하다. 예를 들어서 중국의 문화는 미국의 문화보다 더 상호의존적인 경향이 있지만, 개인의 행복을 중시하는 중국의 도교 문화는 중국 유교 문화보다 상호독립성 쪽으로 더 많이 기울어져 있다. 또 미국에서도 남부 지역이나 중서부 지역의 작은 마을에 살면서 가족과 공동체 관계를 중시하는 사람들은 대서양 연안 도시나 태평양 연안 도시에 사는 사람들에 비해서 자기들이 상호의존적이라고 여긴다.

문화 충돌은 종교나 거주지에 국한되지 않는다. 선진국과 개발도상국 사이에, 남성과 여성 사이에, 블루칼라와 화이트칼라 사이에 세계관의 일반적인 편차가 존재한다. 솔직하게 말하면 나는 카인의 세계관과 아벨의 세계관을 모두 가지고 있다. 지구 북반부에 사는 사람은 남반부에 사는 사람들보다 독립적인 성향이 강하다. 남성, 전문직 종사자, 종교적이지 않은 사람들 등도 상대적으로 독립적인 편이다. 심지어 이름이 특이한 사람일수록 독립성이 강하다는 연구 결과도 있다.

당신도 나처럼 자기만의 길을 개척해나갈 수 있을 거라는 희망을 가지고 있을지 모른다. 아니면 자기 운명이 우주의 알 속에 존재하는 균형으로 회귀하는 것이라고 볼지도 모른다. 어쨌거나 두 가지 세계관의 대조가 우리가 가진 더하기와 빼기에 대한 태도와 그런 행동에 어떤 영향을 미치는지 알아보자.

헤이즐 로즈 마커스가 문화 심리학을 하나의 독립적인 연구 분야로 만든 이후로, 연구자들은 우리의 세계관이 우리가 마주치는(그리고 바꾸고자 하는) 상황을 바라보는 방식에 영향을 미치는 게 아닌가 하고 의심해왔다. 1940년대 후반에 심리학자 허먼 위트킨Herman Witkin은 실험 참가자들의 관점을 바꾸는 실험을 통해서 그 점을 검증하려고 했다.[21] 위트킨은 브루클린대학교의 실험실에서 동료 연구원들과 함께 사람한 명이 넉넉하게 들어갈 수 있는 커다란 상자를 만들었다. 폭이 약 5센티미터, 길이 약 10센티미터 목재로 틀을 짠 이 상자는 바닥에 부착된 모터로 작동하는 잭이 부착되어 있어서 쉽게 기울일 수 있었다. 이 상자 덕분에 위트킨과 동료 연구원들은 '장 의존성 field dependence'[22]이라고 불리는 특성을 측정할 수 있었다. 위트킨은 저명한 심리학자인 쿠르트 레빈Kurt Lewin의 연구에서 장 field이라는 용어를 따왔는데, 레빈의 혁명적인 '장 이론field theory'은 사람이 하는 행동은 그 사람과 그 사람의 주변 환경, 즉 그 사람이 놓인 현장의 산물이라고 이해할 필요가 있다는 사실에 초점을 맞추었다.

위트킨이 만든 기울어지는 상자 안에서 실험 참가자는 움직일 수 있었고, 주변 사물들을 움직일 수 있었다. 이 상자 방 안에서 실험 참가자가 앉은 의자는 다양한 각도로 기울어졌다. 그 방도 함께 기울어졌는데, 방이 기울어져 있다는 사실을 실험 참가자가 알 수 없게 했다. 실험 참가자의 관점이 방의 기울기에 따라서 얼마나 좌우되는가 하는 것이 바로 장 의존성의 정도다. 의자와 방이 예를 들어 15도라는 동일한 각도로 기울어져 있을 때, 9도 기울었다고 말하는 사람은 3도 기울었다고 말하는 사람보다 장 의존성이 낮다는 말이다. 즉 전자는 방 또는 현장과의 관계로부터 상대적으로 영향을 덜 받았다. 이 상황에서 겨우 3도밖에 기울지 않았다고 인지하는 사람은 현장과의 관계에 상대적으로 더 많이 의존했다. 기울어지는 방을 동원한 이 연구는 동일한 상황을

사람들마다 어떻게 다르게 바라보는지 밝히는 최초의 증거를 제시했다.[23]

그 뒤로 장 의존성을 측정하는 방법은 점점 더 실용적으로 개발되었다. 숨은그림찾기 테스트Embedded Figures Test, EFT는 종이 또는 화면을 통해서 장 의존성 정도를 측정할 수 있다.[24] 실험 참가자에게는 다음과 같은 그림이 제시된다.

당신은 그림 속에서 팔각형을 찾을 수 있는가?

팔각형을 찾는 데 걸리는 시간이 길수록 장 의존성이 높다. 만약 그 공간(장)의 모든 선에 주의를 기울인다면, 팔각형에 초점을 맞추기까지는 시간이 그만큼 더 걸릴 것이다. 반대로 문제의 팔각형을 빨리 찾았다면, 당신은 아마도 그 주변에 있는 다른 것에는 눈길이나 관심을 주지 않았을 것이다.

여기에서 추론할 수 있는 한 가지 사실은, 장 의존성이 낮은 독립적인 유형의 사람은 개별적인 대상들에 초점을 맞춤으로써 빼기를 간과할 수 있다는 점이다. 이런 일반적인 간과나 누락의 실수를 저지르지 않도록 해주는 충고는 여러 가지 이름으로 통한다. 도시계획을 전공하는 학과의 학부생은 맨 처음에 묘사 대상인 형상figure을 바라볼 때 지면ground도 함께 고려해야 한다고 배운다. 이 학생들이 졸업할 때쯤에는, 양의 공간과 음의 공간, 명시적인 공간과 암묵적인 공간, 채워진 공간과 비워진 공간 등에 대한 온갖 이야기들을 교수들로부터 들었을 것이다.

물론 또 다른 타당한 추론이 하나 있다. 그것은 상호의존적인 유형의 사람이라도 주변 환경에 주의를 기울일 때 빼야 할 필요가 있는 대

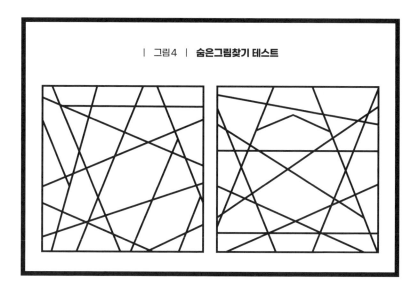

| 그림4 | **숨은그림찾기 테스트**

상을 간과할 수 있다는 점이다.

이런 추정은 일단 제쳐두자. 여기서 중요한 교훈은 장을 바라보는 우리의 관점이 문화적 진화에 뿌리를 두고 있다는 점이다. 그 과정이 어땠을지 알아보기 위해, 당신이 직접 실험 참가자가 되었다고 상상해보자. 실험 진행자가 당신에게 S자 모양으로 형성된 모래 더미를 보여준다.

그다음에 실험 진행자는 두 개의 상황을 추가로 보여준다. 하나는 그냥 모래 더미이고, 또 하나는 S자 모양으로 형성된 유리 조각이다.

그다음에 실험 진행자가 당신에게 이렇게 묻는다.

"이 둘 가운데서 당신이 맨 처음에 보았던 상황, 즉 S자 모양으로 형성된 모래 더미와 가장 비슷한 것은 무엇인가요?"

이마이 무츠미今井睦美와 데드레 겐트너 **Dedre Gentner**는 이 기발한 테

117

스트를 수천 명을 대상으로 했다.[25] 이마이는 일본 교수이고 겐트너는 미국 교수인데, 두 사람은 각각 일본과 미국에서 응답했던 실험 참가자들의 반응을 비교했다.

이 S자 모래 연구 실험에서, 미국 참가자들은 유리로 만들어진 S가 모래로 만들어진 S와 더 비슷하다고 응답한 비율이 높았다. 반면에 일본 참가자들은 모래 더미를 선택한 비율이 더 높았다.

S자 모양의 모래 더미를 미국인은 정신적으로 우연히 모래로 만들어진 **S자**로 분류한 반면에, 일본인은 동일한 이미지를 우연히 S자 모양으로 생긴 **모래**로 분류했다.

이 연구 결과를 토대로 일본인은 총체적으로 생각한다거나 미국인이 세부적인 사항을 더 잘 바라본다고 추정할 수 있지 않을까? 이런 추론은 허점을 파고드는 공격에 취약하다. 이것보다 더 유용하며 방어하기 쉬운 추론은, 어떤 사람은 장(즉 모래)을 바라보는 반면에 어떤 사람은 대상물(즉 S자)을 바라본다는 결론이다.

서로 다른 사람들이 똑같은 상황을 다른 방식으로 바라볼 수 있다. 충분히 예측할 수 있는 일이다. 장 의존성이 우리에게 중요한 이유도 바로 여기에 있다. 어떤 사람이 한 상황을 바라보는 방식이 그 상황을 바꾸려는 그 사람의 방식을(빼기를 생각해내고 또 그 선택을 하는 것이든, 혹은 다른 것이든) 결정하기 때문이다.

도시 설계에 빼기를 반영하다

넓은 공간(장)을 바라볼 수 있을 때 어떤 보상이 뒤따르는지는 미국 조지아주의 항구도시 사바나가 영원히 증명하고 있다. 나와 모니카는 그 역사적인 도시를 방문해서 이틀 동안 여기저기 둘러보았다. 그런데 하늘 위에서 바라본 이 도시의 풍경은 앤디의 격자 패턴과 비슷했다. 다음 이미지처럼, 그 도시는 대칭되는 지역으로 구성되어 있다. 각 지역의 중앙에는 광장이 하나씩 있고, 각 광장은 8개의 도시 구역(블록)으로 둘러싸여 있다. 좀 더 자세하게 보면, 상대적으로 작은 네 개의 상업지 블록이 광장에 인접한 채로 상대적으로 넓은 도로들로 나누어져 있으며, 해당 지역의 양 끝에 각각 네 개씩 있는 상대적으로 큰 주거지 블록은 상대적으로 폭이 좁은 도로들로 나누어져 있다. 이것은 오래전부터 지금까지 계속 이어지는 단순한 설계 방식이다. 또한 이것은 도시계획의 걸작이기도 하다.

나는 사바나의 도시계획이 여러 가지 면에서 현대적으로 개화된 것임을 알고 깜짝 놀랐다. 조지아 식민지를 개척하고 사바나의 도시계획을 세웠던 제임스 오글소프**James Oglethorpe**는 매우 진보적인 인물이었다.**26** 애초에 조지아는, 영국에서 빚을 갚지 못해 감옥에 수감되었던 사람들이 미국에서 새 출발을 할 수 있도록 오글소프가 이들을 미국으로 이주시키면서 만들어진 식민지였다. 또 그는 노예제 폐지론자이기도 했는데, 그의 지배력이 이어졌던 1742년까지는 조지아에서 노예제도가 금지되기도 했으며 귀족제도도 마찬가지였다. 사회적 형평성에 대한 오글소프의 전망은 사바나의 도시계획으로 확장되었다. 지금은 유명해진 사바나의 광장들이 주민이 공유하는 공공의 공간으로 기능함으로써, 지역의 공동체가 도시에서 일어나는 온갖 문제에 적극적으로 참여할 수 있었다.

적어도 미국에서 도시계획을 전공하고 졸업한 사람이라면 사바나

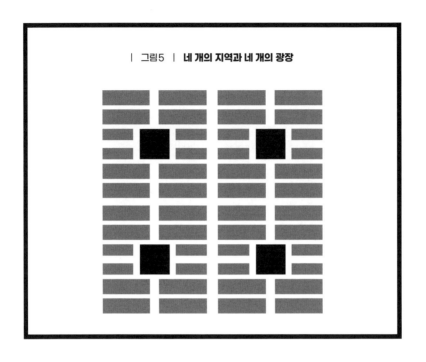

| 그림5 | 네 개의 지역과 네 개의 광장

의 도시계획 배치도를 기억에 의존하여 실제와 거의 비슷하게 그려낼 수 있을 것이다. 그러나 복잡하지 않은 사바나의 도시계획이 지닌 가치를 온전히 평가하는 데는 굳이 해당 분야의 학위가 필요하지 않다. 사바나를 찾았던 다른 많은 사람이 그랬던 것처럼, 모니카와 나는 또 하나의 광장이 저기 저 앞에 있음을 알아채고는 그곳의 나무와 꽃, 길과 벤치, 벽돌과 철은 어떻게 특이한지 살펴보고 싶은 마음에 발걸음을 재촉하곤 했고, 그렇게 그 역사적인 도시를 계속 돌아다녔다. 그 도시는 사무실과 집과 식당에서 각자 일상을 살아가는 사람들로 가득 차 있었다. 광장에서든 거리에서든 또는 사회적 피난처나 외따로 놓인 벤치나 샛골목에서든, 새로운 사회적 상호작용에서 배제되는 사람이 생길 수

없을 정도였다.

　사바나의 도시계획은 방문객과 주민 모두를 위한 것이다. 이 계획은 넓은 공간, 즉 장을 바라보는 것에서 작동한다. 사바나는 공공 공간을 고려함으로써 개인 소유 건물이 차지하는 부지의 크기를 줄였다. 대부분의 도시는 사바나에 비해서 훨씬 넓은 부지의 땅을 개인 소유의 건물 부지로 할당한다. 물론 선한 의도로 그렇게 한다. 탁 트인 열린 공간은 보기에도 멋질 뿐만 아니라 대기질과 수질을 개선한다. 그런데 사바나에서는 공공이 사용하는 광장과 이 광장들을 연결하는 도로와 샛골목이 열린 공간으로 기능한다. 모든 사람이 공원과 가까운 곳에 거주하기 때문에 모든 사람의 사적인 부지는 상대적으로 작아도 괜찮다. 사바나의 도시계획은 공공의 광장과 사적인 건물의 부지를 함께 고려했기에 사바나를 방문한 사람이라면 이 도시의 모습을 쉽게 잊지 못한다.

　어떤 식민지의 도시계획을 세우든, 혹은 앤디의 격자 패턴을 해결하든 간에 어떤 장을 바라보기만 한다면, 즉 뒷전으로 밀려날지 몰라도 변화를 위한 우리의 선택을 결정하는 그 모든 것을 바라보기만 한다면, 빼기를 소홀히 하게 될 가능성은 줄어든다. 그런데 이 공간은 물리적인 것에 국한되지 않는다. 오글소프에게 사바나의 도시계획은 사회적 형평성이라는 발상 가운데 한 부분이었다. 그는 사람들이 서로 맺는 관계를 염두에 두고 도시를 설계했다. 그는 눈에 상대적으로 덜 띄는 이 부분을 바라봄으로써 매혹적인 거리와 광장을 만들어냈다.

　믿거나 말거나, 온갖 물건을 무조건 모으기만 하고 버리지 않았던 할렘의 콜리어 형제의 이야기는 이 점에서도 우리에게 줄 교훈을 담고 있다. 콜리어 형제의 죽음은 우리에게 더하기 본능을 일깨우는 사건이다. 그런데 그 뒤에 일어난 일은 장을 바라보는 것이 얼마나 어려운지, 또 우리가 장을 바라보기만 하면 얼마나 강력한 효과가 발휘되는지 보여준다.

1947년에 콜리어 형제가 죽은 뒤에 그들이 살던 저택은 철거되었고 해당 부지(5번 애비뉴와 128번 스트리트)는 경매로 팔렸다. 그리고 이 부지는 1960년대 초까지 흉물스럽게 남아 있다가, 그 무렵 할렘에서 주기적으로 발생하던 폭동이 계기가 되어(물론 다른 이유도 있긴 하다) 저소득 도시 빈민의 열악한 상황에 전국적인 관심이 쏠렸다. 이런 관심 속에서 한 가지 제안이 나왔는데, 그것은 바로 비어 있는 부지를 '포켓 파크'◆로 만들자는 것이었다.[27]

이 아이디어를 할렘에서 시험하기 위해서 독지가들이 128번 스트리트에 있던 세 개의 따로 떨어져 있던 부지를 사들였다.[28] 하나는 어린이 놀이터가 되었고, 또 하나는 농구와 탁구를 즐기는 공간이 되었으며, 마지막 하나는(이 부지는 콜리어 형제의 저택이 있던 곳이었다) 어른들이 편안하게 앉아서 쉬는 공간으로 탈바꿈했다.

이 일을 한 독지가들은 그런 공간이 대중에게 개방된다고 해서 그 지역에 사는 사람들이 맞닥뜨리는 모든 제도적 문제가 해결되지는 않음을 잘 알았다. 그러나 그들은 도시 빈민 지역에 만연한 또 하나의 어려움, 야외 공간이 부족하다는 점도 알고 있었다.

포켓 파크는 도시의 야외 공간에 대한 생각을 바꾸어놓았다. 사바나에 흔하게 있는 광장이든, 뉴욕의 드넓은 센트럴파크든, 사람들은 아

◆　고밀화하는 도심부에서 만남의 장이나 도시 경관을 목적으로 한 작은 공원.

무엇도 없던 공간에 길과 연못과 기념비 등을 추가함으로써, 그 공간을 바꾸어왔던 건물들과 거의 같은 방식으로 계획되고 설계된 여러 공간에 익숙해져버렸다.

포켓 파크는 이 접근법과는 다르다. 5번 애비뉴와 128번 스트리트에 있는 콜리어형제공원은 빈 공간 자체보다는 주변 공간에 더 많이 의존한다. 이 공원이 가지는 호젓한 쉼터의 느낌은 5번 애비뉴에 있는 인접 건물 덕분이다. 포켓 파크에 있는 몇 그루의 나무와 덤불은 사람들이 앉아서 쉬는 공간과 보도·도로의 혼잡함을 차단하는 완충 장치 역할을 한다. 콜리어형제공원은 이 공원이 속하는 장에 의존하는데, 이것은 미국도시계획가협회American Society of Planning Officials가 포켓 파크에 대한 최초의 보고서에서 포켓 파크는 "최소한의 비용으로 최대의 상상력"을 필요로 한다고 언급했던 이유이기도 하다.[29] 이 통찰은 우리 연구팀이 레고 돌격대장 실험을 통해서 확인했던 통찰보다 시점상으로 앞서기는 하지만, 나로서는 어쩐지 우리가 얻었던 통찰과 비슷하게 느껴진다. 레고 블록 하나를 빼는 데는 상대적으로 적은 노력이 들고, 비용도 더 적게 들 수 있다. 그러나 빼기라는 방식으로 변화를 이끌어내는 데는 많은 생각을 필요로 한다.

어쨌거나 긍정적인 사실은, 레고에서든 할렘에서든 더 많은 생각을 추가로 들여서 더 적은 것에 도달할 때 특별한 성과가 뒤따른다는 점이다. 워싱턴기념탑은 더 많은 권력을 반영하고 코바의 피라미드는 신들에게 나아가는 더 설득력 있는 경로인데, 왜냐하면 이것들은 열린 공간으로 둘러싸여 있기 때문이다. 그리고 콜리어형제공원은 주변에 있는 도시와 대비되기 때문에 전 세계에서 찾아보기 드물 정도로 더 두드러진다.

사물에서 참이라고 할 수 있는 것은 발상의 세상에 반영된다. 이론적으로도 정리되었듯이, 이런 개념적 영역의 장에서 무언가를 빼는 행위가 우리의 이해를 높일 수 있다. 엘리너 오스트롬 경우에도 그랬고 클라우스 슈미트 경우에도 그랬다. 슈미트의 연구팀이 괴베클리 테페에서 경외심을 불러일으키는 유적지를 발굴했지만 영구 정착의 흔적을 찾지 못했을 때, 처음에는 혼란스러웠을 것이고 어쩌면 좌절감을 느꼈을지도 모른다. 당시에 일반적이던 이론으로는 영구적으로 정착해 있던 거주민이 없는 상태에서 기념물이 만들어졌다는 사실을 도저히 설명할 수 없기 때문이다. 그러나 슈미트는 거기에 없던 것에 주의를 기울임으로써, 문화적 진화에 대해 더 정확한 진단을 내릴 수 있었다.

문화는 우리의 더하기 경향을 강화한다. 확실히 그렇다. 그러나 문명은 우리에게, 적어도 우리가 빼기를 소홀하게 여기지만 않는다면, 빼기라는 행위를 통해서 상황을 얼마든지 개선할 수 있음을 보여준다. 혼잡한 도시와 지식은, 포켓 파크와 빼기로 비롯된 발상이 언제든 가능할 뿐만 아니라 얼마든지 변화를 이끌어낼 수 있는 변화무쌍한 장을 우리에게 제공해왔다. 적어도 우리가 그런 것을 무시하지만 않는다면 말이다.

빼기가 새로운 문제해결법이 될 수 있다는 힌트

워싱턴의 시내 중심가에 있는 개방형 공원인 내셔널몰에서는 주의할 점이 있다. 워싱턴기념탑을 지날 때는 달려도 되지만 여러 기념관 앞에서는 달리면 안 된다. 표지판과 직원들이 이런 사실을 방문객에게 상기시킨다. 그런데 베트남 재향군인 기념관에는 이런 경고가 아예 필요 없다. 이곳에 마련된 기념벽이 워낙 강력하게 경외심을 불러 일으키므로, 누구든 그 앞에서는 저절로 숙연한 마음이 들어서 발걸음을 조심하게 되기 때문이다.

워싱턴기념탑이 한때 세계에서 가장 높은 건축물이었던 반면에, 베트남 재향군인 기념관은 검은 화강암 석벽이 그저 길게 이어져 있을 뿐이다. 여기에 가본 적이 없는 사람이라도 마야 린**Maya Lin**이 이곳을 설계하면서 묘사했던 내용을 보면 그 첫인상이 어떨지 생생하게 느낄 수 있다.

공원과 같은 이곳을 걸으면 기념관은 마치 땅이 갈라져서 생긴 틈처럼 나타나고, 땅에서 솟아나왔다가 다시 땅으로 들어가는 길고 윤이 나는 검은 돌벽이 나타난다. 기념관으로 다가가면 지면은 아래로 완만하게 경사지고, 양쪽으로 키 작은 돌벽이 마치 땅에서 솟은 모습으로 나타나 길게 이어진다. 그리고 마침내 어느 지점에 가면 그 틈은 다시 아물어 평평한 땅으로 돌아간다. 위령비의 돌벽이 있는 이 잔디밭으로 걸어 내려가더라도 돌벽에 새겨진 이름을 거의 알아볼 수 없다. 무한하게 보이는 이 이름들은 그 많은 수로 방문자를 압도하며, 각각의 전사자들은 거대한 하나로 합쳐진다.**30**

워싱턴의 내셔널몰 안에서도 이 기념벽은 색다르다. 설계자인 마야 린이 빼기를 사용했기 때문이다. 설계 의도에 대한 판단은 터무니없이 주관적일 수 있다. 사람들은 린이 지면에 기념벽을 추가했다고(즉 더하기를 했다고) 주장할 수 있지만, 더하기의 장엄한 인상을 확보하기 위해서 그저 흙을 덜어냈을(즉 빼기를 했을) 뿐이다. 다행히도 그녀가 자기의 걸작품에 어떤 식으로 접근했는지 엿볼 수 있는 단서가 있다. 바로 그녀가 직접 했던 말이다.

"나는 베트남 재향군인 기념관을 단지 땅에 **설치한** 어떤 사물로서뿐만 아니라 땅을 **잘라낸** 어떤 것으로도 바라보았다."[31]

그랬다. 린은 빼기를 했다. 그렇게 함으로써 그녀는 그 기념관에 경외심을 불어넣었다.

린은 예일대학교 학부생일 때 그 설계안을 만들었던 것으로 유명하다. 육군 대령 한 사람이 그녀의 기숙사를 방문해서, 당시 기준으로 미국에서 가장 긴 전쟁이었던 베트남전쟁을 기념하는 건축물 디자인 공모에서 1,400개가 넘는 출품작을 제치고 그녀의 작품이 당선작으로 선정되었다는 소식을 전했다. 많은 비판과 비난이 있었지만, 결과적으로 이 선택이 탁월했음은 그 뒤에 판명되었다. 현재 이 기념벽은 미국에서 대단히 소중한 기념비적인 건축물로 꼽힌다. 워싱턴기념탑을 능가한다고 평가하는 사람도 많다.

지금 소중하게 손꼽히는 이 기념관도 한때는 논란의 대상이었다. 린의 설계안이 공개되었을 때, 기념물이라면 적어도 기념물처럼 보여야 하는데 그렇지 않다는 이유로 정치인들은 이 기념물 건립에 대한 지지를 철회했다. 일반 대중의 항의도 워낙 심했다. 그래서 내무부 장관도 기념관 건축 허가를 미뤄야만 했을 정도였다. 그러나 결국 5층 건물 높이의 깃대, 그리고 돌벽과 제법 멀리 떨어진 곳에 실물보다 큰 병사들의 청동 조각상을 추가로 설치하는 것으로 타협을 보았다.

린의 설계안은 의심할 여지 없이 그녀의 정체성을 기반으로 만들어진 것이다. 그러나 그녀가 어떤 출신의 어떤 사람인지 심사위원들이 알았더라도 과연 그들은 그녀의 작품을 당선작으로 선정했을까 하는 의심을 받아왔다. 린은 자기 설계안을 익명으로 제출했다. 그러지 않았다면 어린 나이와 여자라는 성별 때문에 그녀의 설계안이 당선되지 않았을지도 모른다. 예컨대 건축 분야가 워낙 남성 중심적이었기에, 화가가 그린듯한 린의 부드러운 파스텔 톤의 그림을 놓고 한 심사위원은 "작가가 이처럼 소박하고 순진한 설계를 감히 하겠다고 나선 것을 보면, 그he는 자기가 무엇을 하고 있는지 분명하게 알고 있는 게 틀림없다"라고 논평했다.[32] 그런데 린이 그 설계안을 만들었다는 사실이 밝혀지자, 반질반질하게 광택이 나며 거울처럼 대상을 비추는 검은색 화강암이 "너무 여성스럽다"라는 비판이 쏟아졌다.[33]

그러나 더욱 잘된 일이었다. 광택이 나는 그 검은색 돌은 정확하게, 그 이름들의 반대편에 있는 것으로 보이는 잊힐 수 없는 반사 공간을 만들고자 한 것이었다. 린은 그 공간을 "우리가 안으로 들어갈 수 없으며, 그 이름들로부터 우리를 갈라놓는 공간"이라고 말했다.[34] 린의 설계안에 대한 평가는 중국 출신이라는 그녀의 민족성 때문에 편향되게 나타났을 수도 있다. 린이 당선작의 작가임이 밝혀진 뒤에 〈워싱턴포스트〉는 "아시아에서 일어난 전쟁을 위한 아시아의 기념관"을 언급하는 기사를 실었다.[35] 당선작 발표 뒤에 린은 첫 기자회견에서 베트남전쟁 기념관을 굳이 아시아계 미국인이 설계해야만 하는 이유가 무엇이냐는 질문까지 받았다.

문화적 배경과 설계에 대한 (빼기를 포함하는) 접근 방식 사이의 연관성을 찾는 일은 매우 흥미진진하다. 사람들이 우리의 연구에 대해 알게 될 때마다, 더 적은 것을 찾는 데 유능하거나 유능하지 않은 문화들에 대한 추측을 쉽게 하곤 했다. 게이브의 친구는(이 사람은 네덜란드 출신이며, 그때 맥주를 마시고 있었다) 자기처럼 게르만 문화권에 속하는 사람들은 앤디의 격자 과제를 받으면 올바르게 빼기 방식으로 변화를 만들어 낼 것이라고 확신했다.

그러나 이런 추측에는 증거가 필요했다. 게이브는 외국의 협력자들에게 도움을 청했다. 일본에서 한 사람이 도움을 주겠다고 나섰다. 상호 의존적인 문화권에 속하는 일본 학생들을 상대로 앤디의 격자 패턴 테스트를 해보겠다고 한 것이다. 독일에서도 어떤 연구자가 게이브의 친구가 가졌던 확신이 과연 근거가 있는지 동일한 실험을 진행해서 확인하기로 했다.

그러나 그 친구의 확신은 전혀 근거가 없었다. 우리는 독일 학생들과 일본 학생들 모두 빼기를 무시한다는 사실을 확인했다. 서로 다른 집단 사이에 약간의 편차가 있긴 했지만, 이 편차는 서로 다른 격자 패턴 사이에서 나타나는 편차보다 작았다.

독일과 일본에서 이루어진 실험 결과를 놓고 우리 연구팀이 발견한 내용은, 빼기를 사용하는 데 문화적·지리적 차이가 전혀 없음을 의미하는 건 아니다. 그것은 그저 단지 두 나라와 제한된 실험 참가자 풀pool이 낳은 결과일 뿐이다. 우리가 테스트한 집단들 사이에서 나타났던 문화적 차이점들 역시 지리적 차이점들을 상쇄했을 수 있다. 더 적은 것을 가진 사람들은 더하기에서 더 많은 가치를 보는지도 모른다. 아마도 인구 밀도가 높은 지역에 사는 사람들은 빼기의 방법을 줄곧 배워왔을 것이다.

결과에 영향을 줄 수 있는 가능한 모든 문화적 변수를 분리하겠다는 시도는 비현실적이다.

문화적 차이를 추정하는 것은 술을 마시면서 그저 재미 삼아 하는 일일 뿐이다. 그러나 우리는 (더하기와 빼기를 포함하는) 대부분의 행동을 독립적인 사람과 의존적인 사람, 여성과 남성, 학부생과 성인 등의 기준으로 분리할 수 없다. 마야 린의 부모가 중국에서 이주한 미국인이긴 하지만, 우리는 린이 보여준 기념비적인 빼기의 기술을 동양의 상호의존적인 문화의 산물이라고 설명하려는 충동을 억누를 필요가 있다. 더욱이 마야 린은 만년에 이르도록 자기가 인종적으로 중국인이라는 사실조차 깨닫지 못했다고 말했으니까 말이다.

우리 연구팀이 확인한 모든 실험 증거는 빼기를 소홀하게 여기는 태도가 어떤 집단, 어떤 상황에서도 강하게 나타난다는 사실을 말해준다. 더 중요한 사실은, 우리가 차이점을 발견하더라도 우리가 할 수 있는 일은 많지 않다는 점이다. "너는 네덜란드에서 태어났어야 했어"라는 말은 이루어질 수 있는 권고사항이 아니다. 그렇더라도, 더 적은 것을 찾아내는 일을 지금보다 더 잘하지는 않을 것이다.

그렇긴 해도 처음에는 불가능해 보이던 것에서 유용한 어떤 것이 나올 수도 있다. 어떻게 이럴 수 있을지 살펴보기 위해서, 문화와 관련된 정신적 습관에 초점을 맞추었던 헤이즐 로즈 마커스의 연구로 돌아가보자.《우리는 왜 충돌하는가》에서 마커스는 "우리 모두는 모든 장소와 시간과 상황에 걸쳐서 자기 자신을 늘 동일한 존재로 생각하는 경향이 있다"라고 강조한다. 그러면서 이런 인식이 잘못되었다고 말하는데, 그 이유는 "우리가 자기 삶의 이야기를 더 자세히 들여다볼 때, 우리는 실제로 자기 안에 서로 다른 자아를 여럿 가지고 있음을 알 수 있기 때문이다"라고 설명한다.[36] 마커스는 학생들에게 강의를 할 때와 학술 논문을 쓸 때 그리고 대중적인 책을 쓸 때 모두 각각 다른 자아를 가진다. 나 또한 비록 독립적인 성향이 있긴 하겠지만 아이를 키울 때는 조금 더 상호의존적이 되려고 노력하거나 그렇게 되라고 강요당한다. 세 살짜리 아이가 레고 블록 조립을 잠시도 그만둘 수 없다면서 우유 한 잔을 자기에게 얼른 갖다 바치라고 말할 때, 나의 운명을 스스로 통제한다고 생각하기란 정말 어렵다.

마커스는 자기가 수행했던 연구 작업을 통해서, 월트 휘트먼이 '나 자신의 노래 Song of Myself'라는 시에서 자기 내면과의 대화를 적절하게 표현했다고 확인해준다.

나는 모순되는가?
그래 좋아, 나는 나 자신과 반대로 나가야지.
(나는 크다, 내 안에 여러 명이 들어 있다.)

더 적은 것을 바라보고 또 거기에 다다르는 데는 중국인이냐 미국인이냐, 여성이냐 남성이냐, 우리 자아가 상호의존적이냐 상호독립적이냐 하는 것은 중요하지 않다. 중요한 것은 자기 안에 존재하는 '다양성(혹은 여러 명의 자아)'에 접근하는 것이다. 마커스가 《우리는 왜 충돌하는가》에서 쓴 것처럼 "많은 사람에게 있어, 자기에게는 정당성을 동일하게 가진 두 개의 자아가 있음을 깨달을 때 심리적 자원(역량)은 틀림없이 늘어날 것이다".

문화적 다양성에 대한 인식을 새롭게 할 때 이 조언은 일반적인 '다르게 생각하기'보다 더 유용해진다. 이것은 빼기라는 방식을 머리에 떠올릴 가능성을 높이기 위해서 우리가 사용할 수 있는 구체적이며 독특하고 전문가적인 견해를 제시한다. 이 책의 주제와는 관련이 없지만, 내가 나의 독립적인 유능함을 보여주는 어떤 단락을 원고에서 빼려고 노력할 때 나는 나의 상호의존적인 무리 가운데 하나를 바라보며 거기에 의존한다. 그러다가 그 단락이 자칫 독자와의 신뢰 관계를 깨뜨릴 수 있음을 깨닫고, 결국 그 단락을 최종적으로 삭제한다(그렇지만 나는 이 단락을 '누락된 글들'이라는 이름의 파일에 저장해뒀다. 이 파일은 거의 40쪽이나 된다. 더하기 본능에 저항하기란 이토록 어렵다).

안나 키클라인 Anna Keichline에 비하면 나의 자아들은 몇 되지 않는다. 키클라인은 20세기의 가장 기발한 공학적 성취 가운데 하나를 이루었지만 탁월한 공학자로 인정받지 못했을 수도 있다.[37] 학위와 면허로 보자면 키클라인은 건축가였다. 코넬대학교의 최상위 과정을 졸업한 첫 번째 졸업생 가운데 한 명이었으며, 펜실베이니아주 최초의 여성 건축가였다. 그녀는 자기의 설계안에 다양한 학문 분야의 여러 자아를 끌어들였다. 그녀는 대학교에서 농구를 했고, 자동차를 운전한 초기 여성 중 한 명이었으며, 1차 세계대전 때는 첩보원으로도 활동했다. 요컨대 그녀는 강한 힘을 가지고 있었고 기계를 잘 다루었으며 독일어도 유창하게 구사했다. 전시에 수행해야 하는 "더 어렵고 … 더 위험한" 역할에 딱 맞을 수 있도록 스스로를 그렇게 만들었던 것이다.[38] 휘트먼의 표현에 따르면 안나 키클라인은 무척 컸고 또 그녀 안에는 여러 명의 자아가 들어 있었다.

오늘날 대부분의 건축용 벽돌은 속이 비어 있고, 대개 8자를 잘라 놓은 것 같은 모양이다. 그러나 안나 키클라인 이전의 건축용 벽돌은 속이 꽉 차 있었다. 메소포타미아의 주택들, 로마의 콜로세움, 코바의 피라미드, 워싱턴기념탑도 모두 이런 벽돌로 지어졌다. 만약 당신이 사는 집이 지어진 지 100년이 넘었다면, 그 집도 아마 속이 꽉 찬 벽돌로 지어졌을 것이다. 그러나 키클라인이 1927년에 K 벽돌 특허를 내면서, 벽돌의 속 가운데 일부를 빼버렸다. 공학도 키클라인은 하중을 지지하는 외부가 튼튼하기만 하면 내부가 비어도 상관없다는 걸 알았다. 그리고 건축가 키클라인은 속이 빈 벽돌이 바깥에서 보기에는 속이 찬 벽돌과 똑같이 보인다는 것을 알았다.

더 적은 것이 가능했을 뿐만 아니라 오히려 성능이 더 좋았다. 속이 빈 키클라인의 벽돌은 당시에 일반적으로 사용되던 벽돌에 비해서 재료가 절반밖에 들지 않았다.[39] 그랬기에 비용도 덜 들었고 건물을 짓기도 더 쉬웠다. 그래서 그녀의 벽돌은 만드는 데 에너지도 덜 들었고 운송비도 덜 들었다. 벽돌마다 들어 있는 공기층이 단열 효과를 발휘한 덕분에 이 벽돌로 지은 건물은 더 쾌적하고 소음과 화재 위험이 더 적었다.[40]

키클라인의 빼기 통찰력은 건축용 벽돌로 이어졌고, 이 벽돌은 현재 학교 건물과 고층 빌딩부터 우리집의 층수를 높여서 증축하기 위한 내력벽에까지 사용된다. 이 내력벽도 속이 빈 수백 개의 콘크리트 벽돌 위에 놓여 있다.

키클라인에게 건축가라는 또 다른 자아가 없었다면 과연 그녀가 공학에서 개선을 이룩할 수 있었을까? 그녀의 벽돌은 대상과 주변 공간,

즉 장을(혹은 코넬대학교의 여러 키클라인 강좌에서 불렸던 것처럼 형상과 지면을) 동시에 고려했던 훌륭한 사례다. 키클라인은 벽돌의 콘크리트 부분인 대상에서 그것을 구성하는 재료를 뺐다. 그렇게 함으로써 그녀는 무게를 가볍게 하고 단열 효과를 발생하는 공간을 새롭게 만들었다.

안나 키클라인처럼 다양하고 많은 자아에 접근하는 사람은 흔치 않겠지만, 사람은 누구나 적어도 몇 명의 자아에는 접근할 수 있다. 앞서 2장에서 시도했던 빼기와 같은 다양한 자아에 접근하는 것을 상상해보라. 집합 스키마가 빼기를 드러내지 않으면 거리 스키마를 시도해볼 수 있다. 절대적인 관점이 빼기를 허용하지 않을 때는 상대적인 관점을 점검해볼 수 있다. 그리고 어떤 대상에 독립적으로 집중하는 것이 더하기 방식을 선택하는 것으로 이어지는 반면에, 주변 장을 상호의존적인 관점으로 이해할 때는 더 적은 것이 비로소 눈에 보인다.

솔직히 인정하건대, 두 개의 자아를 유지하려면 생각을 두 배로 해야 하지만 늘 이렇게 할 시간적인 여유가 우리에게는 없다. 그리고 우리가 가진 자아 가운데 어떤 것은 빼기를 바라보는 데 도움이 될지 몰라도 어떤 것은 우리에게 더하기를 보여주면서 변화에 대한 왜곡된 접근법을 강화할 수도 있다. 그 어떤 자아도 상대적인 적음을 탐색하는 우리에게 언제나 도움이 되지는 않는다. 그러나 우리에게 언제나 도움이 될 수 있는 문화적인 접근법이 하나 있다.

더하기 그리고 빼기를 생각하라

내 연구 결과를 다른 사람과 공유할 때 나는 사람들이 빼기를 무시하고 간과한다는 바로 그 이유만으로 빼기가 언제나 최고의 선택이라고 주장하지는 않는다는 점을 분명하게 밝힌다. 어떤 고속도로나 어떤 회의나 절대로 빼면 안 될 것 같은 어떤 발상에 대해 내가 아무리 단호하게 고개를 저어도 결국 긴가민가하고 의문을 품기 때문이다.

그럴 수밖에 없지 싶다. 나는 더하기와 빼기를 둘 가운데 하나만 선택해야 한다는 생각에 여전히 사로잡혀 있기 때문이다(정확하게 말하면 그렇게 생각하는 자신을 문득문득 발견하기 때문이다). 지금 3장의 마지막 절에서 내가 분명히 하고자 하는 점은 더하기와 빼기를 서로 보완하는 것으로 바라보아야 한다는 것이다. 내 생각을 분명하게 밝혀두자면, 우리가 일상에서 번번이 놓치는 선택지들을 찾으려면 '더하기 **혹은** 빼기'를 생각하는 것에서 '더하기 **그리고** 빼기'를 생각하는 것으로 발상을 전환할 필요가 있다.

어떤 모순을 어떤 방식으로 다루느냐 하는 차이, 즉 '더하기 **혹은** 빼기'를 생각하는지 아니면 '더하기 **그리고** 빼기'를 생각하는지의 차이는 사람들이 변화를 추구하는 방법에서 중요한 차이다.[41] 당신은 어느 쪽인가?

힌두교의 여신 칼리를 상상하는 것으로 한번 연습을 해보자.

록밴드 롤링스톤즈 주변 사람들의 말에 따르면, 저 유명한 '붉은 입술 Hot Lips' 로고는 힌두교에서 죽음과 파괴의 여신인 칼리에게서 영감을 받은 것이라고 한다. 롤링스톤즈의 로고는 붉은색의 두툼한 입술이 세상을 핥겠다며 붉은 혀를 도전적으로 길게 내민 모습이 만화적으로 구성되어 있다. 이 붉은 입술 로고에서는 욕망과 반란의 감성이 흘러넘친다. 롤링스톤즈라는 전설적인 록밴드가 그랬던 것처럼.

칼리를 묘사하는 요소로는 두툼한 입술과 저항적인 혀 외에도 보통 피가 뚝뚝 떨어지는 무기, 악마의 팔들을 잘라서 만든 허리띠, 잘린 머리들을 주렁주렁 달고 있는 목걸이 등이 있는데, 이런 피비린내 나는 모습들은 롤링스톤즈의 로고에는 포함되어 있지 않다.

많은 신이 기존의 세상에 없던 것을 창조한다. 즉 더하기를 한다. 그러나 칼리는 빼기를 한다. 칼리는 파괴의 여신이고, 말만 들어도 무시무시하다. 신화에 따르면, 한 무리의 사람이 칼리의 환심을 사려고 다른 사람 한 명을 제물로 바쳤지만 칼리는 그 제물을 받지 않았다. 카인과 아벨의 신은 살인자 카인에게 세상을 떠돌라는 벌을 내렸지만 칼리는 이 신처럼 관대하지 않았다. 칼리는 자기를 잘못된 방식으로 숭배하는 사람들의 목을 베고 나서 그들이 흘리는 피를 마셨다. 칼리와 관련된 또 하나의 결정적인 장면은 피를 한 방울씩 흘릴 때마다 그 피가 또 다른 악마로 복제되는 무시무시한 괴물과 싸우는 장면이다. 이때 칼리는 그 악마의 피를 한 방울도 남기지 않고 모두 빼버리는 방식으로 그 상황에 대처했다. 이렇게 함으로써 칼리는 원래의 악마와 싸울 필요 없이 복제된 악마들에게만 집중할 수 있었다. 결국 칼리는 그 복제 악마들을 모두 잡아먹었다.

복제 악마들과 싸운 칼리의 이 싸움을, 칼리의 자손이며 칼리의 땀으로 창조되었다고 믿는 서그Thug 광신도들이 자기들의 이야기로 받아들였다. 1800년대까지도 이들은 인도, 벵갈, 티벳 등에서 준동하며 여

135

행자를 대상으로 강도와 살인을 일삼았다. 이들은 사람을 죽일 때 목을 졸라서 죽였으며 파괴의 여신을 기린다면서 시신을 훼손했다. 이들에게 이렇게 죽임을 당한 사람의 수는 200만 명이나 될 것으로 추산된다.

그렇다고 해서 지금 당장 롤링스톤즈의 붉은 입술이 그려진 티셔츠를 벗어던질 필요까지는 없다. 칼리는 모성애를 상징하는 신이기도 하기 때문이다. 칼리는 창의적이며, 따뜻하게 보살피고, 사랑을 나누는 관대한 여신이다.

뭐라고?

칼리의 이중성이 나는 불편하다. 나는 보통 선과 악, 승리와 패배, 덧셈과 뺄셈과 같이 범주가 분명한 것에 반응한다. 이런 관점에서 보면, 어떤 생각이 다른 생각과 충돌할 때 둘 중 하나는 틀린 게 분명하다. 즉 A가 참이면 A가 아닌 것은 거짓이어야 한다.

칼리는 거대한 모순이다. 그녀는 사람이든 악마든 누군가를 죽이면서까지도 우리를 바라보며 인자한 미소를 띤다. 그녀를 장식하고 있는 잘린 머리와 팔은 그녀가 분노하면 어떤 행동을 하는지 보여주는데, 또한 이런 것들은 창의적인 힘과 인간적인 자아로부터의 단절을 상징한다. 저 유명한 길고 붉은 혀는 욕망과 반항과 피에 대한 갈증을 나타낸다. 연구자들에 따르면, 길고 붉은 혀는 겸손함과 수치심의 신호이기도 하다.**42**

칼리는 선과 악에 대한 명쾌하고 분명한 (그래서 불편함이 느껴지지 않는) 이야기에 맞춰지지 않고 선과 악을 모두 초월한다. 그녀는 카인이자 아벨이며, 또 신이기도 하다. 모든 것이 그녀 안에 다 들어 있다.

모순을 해결하는 것은 나쁜 것이 아니다. 모순 해결은 적어도 아리스토텔레스 이후로 추론에 도움을 주었다. 아리스토텔레스는 어떤 생각이 다른 생각과 모순된다면 두 생각 가운데 하나는 기각되어야 한다고 주장했다. 우리는 모든 획기적인 과학적 발전에, 즉 반복 가능한 단일 생물학적 분류 체계에서 현대의 컴퓨터로 이어진 수학적 논리[43]와 공유지의 비극에서 비극을 뺀 엘리너 오스트롬까지 모든 발전에 감사해야 할 논리적인 추론을 가지고 있다.

그런데 문제는 우리가 실제로 충돌하지도 않는 생각 사이의 모순을 해결하려고 할 때 발생한다. 이를테면 앞에서 살펴보았듯이 문제는 생물학적 요인과 문화적인 요인 가운데서 어느 것이 인간의 더하기 본능을 설명하느냐 하는 것이 아니다. 두 가지 요인 모두 우리가 빼기라는 행동을 선택하지 못하는 데 일정한 역할을 한다. 빼기 행동을 못하게 가로막는 진범이 무엇인지 논쟁하는 것은 시간 낭비일 뿐이고, 어떻게 하면 더 잘할 수 있을지 깨닫는 데 방해만 될 뿐이다.

존재하지도 않는 모순을 해결하려고 하는 것이 하나의 이유인데, 헤이즐 로즈 마커스가 최선의 노력을 했음에도 불구하고, 우리는 사람과 문화를 엄격하게 구분된 별개의 범주로 분류한다. 모순을 해결하려는 노력이, 억만장자가 자기 모교에 새 건물을 기부한 행위를 두고 그 행위가 세금을 회피하기 위해서인지, 자기를 기리는 기념비가 세워지길 바라서인지, 교육에 대한 진실한 관심 때문인지 논쟁하도록 만든다. 그 각각의 이유가 모두 조금씩 작동해서 그런 기부 행위가 이루어졌으리라는 사실을 우리는 쉽게 받아들이지 못한다.

그래서 나는 내가 지역 고속도로를 없애는 것에 반드시 찬성하는 것이 아님을 청중에게 계속 상기시킨다. 문제는 '더하기를 해야 하는

가, 빼기를 해야 하는가?'가 아니다. 문제는 바로 '더하기와 빼기를 어떻게 둘 다 사용할까?'이다.

2장에서 살펴보았듯이 우리의 생물학은 없던 것을 발생시키기도 하고, **그리고** 있던 것을 선택적으로 없애기도 한다. 우리 문화에서 더하기 행위가 우리에게 많은 위대한 것을 가져다주었다는 사실은, 자주 무시되는 빼기 행위가 상당한 잠재력을 가지고 있음을 의미할 뿐이다. 더하기 **및** 빼기를 생각하는 것은 기념물에까지 영향을 미친다. 마야 린은 기념벽을 빼기의 소재로 보았겠지만, 그녀는 또한 그녀의 경쟁자들 가운데 몇 명이 했던 방식으로 더하기 행위도 했다. 그녀가 설계한 기념비에는 베트남전쟁에서 미국을 위해 싸우다 죽은 5만8,318명의 이름이 모두 포함되어 있으니까 말이다.

문명은 더하기와 빼기를 모두 품었다

더하기에서 태어난 문화는 더하기를 계속해나가는데, 이것은 그 문화가 더 많은 것을 갈망한다는 뜻이다. 더 많은 식량, 더 많은 쉼터, 더 많은 인프라… 전문성을 갖춘 정부와 군대가 결국 필요해지고, 그러면 또 새로운 도로와 요새와 방어벽이 필요해진다. 점점 더 강화되는 이런 필요성은 보다 더 많은 자연자원과 인적자원을 필요로 하며, 이 필요성을 충족하기 위해서 더하기 문화는 지금까지 줄곧 확장의 길을 걸어왔다. 로마인은 현재 콜로세움이 있는 곳에서 동쪽으로 1,600킬로미터 넘게 떨어진 예루살렘에서 약 100만 명이나 되는 사람을 죽이고 약탈한 보물을 사용하여 지금 남아 있는 콜로세움을 지었다.[44]

팽창하던 로마 제국이 예루살렘 근처의 농업 정착지를 합병했을 때, 그 결과로 생긴 문화는 결국 로마식의 더하기 방식에 우선순위를 두었다. 마야인들이 유카탄반도 전역으로 퍼져나간 양상도 마찬가지였다. 사바나를 건설하고 워싱턴기념탑을 세운 더하기 방식의 문화가 미대륙을 가로질러 서쪽으로 확산했을 때, 아메리카 원주민의 삶의 방식도 그렇게 바뀌었다. 이런 더하기 문화가 결국 지금의 우리를 만들었다.

그렇지만 많은 사람은 이미 건설된 문명을 추가로 더할 때조차도 더 많은 것을 의심하거나 그 가능성을 배제했다. 지나치게 많은 것을 경고하는 내용은 모든 주요 종교의 가르침에서 공통적으로 나타나는 주제다.[45] 프란체스코회, 칼뱅파, 선불교, 힌두교의 금욕주의 등과 같은 종교에서 영적인 상태를 추구한다는 것은 세속적인 축적을 적극적으로 경멸한다는 뜻이었다. 그리고 근대 이전의 상호독립적인 문화권과 상호의존적인 문화권에 속한 대부분의 사람과 고대 로마의 군인과 마야인 건축가에게, 유일하게 의미 있는 사회경제적 목표는 자기 위치를 발전시키는 것이 아니라 유지하는 것이었다.

더 많은 것을 추구할 수 없거나 굳이 그렇게 하고 싶지 않다는 것은 더 적은 것에서 가치를 찾는 것과 같지 않다. 그러나 그런 행위나 태도가 몇몇 더하기 행위를 억제하는 데 분명히 도움이 된다. 그래서 더하기가 문화를 성장시킴에도 불구하고, 더 많은 것을 추구하는 행위나 태도가 사회 전체 구석구석까지는 퍼지지 않았다.[46]

아직까지는….

**4장 더하고 또 더해야
성공한다는 신화**

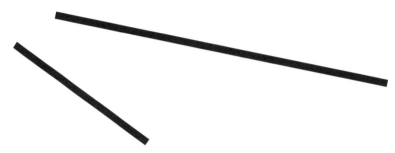

'더 많은 것을 더 많이' 위에 건설된 자본주의

"빼기를 연구한다면서 정작 우리 가족은 계속 더하기를 하
고 있다는 사실을 독자들이 알면 어떡하지?"

내가 아내 모니카에게 사람들이 빼기 행위를 무시하는 이유와 이런
상태를 개선하는 법을 주제로 책을 쓰겠다고 말했을 때, 아내가 했던
첫 번째 반응이다. 이런 말이 나온 배경은 다음과 같다.

모니카는 우리가 1947년경의 케이프코드 스타일◆로 집을 막 새로
개보수한 것을 두고 그런 말을 했다. 우리가 이사한 집은 약 42평으로
전에 살던 집의 절반 크기였다. 부지 면적이 줄어들어도 우린 상관하지

◆   미국 매사추세츠주 남동부에 있는 반도의 이름을 딴 건축 양식. 작고 경제적이며 실용
     적인 건물이 특징이다.

않았는데, 집을 완전히 뜯어고칠 마음을 먹고 있었기 때문이다. 우리가 이사한 집은 원래 학생에게 임대되었던 집인데, 어떤 사정인지는 몰라도 주인이 우리에게 집을 내주었다. 그런데 내가 정말 참을 수 없었던 것은 비닐 바닥으로 된 부엌이었다. 흰색과 검은색의 체크 무늬 장판으로, 질감까지 잘 살린 것이었다. 설마 그랬을까 싶긴 하지만, 아무래도 먼지와 때가 더 잘 달라붙고 또 이것들이 잘 보이도록 전시하려고 일부러 그런 장판을 선택했던 게 아닐까 싶었다.

이 집을 개보수하는 데 딱 맞는 아이디어를 모으려고 나는 학생들을 대상으로 설계 공모를 했다. 모니카와 나에게는 몇 가지 분명한 목적이 있었다. 우리는 그 공모의 주제가 '빼기에 의한 더하기'라고 홍보하면서, 빼기를 함으로써 가정과 주변 환경에서 인간적인 경험을 개선하는 것이 목표라고 강조했다. 빼기를 통해서 이런 목표가 달성될 수만 있다면 추가되는 비용을 기꺼이 감수할 생각이었다. 교수 신분을 이용해서 학생들이 가진 전문 지식을 착취한다는 말이 나올까봐 우리는 이 공모에 상금 1,000달러와 쿠키를 걸었다. 이 공모에 건축, 공학, 환경설계 등을 전공하는 학생 20여 명이 참가 등록을 했다.

나는 이 학생들에게 내가 여러 해 동안 탐구하고 있던 주제인 '적은 것이 많은 것이다'라는 설계의 지혜를 불어넣었다. 이 지혜를 실천한 사람들은 많았는데, 이를테면 다음과 같다. 산업 디자이너 디터 람스**Dieter Rams**는 "더 적은 것이 더 낫다**Less, but better**"라고 조언했다.**1** 저명한 화학자 조지 화이트사이즈**George Whitesides**는 테드 강연에서 우리가 단순성을 존중할 필요가 있다고 강조하면서, 이 단순성을 포르노에서 사용되는 "딱 보는 순간 무엇인지 알아볼 수 있는" 뻔한 것과 동일한

것으로 치부하며 무시하는 태도를 버려야 한다고 말했다.**2** 또 고인이
된 코미디언 조지 칼린George Carlin도 주택 설계에 대한 자기 철학을 말
하는 자리에서 "가진 게 많지 않으면 집이 무슨 필요가 있을까요? … 사
실 집이라는 건 온갖 물건을 쌓아놓고 그 위에다 덮개를 덮어놓은 거잖
아요"라고 말했다.**3**

어쨌거나 석 달 동안 참가자들은 치열하게 경쟁을 벌였고 그 결과
물을 심사위원인 나와 모니카, 에즈라 앞에 제출했다(에즈라는, 우리가 응
모자들에게 나누어준 쿠키를 자기에게 되돌려준 응모자에게 후한 점수를 매긴 편
파적인 심사위원이었다).

학생들은 정말 기발한 아이디어를 내놓았다. 2학년 학생 한 명은 에
즈라의 침실에서 사용되지 않는 수직 공간을 발견하고는 이 공간을 다
락방으로 활용하는 아이디어를 내놓았다. 3학년 학생 한 명은 뒤뜰의
경사도를 바꿔 외부에서 지하실로 접근할 수 있도록 함으로써 그 공간
을 실용적인 생활 공간으로 만드는 아이디어를 내놓았다. 대학원생 두
사람은 집의 전체 내부 평면도를 완전히 새롭게 구성했다.

그런데 설계안에서 실제로 빼기를 한 사람은 아무도 없었다. 우리
가 내걸었던 주제가 응모자들에게 효율적인 공간 활용이라는 영감을
주었지만, 공간 자체를 줄이는 영감은 주지 않았던 것이다.

사람들이 알아차릴까 아내가 걱정했듯이, 명색이 교수라는 사람이
학생들보다 빼기에 서툴다는 사실이 드러났다. 결국 25평 정도가 추가
되면서 작은 케이프코드였던 것의 뒤쪽으로 방이 다섯 개인 이층집이
확장되었다.

더하기가 우리집을 더 좋은 곳으로 만들어주었음은 분명하다. 우리

에게는 멋진 공간이 새로 생겼고, 그 가운데 1층은 에즈라의 레고를 채우고 덮어주는 '덮개'가 되었다. 그러나 아쉽게도, 빼기로도 우리집이 개선될 수 있었을지는 알 수 없었다.

사람들이 빼기를 소홀하게 여기는 이유에는 앞에서 살펴보았던 것처럼 심리적·생물학적·문화적 요인이 얽혀 있다. 그러나 그 어떤 것으로도 내가 집을 개보수하면서 했던 더하기 행위를 충분히 설명할 수 없었다. 공모에 참가한 학생들이나 나는 분명 빼기라는 선택을 염두에 두고 있었다. 실제로 빼기는 그 공모 행사의 기본적인 주제였다. 그러나 행동적으로 근대적인 인간인 나는, 더하기 본능을 억누르며 외부 압력에 저항하면서도 빼기를 실행하는 데는 결국 실패하고 말았다.

이렇게 되고 만 상황을 설명하려면 더 적은 것에 저항하는 마지막 요인인 경제성을 고려해야 한다. 빼기를 중점적으로 구사하여 집을 개조할 때의 어려운 점은, 주택의 건축 면적이 늘어날수록 주택의 가치가 상승하는 경제성의 논리를 거슬러야 한다는 사실이었다. 우리 집의 설계 공모에 참가한 학생들은 돈과 관련된 이런 현실을 외면할 수 없었고, 나 역시 마찬가지였다. 건축 면적을 늘리지 않은 채로 비용을 들이는 행위는 위험한 투자였다. 기존의 건축 면적을 줄이는 데 돈을 쓴다는 것은 터무니없는 짓이었다. 더 적은 공간은 벤의 아들에게나 파스칼에게의 음수처럼 말이 안 되는 불가능한 것이었다. 이들이 아닌 다른 누군가가 주택 개보수에서 빼기를 실천하는 선구자가 될 수 있을지는 모르겠다.

개인적인 차원의 재산을 늘리려고 건축 면적을 늘리는(즉 더하는) 발상은 비교적 새로운 것이다. 인간은 늘 더하기 본능을 가지고 있었고

143

또 더 많은 것을 추구하는 우리 조상의 문화가 오늘의 우리를 만들어 냈지만, 현대 경제는 우리가 집을 짓는 방식이나 생각을 하는 방식이나 우리에게 주어진 귀중한 시간을 소비하는 방식에 자기의 논리를 덮어 씌운다. 그러므로 더하기의 생물학적·문화적 뿌리를 살펴보았듯이, 우리는 더하기가 남용되는 데 기여한 경제적 요인도 살펴볼 필요가 있다. 그리고 상대적인 많음을 지향하게 만드는 비교적 새로운 이 견인력을 제대로 평가하기 위해서라도 우리는 경제적 요인의 기원을 제대로 알아야 한다.

'더 많이'라는 목표가 선언된 날

1949년 1월 20일, 해리 트루먼 대통령의 취임 연설을 들으려고 100만 명이 넘는 사람이 워싱턴의 내셔널몰에 운집했다.[4] 연방정부 직원들도 이 연설을 들으려고 하루 휴가를 냈다. 이날 취임식은 텔레비전으로는 처음 방송되는 취임식이었고, 텔레비전 중계 덕분에 현장에 있던 사람들 외에도 미국 전역과 다른 나라에서 수억 명이 트루먼 대통령의 취임 연설을 들었다. 그 20분짜리 연설은 모든 텔레비전 방송망으로 중계되었고, 학생들도 교실에서 그 연설을 지켜보았다. 이 연설 동영상은 전 세계에 공유되었다. 전 세계가 트루먼 대통령이 하는 말을 보고 듣고 읽고 또 토론했다.

트루먼의 연설을 들은 사람들은 모두 2차 세계대전과 어떤 식으로든 감정적으로 얽혀 있었다. 나의 할머니 미미는 자기가 행운아라고 생각한다. 할머니는 그 시대에 뉴햄프셔대학교에 다니던 몇 안 되는 여성이었다. 일본이 진주만을 폭격한 뒤에 할머니는 학장의 부름을 받았다.

학장은 할머니에게 군인으로 나간 사람들의 빈자리를 메우기 위해 수학 교사가 절실하게 필요하다고 했다. 할머니는 수학을 전공했고 졸업하기까지는 한 학기가 남았지만, 교수들은 할머니가 교사가 될 준비를 마쳤다고 판단하고 할머니를 조기 졸업시키기로 결정했다. 할머니는 끈질기게 노력해 졸업 논문을 써서 까다로운 사회학 교수의 승인을 받았고, 그 뒤에 졸업장을 받았다. 1942년 봄, 할머니는 동급생들이 봄 학기를 보낼 때 매사추세츠 서부 지역에서 혼자 살며 수학 교사로 일했다.

같은 해에 할머니의 약혼자였던 존이 군인이 되어 미국을 떠났는데 그 뒤로 영영 돌아오지 못했다. 그 약혼자는 2차 세계대전으로 목숨을 잃은 전 세계 인구의 3퍼센트에 속하고 만 것이다.

트루먼이 대통령에 취임할 무렵에는 사람들이 전쟁에 진저리를 칠 때였고, 트루먼은 공산주의가 커다란 위협을 제기한다는 당시 널리 퍼져 있던 인식을 자기 연설의 첫 부분에 할애했다. 이런 전반적인 배경 속에서 그가 취임 연설에서 제시했던 처음 세 가지 메시지는 충분히 예상할 수 있었다. 새로 결성된 유엔을 지원하는 일, 전후 복구에 힘쓰는 일, 북아메리카와 유럽 사이의 군사 동맹을 지원하는 일에 미국이 할 수 있는 모든 일을 하겠다는 것이었다.

그런데 트루먼이 제시했던 네 번째와 다섯 번째 메시지는 놀라웠다.[5] 그가 했던 말을 그대로 옮기면 다음과 같다.

"우리의 목표는 전 세계의 자유로운 사람들을 돕는 것이 되어야 한다. 그들이 지고 있는 무거운 짐을 그들 자신의 노력으로 가볍게 만들게 해야 한다."

이것은 미국이나 다른 어떤 나라에서도 유례가 없는 목표였다. 미

145

래에 발생할 수도 있는 분쟁을 예방하는 한 가지 방법은 국가의 울타리를 초월해서 사람들을 돌보는 것이라고 트루먼은 선언했던 것이다. 이 말이 할머니에게 멋진 말로 들렸을 게 분명했다. 할머니는 모든 사람을 아끼는 마음을 가졌다. 약혼자를 전쟁에서 잃은 지 7년밖에 되지 않았으며, 할머니의 남편은 국방부에서 일하는 사람이었고 또 아들을 낳는다면 이 아들이 커서 나중에 전쟁에 징집될 수도 있었다.

트루먼이 이 새로운 목표를 세계의 가장 큰 무대에 올려놓았다. 그러나 이 목표를 달성할 방법에 대해서는 아직 일치된 의견이 없었다.[6] 어떻게 하면 우리가 전 세계의 자유로운 사람들을 도와서 그들이 지고 있는 무거운 짐을 가볍게 만들 수 있을까? 트루먼은 이런 일이 어떻게 진행되기를 바라는지 조금 더 자세히 말했다. 미국이 '더 많은 음식, 더 많은 옷, 더 많은 건축자재, 더 많은 기계의 힘'을 제공해서 전 세계의 자유로운 사람들이 자립하게 하자는 것이었다.

이런 진술을 가리키는 멋진 이름은 **아나포라** anaphora인데, 오래된 수사적 도구 가운데 하나다. 아나포라는 강조를 하기 위해 연속되는 절의 시작 부분에서 같은 단어나 구를 반복하는 것이다. 휘트먼은 '나 자신의 노래'라는 시에서 자기 안에 존재하는 다수의 자아를 강조할 목적으로 아나포라를 구사했다.

당신은 1,000에이커◆가 크다고 생각하는가?
당신은 지구가 크다고 생각하는가?

◆　　　약 122만 평.

당신은 읽기를 배우기까지 얼마나 오래 연습했는가?

당신은 시의 의미를 이해하면서 얼마나 자랑스러웠는가?

휘트먼은 '당신은'을 반복함으로써 자아에 대한 관심을 이끌어냈다. 그리고 '보다 더 많은(상대적인 많음)'을 반복함으로써 더하기를 강조했다.

트루먼이 구사했던 **더 많음 more**의 아나포라는 미국의 전후 목표들을 나타내는 것이었다. 취임 연설에서 트루먼은 "더 많은 생산은 번영과 평화의 열쇠입니다"라고 계속해서 말했다.

당시로서는 사회적 목표에 대해 이보다 더 위대한 표현은 있을 수 없었다. 더 많은 생산이야말로 할머니의 남편과 아들들이 할머니의 약혼자가 걸어갔던 운명을 피할 수 있는 길이었다.

지금 돌이켜보면, 모두를 위해 더 많은 것을 추구했던 트루먼의 외침이 가지고 있었던 의미를 간과하기 쉽다. 그러나 역사를 통틀어서, 대부분의 정직한 시민들은(예컨대 괴베클리 테페와 로마와 코바에 살았던 사람들은) 재산을 늘리는 사업을 하지 않았음을 기억해야 한다. 무역업자와 상인은 사회적으로 따돌림을 받았거나 이보다 더 나쁜 대우를 받았을 수도 있다. (성서에서 고리대금업자들이 어떻게 묘사되는지 보라).**7** 물론, 네로나 마리 앙투아네트처럼 더 많음의 범위를 훌쩍 넘어서서 지나침의 정도가 심했던 독재자나 봉건 영주들이 있었다. 그러나 대부분의 사람은 경제적인 차원의 상대적인 많음을 추구하지 않았다.

트루먼이 취임 연설에서 밝힌 정책 방침은, 경제 철학자 애덤 스미스가 '가능한 한 많은 사람의 살림살이를 개선하는 가장 공정한 방법이 성장'이라고 주장했던, 1700년대부터 힘을 얻기 시작한 발상을 정점으로 끌어올렸다. 경제 성장이 없다면, 대부분의 사람은 스미스가 가장 자연스러운 현상이라고 생각했던 욕망인 '삶을 개선하겠다는 욕망'을 충족할 기회를 얻을 수 없었다. 메소포타미아에서 햇볕에 말린 벽돌을 만들던 일꾼들, 로마의 콜로세움을 짓는 현장에서 강제노역을 당했던 유대인 죄수들, 워싱턴기념탑에 들어갈 재료를 마련하느라 바위를 깼던 채석장의 노예들이 그랬던 것처럼 말이다.

1949년까지의 현실은 더 많은 것에 대한 스미스의 발상을 강화했다. 두 차례의 세계대전에도 불구하고, 산업혁명이 가져온 경제 성장은 많은 사람의 삶의 수준을 높여주었다. 이와는 반대로, 성장을 억누르는 방식으로 사람들을 돕겠다는 시도들은 세간의 이목을 끌긴 했지만 커다란 실패로 끝나고 말았다. 즉 2차 세계대전 이전의 대공황 시기에, 농부들은 목화를 수확하지 않고 도축된 돼지를 시장에 내놓지 않는 대가로 정부로부터 돈을 받았다. 이런 정책에는 공급을 줄이면 물가가 오를 것이라는 기대가 담겨 있었다.

그러나 그런 일은 일어나지 않았다. 대공황은 악화되기만 했을 뿐이다. 대공황이 정점에 다다랐을 때 미국에서 노동자 네 명 가운데 한 명이 실업자였고, 국민소득은 절반으로 줄었으며, 수많은 돼지가 버려졌음에도 식량 부족 상황은 전국적으로 퍼졌다.[8] 이런 상황에서 다시 또 자기가 행운아라고 생각한 할머니는 자기 신발과 음식을 쌍둥이 자매에게 나누어주었다. 전 세계 다른 곳이라고 해도 미국보다 상황이 좋지는 않았고, 그 바람에 나치를 비롯한 파시스트가 준동할 여지가 생겨났다.

전 세계가 공황의 늪에 빠져 있는 동안에 더 많은 것을 추구하는 움직임에 반대하는 흐름이 일어났다. 그러나 이 정책들은 모두 실패하고 말았다. 이런 상황은 경제학자 존 메이너드 케인스가 애덤 스미스의 사상을 토대로 '재산을 늘리는 것이 비도덕적'이라고 주장했던 오래된 발상을 뒤집어엎을 지반이 되었다.[9] 케인스는 개인의 소비가 전체 사회의 번영으로 이어지는 길이라고 주장했다. 더 많은 사람이 신발을 사면, 이 수요를 따라잡기 위해서 기업들이 규모를 더 키울 것이고, 그러면 더 많은 사람에게 더 많은 보수를 주는 일자리가 생겨날 것이고, 또 그러면 더 많은 사람이 더 많은 돈을 가지고서 신발이나 그 밖의 제품이나 서비스를 살 수 있다는 주장이었다.

이런 선순환이 악순환으로 변했다고 케인스는 설명했다. 사람들은 돈을 적게 가지고 있는 상황에 대해 소비를 줄이는 것으로써 대응했는데, 이 대응은 개인 차원에서는 논리적이기는 하지만 사회 전체 차원의 경제를 위축시켰고, 결국 사람들이 쓸 돈은 예전보다 훨씬 더 적어졌다. 이 세계 경제 위기가 2차 세계대전으로 이어졌을 때, 전쟁에 휩쓸린 국가들은 결국 군사비로 많은 돈을 쓸 수밖에 없었고, 바로 이것이 악순환의 고리를 끊었다.

2차 세계대전이 끝난 뒤, 각 개인의 소득이 늘어나는 것이 전체 경제에 유익하다는 케인스의 사상이 유럽과 미국의 정부 정책에 녹아들었다.[10] 트루먼의 취임은 소비를 성스러운 애국적 의무로 만들었고, 이런 발상은 전 세계로 확산되었다. 미국은 모든 사람이 경제적 부를 꿈꿀 수 있는(또한 당연히 꿈꿔야 하는) 제도를 지지했다. 더 많은 것이 이제는 도덕적 목표이자 평화의 문을 열 열쇠가 되었다.

트루먼이 미국 대통령이 된 뒤로 많은 나라가 급속한 경제 성장 정책을 수용했다. 브라질, 인도, 이집트, 멕시코 등이 그런 나라였다. 어떤 나라가 국제 무역과 금융 체계의 한 부분이 되고 싶다면 우선 경제 성장에 전념해야 했다. 성장은 '더 많은 음식, 더 많은 옷, 더 많은 건축자재, 더 많은 기계의 힘'을 통해, 무거운 짐을 조금이라도 가볍게 해주겠다는 목적으로 설립된 국제기구인 국제통화기금**IMF**과 세계은행**WB**이 부과한 지상 명령이었다.

더 많음**more-ality**이라는 새로운 접근법에 반대되는 발상이 있다. 잘 정리되어 이제는 익숙한 이 발상은 지나치게 높은(즉 더하기의 결과로 지나치게 많아진) 성장이 사회의 극소수 집단에게만 부가 집중되게 만들 것이라는 우려였으며, 지구라는 유한한 행성에서 무한한 확장은 물리적으로 불가능하다는 경고이기도 했다. 그러나 당시 트루먼에게 연설을 듣던 사람들이 진 무거운 짐을 조금이나마 가볍게 해줄 방법은 '상대적으로 많은 것'을 통하는 방법이었다. 더 많은 생산은 인도와 알제리와 매사추세츠 서부의 농부들에게 평화를 약속했다. 나의 할머니 미미는 이 발상을 받아들였고, 지금까지 할머니의 자녀 네 명과 손자 일곱 명, 증손자 열세 명은 또 다른 세계대전의 끔찍한 참상을 모면했다.

이런 사정은 우리 가족에만 해당되는 게 아니다. 상대적인 많음을 이야기하는 트루먼의 아나포라에 담긴 발상은 더 많은 사람이 지구에서의 삶을 즐기게 해주었다. 1949년에 인구가 약 25억 명으로 증가하기까지는 인류 전체 역사가 걸렸다. 그러나 그 뒤로 이 인구가 세 배로 늘어나는 데는 약 70년이 걸렸다. 인구가 세 배로 늘어났지만 전 세계 1인당 연간소득은 1950년에 약 3,000달러에서 2016년 약 1만 4,500달러로 증가했다.**11** 전 세계 기대수명도 1950년에 48세였지만 지금은 70세가 훌쩍 넘는다.**12** 1950년에는 15세 이상 중 글을 읽을 수 있는 사람 비율이 약 55퍼센트였지만 지금은 이 비율이 85퍼센트로 높아졌다.**13** 비록 수십억 명이 여전히 극심한 가난 속에 살지만 동시에 수십억 명이나 되는 사람이 나의 할머니 미미가 누렸던 다양한 선택지와 기회를 누린다.**14**

지금껏 우리는 진화론을 통해서, 또 마야 린의 경험을 통해서 '더하기 **그리고** 빼기'가 중요함을 배웠다. 더 많은 것을 추구하는 발상이 인류의 살림살이를 더 좋게 만들었다는 이유만으로는, 더 적은 것을 추구하는 발상은 그렇게 할 수 없다고 말할 수는 없다.

바쁨이라는 함정에 빠진 사람들

음식, 옷, 건축자재, 기계의 힘 등은 인류가 12세기 중반부터 추구했던 유일한 대상이 아니다. 인류는 이것 말고도 우리가 수행해야 할 것을 많이 보탰다. 당신이 다니는 회사의 복지 정책이 아무리 신중하고 현명하더라도 중세 시대 농민이 당신보다 더 많은 시간을 여유롭게 보냈을 가능성이 높다.**15** 자기가 하고 싶지 않은 일에 시간을 낭비하는 것은 충분히 나쁜 일이다. 설상가상으로 우리는 이 어리석은 행동을 오히려 자랑스럽게 여기게 되었다. 팀 크라이더**Tim Kreider**가 〈뉴욕타임스〉에 썼던 고전 에세이 '바쁨이라는 함정 **The Busy Trap**'에서 그 사실을 뼈저리게 깨달을 수 있다.

"만약 당신이 21세기에 미국에 산다면 정말 많은 사람이 자기가 얼마나 바쁘게 사는지 모른다고 하는 말을 어렵지 않게 들을 것이다. …
그런데 이런 말들이 불평으로 위장된 자랑임은 누가 봐도 명백하다."[16]

우리는 다른 종류의 번영을 추구하면서 우리에게 가장 귀중한 자원인 시간을 소모한다. 아무리 그래도 우리는 지금 우리가 가지고 있는 것보다 더 많은 것은 절대로 가질 수 없을 것이다.

일을 할 때든 휴가를 즐길 때든, 우리는 일상을 개선할 방법으로 빼기를 구사하는 것을 등한시한다. 여행과 관련하여 워싱턴에서 하루 동안 서로 다른 열두 장소에서 서로 다른 열두 가지 활동을 하는 연구 실험 결과를 상기해보라. 사람들은 더 많은 일을 하겠다고 (빼기보다는) 더 하기를 압도적으로 많이 선택했다. 우리 연구팀이 함께 한 지 약 1년이 지났을 무렵이었다. 벤이 나에게 보낸 이메일에는, 우리가 하는 연구 주제를 자기는 늘 마음에 새기고 실천한다는 내용이 들어 있었다. 벤과 게이브, 그리고 이 두 사람의 다른 동료 두 명이 자기들이 각각 쓰는 연구실 사이에 있는 공동 구역에 '노-벨no-bell'이라는 것을 설치하기로 의견을 모았다고 했다. 노-벨은 옛날 서부영화에서 볼 수 있는 삼각형 모양의 디너벨로, 다른 사람의 요청에 '아니'라고 말해도 된다는 의미로 쓰였다.

벤이 안고 있는 문제는 그가 똑똑하고 정서적으로도 지적으로 보인다는 사실이다. 덥수룩한 겨울 턱수염을 뽐내고 있을 때조차도 그는 언제나 환영한다는 인상을 사람들에게 준다. 그래서 벤은 어떤 부탁을 들어주길 원하는 사람들에게 자주 '싫다'라고 말해야 한다. 벤으로서는 유용할지 아닐지 애매한 경계선에 있는 일을 하지 않음으로써 학생들을 지도한다거나 레고 블록 연구 실험에 대해 생각한다거나 하는, 보다 더 의미 있는 일을 할 시간을 보장받는다. 모든 부탁에 '예'라고 대답함으로써 자신의 유능함을 과시하려는 본능을 제어하기 위해 그는 노-벨을 울리는 보상을 자기 자신에게 주었다.

벤은 자기가 고안한 장치를 자랑스러워했는데, 충분히 그럴 만했다. 그런데 만일 내가 내놓는 생각에 그가 늘 고개를 갸웃했고 결과적으로 나에게 도움을 주지 않았다면, 노-벨을 흔들어서 아니라고 말하는 것은 빼기 행동이 아니라고 지적을 해야 할지 망설였을지도 모른다. 그러나 벤은 기꺼이 나에게 아니라는 말을 하고 또 결과적으로 도움을 주었다. 나도 그에게 도움을 주고 싶었다. 그래서 노-벨이라는 장치와 빼기의 관계에서 곧바로 한 가지 사실을 지적했다. 노-벨을 울린다고 해서 이미 하고 있던 것에 새로운 활동을 추가하는 것이 아니라고, 즉 새로운 활동을 추가하지 않는다는 것은 자기가 하던 활동 가운데서 어떤 것을 빼는 것과 다르다고 말이다.

벤은 내가 제시한 추론의 결함을 지적할 때는 늘 대안을 제시하곤 하는데, 노-벨의 경우에는 나도 벤의 호의에 보답해서 대안을 한 가지 제시했다. 생산성을 높이기 위해 빼기라는 접근법을 정말로 원한다면, 행동중단 목록stop-doing list이 필요하지 않겠느냐고 말이다. 경영 전문가인 짐 콜린스Jim Collins의 책《좋은 기업을 넘어 위대한 기업으로Good to Great》를 읽으면서 나는 이런 목록을 눈여겨보았다.[17]

노-벨 덕분에 벤은 이미 꽉 찬 업무량에 또 다른 업무를 보태는 선택을 할 수도 있고, 아무런 업무가 없어도 노-벨을 흔들어서 새로운 업무를 다른 사람에게 떠넘기는 선택을 할 수도 있다. 벤의 현재 업무량은, 마치 내가 이사 간 집을 개조하기 전의 건축 면적이나 0으로 끝나서 음수로는 연장되지 않는 선처럼, 그의 마음속에 깨지지 않는 기준선으로 암호화되어 있다. 노-벨은 벤이 그 기준선의 지점을 넘어서면서까지 빼는 것을 도와주진 않는다. 나는 행동중단 목록이 그 기준을 바꾸어놓기를 바랐다. 그래서 벤이 나날의 일정표에 추가할 일과 뺄 일을 동시에 고려하길 바랐다.

물론 행동중단 목록은 추천하기는 쉬워도 실천하기는 어렵다. 1990년대 상반기에 사회학자 레슬리 펄로Leslie Perlow는 해야 할 일 가운데서 어떤 것을 빼는 시도가 보통 실패로 끝나고 마는 것에 대해(우리가 현재 알고 있는) 최초의 몇 가지 증거를 발견했다. 펄로는 이런 실패가 어떻게 '시간 기근time famine'[18]으로 이어지는지 보여주었다. 시간 기근은 해야 할 일은 너무 많은데 시간이 충분하지 않다고 느끼는 정서 현상인데, 우리는 직장에서나 당일치기 여행에서 흔히 이것을 경험한다.

펄로는 처음에 소프트웨어 엔지니어들의 일상에 초점을 맞췄다.[19] 그녀는 이들의 길고 긴 업무 시간을 미화하는 언론 논조를 회의적으로 바라보면서 전략적으로 이 집단을 선택했다.[20] 그녀는 그 엔지니어들의 일상적인 공간, 즉 사무실, 실험실, 회의실, 복도 등에서 그들이 나누는 대화를 관찰했다. 그들과 함께 점심을 먹었고, 회사의 파티 모임에 참석했으며, 동네 술집에서는 즐거운 시간을 함께 보냈다. 그녀는 연구 기금이 투입된 시점부터 9개월이 넘는 동안에 관찰 대상자들을 따라다녔고, 제품 출시 행사를 위한 이틀 동안의 버스 여행에도 따라가서 행사가 끝날 때까지 그들과 함께 있었다.

펄로는 꼼꼼한 관찰뿐만 아니라 폭넓은 인터뷰도 진행했다. 그녀는 관찰 대상자는 말할 것도 없고 그들의 동료와 매니저와 가족 구성원들과도 이야기를 나누었다.

펄로는 엔지니어들의 일상을 다양한 활동들에 소비되는 각각의 시간 블록으로 나누고 이 자료를 분석했다. 개인 작업 활동, 쌍방향 작업 활동, 사회사업 활동, 개인 활동이 있었다. 개인 활동은 업무와 전혀 관련이 없는 활동 범주였는데, 이 활동을 분석함으로써 그녀는 엔지니어들이 판타지 축구 게임을 하면서 선수 선발을 하는 것까지도 세세하게 자료로 축적했다.

펄로는 엔지니어들이 일하는 동안에는 시간을 어떻게 사용하는지 꼼꼼하게 기록한 끝에, 그들이 자기에게 주어진 시간에 할 수 있는 양보다 더 많은 일을 한다는 사실을 발견했다. 또한 그들에게 주어진 의무 가운데 다수가(특히 상호 작용적이고 사회적인 활동이) 스스로 부과한 것임을 발견했다. 그들은 별 소득도 없이 시간만 잡아먹는 회의에 참석하고 또 길고 긴 점심 회식에 참석했는데, 이것은 지시를 받았기 때문이 아니라 그렇게 하지 않는 것은 사회적으로 용납되지 않는다고 스스로 판단했기 때문이다.

놀랍지도 않은 사실이지만, 시간 기근은 엔지니어들의 업무 외 인간관계에도 해를 끼치고 있었다.[21] 펄로는 또한 개인 엔지니어들이 각자 자기가 과도하게 많은 일을 한다고 느낄 때, 직장에서 집단 생산성이 줄어든다는 사실을 발견했다. 시간 기근은 직원의 사기에도 좋지 않고 인간관계에도 좋지 않으며 회사에도 좋지 않다.

펄로는 변화 하나를 고안했다. 쌍방향 활동이나 사회적 활동에 참여하기 위한 '사회적으로 용납되지 않는 시간'을 엔지니어들과 함께 지정한 것이다. 이렇게 지정된 조용한 시간에는, 전체 직원이 참석하는 회의도 없어야 하고 옆 사람이 점심을 먹으면서 일하자고 하는 잔소리도 없어야 한다고 정했다. 이 시간만큼은 일을 멈추자는 것이었지만, 쉽지 않았다.**22** 이 조용한 시간에 대해서 사람들로부터 동의를 얻기 위해서는 그 시간을 '조용한 시간'이라는 '추가적인' 시간 블록으로 만들어야 했다. 그러나 펄로의 이 시도는 오래가지 못했다. 엔지니어들이 어느 순간에 스스로 불러들인 시간 기근 상태로 되돌아갔기 때문이다.

'바쁨이라는 함정'에 빠진 사람은 소프트웨어 엔지니어나 벤만이 아니다. 미 육군대학원에서 발행한 한 보고서는 육군 장교들이 이 함정에 붙잡혀 있음을 확인했다.**23** 시간 기근은 얼마나 강력한지 이런 정직한 지도자들까지 정직하지 못하게 강요한다.

그 보고서에서 가장 흥미로운 사례를 보면, 장교들은 297일 걸려야 할 수 있는 활동을 256일 동안에 한다.**24** 당신이 숫자를 잘못 읽은 게 아니다. 장교들이 맡은 일을 모두 다 하기란 불가능하다. 그래서 그들이 내리는 의사결정은 '정해진 절차를 생략할 것인가, 말 것인가'가 아니라 '어떤 절차를 생략할 것인가' 하는 것이다.

미 육군대학원이 발행한 그 보고서에 따르면, "육군은 강박적인 수집가와 비슷하다". 쓰다가 남은 스티커 메모지와 오래된 신문을 모으는 것이 불안감과 우울감의 표시인 것처럼, 해야 할 일을 강박적으로 수집하는 행태는 장교들의 심리에 당연히 해롭다. 이런 상태는 그들이 힘들게 획득한 정체성과 정면으로 배치되는 방식으로 행동할 것을 강요한다. 명령에 따르는 것은 벤이 지닌 교수라는 정체성에서 작은 측면이기도 한데, 벤은 어떤 회의에 참석하기 위해서 다른 회의에 참석하지 못하는 경우가 많고 이럴 때마다 죄책감에 사로잡힌다. 정해진 절차를 생략하도록 강요하는 상황이, 자기가 맡은 모든 업무를 수행함으로써 현재 지위까지 오른 장교들에게 유발하는 정신적 고통이 얼마나 클지 상상해보라.

기존 업무가 줄어드는 속도보다 더 빠르게 새 업무가 늘어나기 때문에 장교들은 이런 불가능한 상황을 맞을 수밖에 없다. 그러니까 그들에게는 업무를 수행하기에 충분한 시간이 애초부터 주어지지 않은 것이다.

그 보고서는 마지막 부분에서 '해야 할 일이 늘어나는 것을 억제할 것'을 추천한다. 업무를 억제한다는 것은 벤이 노-벨을 몇 번 울리는 것이나 마찬가지다. 해야 할 업무가 그 업무를 수행하는 데 필요한 시간을 초과할 때는 억제하는 것만으로는 충분하지 않다. 그 장교들의 상황을 개선하려면 몇 개의 업무가 애초부터 부과되지 말아야 한다. 즉 행동중단stop-doing이 필요하다.

민간 부문과 군대의 상황을 고려할 때, 정부기관이 행동중단을 실행하지 않는다는 사실은 그다지 놀랍지도 않다.《미국연방기준집Code of Federal Regulations》은 미국의 연방기관들이 정한 모든 규칙을 모아놓은 책인데, 이 기준집은 트루먼 연설 당시 약 1만 쪽이던 것이 2020년에는 18만 쪽이 넘을 정도로 불어났다.[25] 그야말로 케인스주의자들이 자랑스러워할 만한 증가율이라고 할 수 있다.

이 규정 가운데 많은 것이 긍정적으로 작용한다. 예컨대 에즈라를 식당에 데리고 가면서 에즈라가 간접흡연을 하게 될지도 모른다는 걱정을 하지 않아도 되는 것은 좋은 일이다. 대기오염방지법Clean Air Act[26] 덕분에 트루먼 시대에 자유롭게 배출될 수 있었던 모든 종류의 위험한 대기오염 물질로부터 에즈라를 비롯해서 다른 모든 사람이 보호받을 수 있음은 얼마나 다행한 일인가. 그러나 규제 기관들은 시대에 뒤떨어진 규칙을 빼는 데 실패함으로써 해야 할 일이 너무 많아진 바람에 정작 중요하고 꼭 필요한 일을 할 시간이 모자라서 쩔쩔맨다. 그들은 빼기에 소홀했기에, 상대적으로 규제가 적을 때 편익을 누릴 수 있지만 실제로는 그렇지 못한 사람들이 쏟아내는 비난을 감내할 수밖에 없다.

버락 오바마 대통령은 2012년 연두교서에서, 해야 할 일이 너무 많다는 문제에 행정부가 어떻게 대처하는지 설명했다. 그의 연두교서 가운데 한 구절은 트위터에서 사람들의 심금을 울렸는데, 바로 빼기를 강조하는 것이었다.

"우리는 40년이나 된 오래된 규정 하나를 없앴습니다. 이 규정 때문에 낙농업자들은 자기가 우유 유출을 억제할 수 있는 시설과 장비를 갖추고 있다는 사실을 증명하느라 해마다 1만 달러를 써야 했습니다. 어떻게 그렇게 되었는지 모르지만, 우유가 석유 제품과 동일한 범주로 분류되어 있었기 때문입니다. 이런 규정이 있으니, 엎질러진 우유 spilled milk(이미 저질러진 잘못) 앞에서 누가 울지 않겠습니까?"**27**

트위터에서의 반응은 대부분 익히 알려진 속담을 인용하고 비튼 것에 초점이 맞추어져 있었는데, 오바마 본인은 그 말을 입 밖으로 꺼낼 때부터 그렇게 될 것을 알고 있었던 것 같다. '엎질러진 우유'를 용서하고 그 이전에 있었던 행동중단 조치에 초점을 맞추어보자. 그로부터 한 해 전인 2011년 1월에 오바마는 행정명령 13563호를 내렸다. 이 명령의 6b 조항은 다음과 같다.

"각 행정기관은 기존의 중요한 규정들을 검토해서 해당 규정들이 관련 정책이나 프로그램이 목표를 달성하는 데 더 효과적이거나 덜 부담스럽게 만들어야 하며, 그러기 위해 해당 규정들의 수정, 간소화, 확대, 폐지 등을 판단해야 한다."[28]

이 6b 조항은 어쩐지 우리 연구팀이 진행했던 실험에서 우리가 참가자들에게 제시했던 암시처럼 보인다.

우리는 앤디의 격자 패턴 실험에서 사람들에게 특정한 암시를 줌으로써 빼기를 소홀히 하는 경향을 줄였는데, 6b 조항은 각 기관에게 빼기라는 선택을 하도록 즉 규정을 간소하게 다듬거나 폐지하라는 암시를 주었다. 이렇게 해서 각종 규제 정책이나 프로그램은 '더 효과적이거나 덜 부담스럽게' 됨으로써 더 나은 방향으로 바뀔 수 있었다.

더하기와 빼기 사이에 충돌이 일어난다는 잘못된 인식을 예방하려면 암시의 구절이 '더 효과적이거나 혹은 덜 부담스럽게'가 아니라 '더 효과적이며 **그리고** 덜 부담스럽게 할 것'으로 바뀌어야 함을 우리는 알고 있다. 그러나 우리는 행정명령을 직접 작성하는 주체가 아니고, 전반적으로는 6b 조항이 드물게 강력한 역할을 했다. 행동중단이라는 선택을 이끌어냈기 때문이다.

오바마 대통령의 행정명령 덕분에 빼기를 선택지의 하나로 생각하게 된 미국 환경보호국EPA은 우유를 석유 제품으로 분류하는 규정이 효과적이기보다는 부담을 주는 것이라고 보았다. 1970년대부터 시행되던 원래의 규제는 해로운 산업 오염물질의 수로 오염을 막아왔다.[29] 수로에 의존하는 낙농가들로서도 이런 취지에 공감해서, 폐유나 쓰고 남은 농약 등을 기꺼이 잘 관리했다. 그러나 낙농가들은 자기가 생산하는 우유가 연료나 살충제에 적용되는 오염 방지 규정을 따라야 하는 점에 대해서는 이미 오래전부터 의문을 가졌다. 그리고 행정명령이 환경보호국의 해당 규정 재검토를 촉구했고, 마침내 우유는 석유로 분류되는 오염물질 목록에서 빠졌다.

이에 대해 미국 환경보호국의 리사 잭슨**Lisa Jackson** 국장은 이렇게 말했다.

"이 조치는 우리나라 낙농가가 짊어진 잠재적인 부담을 덜어주는 조치가 될 것입니다. 그들이 비용을 조금이라도 절약하게 해주며 또 환경보호국이 앞으로 환경과 건강을 보호하는 일에 집중할 수 있을 것임을 확인시키는 조치가 될 것입니다."[30]

이 조치로 잭슨 본인도 부담을 덜 수 있었다. 잭슨은 낙농가들과 함께 법안을 개정하려고 노력했음에도 불구하고 자기가 수장으로 있는 환경보호국이 이 규정을 원래대로 두고 싶어 했고, 그래서 그런 생각에 반대하며 그게 아니라는 내용으로 (의회에 나가서 증언하는 것을 포함해서) 여러 번 반박해야만 했기 때문이다.[31] 엎질러진 우유에 대해서 누가 울지 않을 수 있었겠는가? 충분히 그럴 가치가 있는 일이었다. 이 규정이 바뀌자, 오염물질을 막는 일에 전념하도록 시간이 절약된 것은 별도로 하더라도, 10억 달러 넘는 돈이 절약되었다.[32]

행동중단이 강력한 힘을 발휘함에도 아직은 여전히 많은 사람에게 계시로만 남아 있다. 빼기를 실천할 때의 잠재적인 효과를 이해할 수 있는 이야기를 마지막으로 소개한다. 내가 개인적으로 좋아하는 이야기다.

칩과 조쉬는 내 사촌들인데, 우리 세 사람은 석 달 사이에 한꺼번에 태어났다. 성장한 뒤에 우리는 부모님들을 설득해서 뉴저지의 오션시티에 있는 한 해변 주택에서 함께 휴가를 즐겼다. 우리가 마지막으로 함께했던 그 여름에 해안가 산책길 옆으로 고카트 트랙이 손님을 맞고 있었다.

우리 셋은 고카트를 탈 수 있는 나이 기준을 막 넘어섰을 때였다. 그 래서 우리는 고카트를 타는 사춘기 청소년이라면 충분히 할 수 있는 장 난을 치면서 저녁 시간을 보냈다. 고카트 트랙 쪽에 있는 금속 가드레 일로 서로의 고카트를 밀쳐대기도 했고, 출발 신호가 들어오기도 전에 먼저 튀어나가기도 했다. 그리고 직원이 흔들어대는 체크 무늬 깃발의 정지 명령을 무시한 채로, 모든 사람이 차를 세우고 지켜보는 가운데 한 바퀴를 더 신나게 달리기도 했다.

어느 날 저녁이었다. 그때 우리 셋은 밤에는 고카트를 탈 수 없다는 금지 처분을 받은 뒤였는데, 칩이 멋진 아이디어 하나를 떠올렸다. 사실 칩은 장난기를 타고났는데, 금전등록기 옆의 계산대 위에 올려놓은 잔 돈통을 이용하기만 하면 수백 칼로리 가치가 있는 사탕을 얼마든지 먹 을 수 있다는 것도 우리 가운데서 제일 먼저 알아냈으니까 말이다. 그 날 밤에 칩은 셔츠와 모자를 갈아입고 다른 사람으로 변장해서(직원이 자기를 알아보지 못할 것이라고 칩은 확신했다) 고카트장으로 갔다. 마지막 한 바퀴는 정지 명령을 무시하고 혼자서 트랙을 돌 생각이었다. 조쉬와 나는 칩이 트랙을 두 바퀴째 도는 것을 보드워크에서 지켜보았다.

세 바퀴째, 출발선에서 가장 먼 지점에 다다랐을 때 칩은 미리 생각 해두었던 행동을 시작했다. 안전벨트를 풀고는 달리는 고카트에서 뛰 어내린 다음에 트랙을 둘러싼 약 2.4미터 높이의 울타리를 넘은 뒤에 주차장을 가로질러서 밤의 어둠 속으로 사라진 것이다.

칩이 탔던 빈 고카트가 트랙 한가운데 멈춰섰을 때, 아무것도 몰랐 던 조쉬와 나는 숨이 멎는 것 같았다. 칩이 어디로 사라졌지? 자기 아이가 고카트를 타는 모습을 지켜보려고 섰던 부모들도 모두 그 이상한 상황에 눈이 휘둥그레졌다. 다들 유령이라도 본 듯한 표정이었다.

코미디언 크리스 록이 마이크가 갑자기 뚝 떨어지도록 장난을 치든, 배우 크리스 팔리가 갑자기 셔츠를 벗든, 코미디는 종종 예상치 못한 데서 일어난다.[33] 칩이 한 일은 전혀 예상치 못한 일이었다. 내가 제대로 묘사했는지 잘 모르겠지만, 아무튼 그 일은 내가 본 것 가운데서 가장 재미있는 일로 꼽힌다.

이 일이 행동중단과 무슨 관계가 있을까? 군이 설명을 보태자면 이렇다. 칩이 했던 절묘한 장난의 본질은 시각적인 행동중단을 고카트에 적용했다는 데 있다. 칩은 아무도 예상하지 못했던 빼기를 통해서 조쉬와 나, 그리고 4대에 걸친 우리 대가족에게 웃음을 안겨주었다.

당신이 칩의 스턴트가 행동중단임을 믿지 않는다고 하더라도 특별히 문제는 없다. 적어도 고카트를 즐기는 다른 방법을 배웠을 테니까 말이다.

사실은 빼기가 더 효율적이다

헤이즐 로즈 마커스처럼 브리티시컬럼비아대학교 교수인 리즈 던Liz Dunn은 교수라는 자아 말고도 서퍼라는 자아를 가지고 있다. 한번은 그녀가 서핑을 하다가 상어의 공격을 받았다. 응급실까지 갔다가 돌아온 뒤에 그녀는 취재를 나온 기자에게 "정말 운이 좋았다"라고 말했다. 상어 덕분에 롤러코스터를 능가하는 최고의 놀이기구를 경험

했으며, **그런 다음에야** 상어에게 물렸다는 게 그 이유였다.**34** 그녀의 낙
관적인 태도는 일리가 있다. 그녀는 서핑을 하지 않을 때(서핑을 할 때도)
행복을 생각한다. 행동중단을 간과하면 우리는 일정을 매끄럽게 조정
하지 못할 뿐만 아니라 행복해질 기회도 놓친다는 사실을 발견했다.

그런 발견 덕분에 나는 해야 하는 일 가운데서 어떤 것을 빼는 일을
잘할 수 있게 되었다. 나는 배달비 5달러를 아끼려고 30분이라는 시간
을 들여서 직접 피자를 가지러 갔던 부모님 밑에서 자랐기 때문에 개선
해야 할 점이 많았다.

성장 배경 외에도 나는 다른 모든 사람이 맞닥뜨리는 것과 동일한
정신적인 여러 장벽에 맞닥뜨린다. 우리가 무언가를 추가할 때는 그렇
게 추가된 것을 증명하는 구체적인 어떤 것을 얻는다. 반면에 해야 할
일을 제거하면, 우리의 일정표에는 빈자리만 남을 뿐이다. 지금까지 살
펴보았듯이, 돈이 들지 않을 때조차도 행동중단을 실천하기란 어렵다.
시간을 절약하려고 돈을 지출하는 것은 응당 대가를 치러야 하는 행동
중단 행위다.**35**

이미 밝혀진 사실이지만 시간은 투자할 가치가 있는 대상이다. 던
은, 자기 학생이던 애슐리 윌랜스**Ashley Whillans**가 진행하던 한 실험 연
구에서, 시간을 절약할 목적으로 돈을 지출하는 사람들의 비율이 충격
적일 정도로 낮다는 사실에서 자기 연구팀이 무엇을 배울 수 있을지
알아보기로 했다.**36** 던과 그녀의 동료들은 북아메리카와 유럽 출신인
6,000명이 넘는 사람들에게 자기 시간을 절약하려고 청소와 요리 그리
고 유지보수 등과 같은 일을 남에게 돈을 주고 맡겼는지 물었다. 그리
고 행동중단에 돈을 투자한 극소수 사람들의 응답은 이들의 삶의 만족

도가 상대적으로 높음을 나타냈다.[37]

이 결과를 처음 들었을 때 나는 정말 일리 있는 현상이라고 생각했다. 물론 자기 시간을 절약할 수 있는 서비스를 이용하는 사람들이 더 만족스러울 것이다. 이 사람들은 누군가에게 음식을 만들어서 자기에게 배달하도록 시킬 정도로 경제적으로 여유가 있다.

그러나 연구원들이 발견한 것처럼, 만족과 행복은 돈과 관련된 문제가 아니었다. '바쁨이라는 함정'을 피하려고 돈을 지불하는 백만장자들이 그렇지 않은 백만장자들보다 더 행복한 경향이 있었다. 최저임금으로 살아가는 사람들 경우도 마찬가지였다. 비록 수입이 부족해도 그 가운데 일부를 떼서 자기의 일정을 개선하는 데 사용한 사람들이 상대적으로 더 큰 행복함을 느꼈던 것이다. 던의 연구팀은 삶의 만족도가 상대적으로 높다는 것과, 해야 할 일이 상대적으로 적다는 것 사이에는 설득력 있는 상관관계가 있음을 밝혀냈다.

시간을 절약하기 위해 돈을 지출할 때 만족감이 높아짐을 입증하는 더 확실한 증거를 찾기 위해서 던과 그녀의 동료들은 또 다른 실험을 진행했다. 이 실험에서 연구자들은 일하는 성인들에게 2주 연속으로 40달러씩을 지불했다. 첫 주에는 실험 참가자 가운데 무작위로 선정한 집단에게 일정과 관련된 불편함을 제거하는 데 40달러를 지출하라고 지시했다. 그다음 주에는 참가자들에게 손에 잡을 수 있는 구체적인 이득을 얻는 데 그 40달러를 지출하라고 지시했다. 참가자들이 돈을 쓰기로 한 날이 끝나갈 무렵에 연구원들은 해당 참가자들에게 전화를 걸어서 돈과 시간을 어떻게 썼는지, 그리고 기분이 어떤지 물었다. 응답의 결과는 시간을 번 실험 참가자들이 더 긍정적이고 덜 부정적이며 스트레스를 덜 받는 것으로 나타났다.

45장

행동중단에 투자하는 행위는, 주어진 시간에 비해서 과중한 업무를 안고 살아가던 육군 장교들과 레슬리 펄로가 연구했던 소프트웨어 엔지니어들을 괴롭힌 시간 기근을 피하고 거기에서 벗어나는 데 도움을 준다. 개인적인 시간 기근과 바쁨이라는 함정의 위협이 충분히 강력하지 않을 때 나는 내가 해야 할 일 가운데 어떤 것을 뺄 때 생기는 여유로움을 가지고서 따로 무엇을 할 수 있을까 하는 생각을 한다. 나는 이제 액자를 벽에 걸거나 현관 난간을 고치는 일은 돈을 들여서 다른 사람에게 맡기려고 한다. 굳이 이렇게까지 하는 것은 내가 집안일에 서툴기 때문이기도 하지만, 이것보다 더 중요한 이유가 있다. 이를테면 에즈라가 나와 함께 자전거를 타고 싶어 할 때 여기에 드는 시간은 가치를 매길 수 없게 소중하다.

빼기로 혁신을 만들 수 있을까?

밴드에이드가 일회용 반창고이듯이, 스트라이더 자전거는 '균형 잡기 자전거'다. 이 자전거는 페달이 없는 자전거로 미취학 아동이 스피드를 즐길 수 있게 해준다. 우리 세대가 그 또래일 때는 자전거에서 보조바퀴를 떼어낸 뒤에야 비로소 만끽할 수 있었던 스피드를 말이다. 이 자전거의 동력은 페달과 체인을 거치지 않는다. 자전거를 탄 아이가 두 발로 지면을 차는 힘이 직접 자전거를 전진시킨다. 플린스톤 자동차◆를 타듯이 말이다.

◆　　브랜드명. 보행기와 비슷하지만 자동차 모양을 한 유아용 탈것.

165

에즈라가 두 살 때 우리 가족은 여행을 갔는데, 그때 에즈라는 스트라이더 자전거 타기를 한 시간쯤 연습한 뒤에 곧바로 오션시티의 보드워크를 내달렸다. 에즈라는 유아원에 갈 때 이 자전거를 탔는데, 약간 내리막길이긴 했지만 내가 뛰어가도 따라잡을까 말까 하는 속도로 내달렸다. 그렇다고 해서 에즈라가 자전거 타기에 특별히 소질이 있지는 않았다. 같은 유아원에 다니는 이 아이의 사촌이나 친구는 에즈라보다 스트라이더 자전거를 훨씬 더 잘 탔다. 이들과 함께 무리를 지어서 스트라이더 자전거를 타는 아이들은 저마다 멋지게 장식한 자전거를 타고 점프 구간이 적지 않은 경주로를 마치 선수가 된 것처럼 신나게 달리곤 했다.

스트라이더 자전거는 아이들의 자전거 타기 경력을 2년쯤 앞당겨주었다. 게다가 에즈라가 스트라이더 자전거를 버리고 '형들이 타는'(즉 성인용) 자전거를 타겠다고 마음먹었을 때, 우리는 보조바퀴를 단 자전거를 아이에게 권할 필요가 전혀 없었다. 아이는 이미 자전거를 타고 균형을 잡을 수 있었으니 페달을 밟는 법과 브레이크 잡는 법만 배우면 되었다.

어린이용 자전거는 거의 한 세기 동안 독특한 시장을 형성하면서 판매되었다. 그 기간 설계에 많은 변화가 있었다. 보조바퀴를 추가한다, 바닥이 평평한 타이어를 사용한다, 포크◆와 시트가 충격을 흡수하도록 만든다, 더 빠른 속도가 가능하도록 만든다, 아이의 자전거와 성인의 자전거를 마치 기차의 승무원실처럼 연결하는 기계장치를 장착한다 등

◆ 　　 자전거의 앞바퀴와 앞브레이크가 장착되는 뼈대.

이 그런 시도였다.

우리가 지금까지 배우고 또 확인했던 사실을 토대로 생각해보자. 어떤 사람이 자전거에서 페달을 빼서, 아주 어린 아이조차도 두 바퀴로 굴러가는 자전거를 탈 수 있도록 만들어서, 어린아이를 둔 부모의 구매욕을 불러일으키기까지 얼마나 많은 시간이 걸렸을지를 생각하면 그다지 놀랍지 않다.

행동중단이 시간 기근에 맞서서 성공할 확률이 희박한 것처럼, 빼기가 혁신의 어머니가 될 것 같지는 않다. 그러나 에즈라는 자기보다 몇 살 더 많은 나이에 걸맞은 스피드의 쾌감을 즐기려고 굳이 페달이 없는 자전거를 선택한다. 도무지 가능할 것 같지 않았던 그 빼기의 결과를 선택한다는 말이다.[38]

스트라이더 자전거를 발명한 라이언 맥팔랜드**Ryan McFarland**나 속이 비어 있는 블록을 발명한 안나 키클라인을 놓고 보자면 빼기가 예전보다 더 나은 제품으로 이어졌음은 분명하다. 그리고 현대적인 혁신에서는 빼기 사례가 워낙 드물다 보니, 상대적인 적음이라는 조건은 기능적으로 굳이 뛰어나지 않아도 된다. 기발하고 신기하다는 것만으로도 시장에서 통할 수 있다.

칩이 고카트를 가지고서 행동중단 장난을 쳤던 그 무렵에 나이키는 10억 달러 규모의 회사로 성장하면서 운동화 시장을 지배하고 세계 최대의 운동복 회사로 우뚝 섰다.[39] 칩과 조쉬와 나만 하더라도 만약 우리가 이미 나이키에어 운동화를 신고 있지 않았더라면 우리는 부모님에게 그 운동화를(에어포켓이 눈에 보이게 만들어진 것이면 어떤 것이든 상관없었다) 사달라고 끈질기게 졸라댔을 것이다.

그보다 10여 년 전인 1977년, 마리온 루디**Marion Rudy**는 수십 개의 신발 회사를 찾아다니면서 자기가 개발한 이 에어포켓 콘셉트를 설명하고 제안했다. 그러나 모두 퇴짜를 맞았다.**40** 늘 그렇듯이 직관적으로는 '더 적음'이 '더 많음'보다 사람들에게 덜 매력적이었다. 루디는 마침내 소규모로 특화되어 있던 신발 회사인 나이키를 찾아갔다. 나이키의 공동창업자인 필 나이트**Phil Knight**는 에어포켓 시제품을 신고 한 차례 뛰어보았고, 이 신발의 착용감이 마음에 들었다. 나이키는 이 신발을 자기들의 핵심 시장인 전문 선수들에게 팔기 시작했다. 그 뒤에는 '에어'가 나나 나의 사촌과 같은 사람들에게도 통한다는 것을 깨달았다.

약 10년 동안에는 나이키의 상대적인 적음이 사람들의 눈에 직접 보이지 않게 설계·제작되었다. 소비자는 에어가 신발 안의 어느 곳엔가 들어 있음을 그저 믿어야만 했다. 그런데 루디가 나이키에 어떤 것을 행하자 이 신발은 그야말로 날개를 달고 날아올랐다. 나이키의 상징적인 제품인 에어맥스1은 신발 밑창 한쪽에 창문을 달아서 밑창에 에어가 들어 있음을 시각적으로 보여주었다. 이 창문은 상대적인 적음을 눈에 잘 띄게 만들었으며, 이렇게 '눈에 잘 띄는 더 적음**noticeable less**'은 시장성을 입증했다.

여기 에어맥스1을 도입한 디자이너 팅커 햇필드**Tinker Hatfield**는 운동화 역사에서 결정적인 이 순간을 돌아보면서 다음과 같이 말했다.

"사람들은 다른 것을 찾고 있었어요. 에어맥스1은 밑창에 에어 창문을 달고 있었고 또 이 창문을 둘러싸는 틀의 색깔 덕분에 다른 신발들과 완전히 다르게 보였던 겁니다."**41**

더 적음이 눈에 잘 띄었다는 것이 나이키 성공의 유일한 요소는 아니다(왜냐하면 마이클 조던이 케즈를 신었더라면 나의 사촌과 나는 케즈를 찬양했을 테니까 말이다). 그 비어 있는 에어포켓에도 아마 약간의 기능은 있을 것이다. 그러나 햇필드가 언급한 차이가 도움이 되었음에는 의심의 여지가 없다. 나이키가 채택한 빼기는 운동화에 관한 매우 신선한 충격을 우리에게 주었다.

라이언 맥팔랜드는 자전거 타기의 즐거움을 나이가 어린 인구 집단으로 확대하려고 빼기라는 행동을 선택했다. 팅커 햇필드는 신선한 충격으로 사람들에게 놀라움과 즐거움을 안겨주는 어떤 차이를 창조하기 위해 빼기라는 행동을 선택했다. 여기에서 나는 빼기를 선택하는 혁신가가 과연 소수일 뿐인지 궁금했다.

구글은 미국에서 발행된 특허 관련 데이터베이스를 보관하고 있다.**42** 특허 제도는 제품이나 프로세스 또는 기계로의 전환 등의 모방을 인식하고 또 이런 모방 행위를 막는다. 나는 해당 특허로 이어지는 변화들을 우리가 과연 일반화할 수 있을지 궁금했고, 이 궁금증을 해소하려고 특허권을 묘사하는 컴퓨터화된 텍스트를 분석했다. 어떤 특허에서 '더한다'와 '더 많은'이라는 단어들을 반복적으로 사용하는 설명은 변화에 대한 어느 하나의 접근법을 가리키는 반면에, '뺀다'와 '더 적은'이라는 단어들을 반복적으로 사용하는 설명은 변화에 대한 또 다른 접근법을 제시한다.

이런 추정은 유용한 통찰로 이어졌다. 여기에는 당시 박사 과정 학생이던 케이틀린 스텡거Katelyn Stenger와 당시 학부 2학년생이던 클라라 나Clara Na의 도움이 컸다. 케이틀린과 클라라는 먼저 **더하기와 빼기**에 가장 가까운 동의어 아홉 개씩을 찾았다.**43** 그다음에 두 사람은 텍스트를 분석하는 어떤 프로그램의 도움을 받아서 특허를 설명하는 단어 수십억 개를 스캐닝했고, 더하기와 빼기의 동의어가 사용되는 모든 경우를 기록했다. 이 컴퓨터화된 접근법은 물론, 우리가 '뺀다'의 동의어로 정한 단어들을 사용하지 않았지만 실제로는 빼기 방식을 동원했다고 판단할 수 있는 몇몇 특허를 놓쳤을 수 있다. 그러나 이런 오차는 전체 결과에 영향을 미치지 않는 범위였다.

우리가 찾아낸 몇몇 특허들은 너무 훌륭해서 믿을 수 없을 정도다. 더하기의 좋은 사례는 다음과 같다.

다단계 / 다중 한계 / 다중 지속성 GPS / GNSS 원자 시계 모니터링

빼기가 강조하는 내용은 다음과 같다.

유방의 볼륨을 강화하면서도 어깨끈 혹은 심지어 끈 자체가 없는 브래지어

그렇다. '어깨끈 혹은 심지어 끈 자체가 **없는**' 브래지어에서 유방의 볼륨을 **강화**한다는 것에서 우리는 더하기와 빼기를 **동시에 생각하는** 어떤 혁신가의 모습을 엿볼 수 있다.

우리가 확인한 결과는 재미있는 수준을 넘어 의미 있는 내용을 담고 있었다. 온라인으로 확인이 가능한 40년 이상 축적된 특허에서는 더하기 동의어가 빼기 동의어보다 약 세 배 많이 사용되었다. 게다가 이

불균형은 시간이 지날수록 점점 커진다. 1976년 이후로 빼기를 가리키는 단어는 비교적 제자리걸음을 했던 반면에, 더하기를 가리키는 단어는 거의 두 배로 늘어났다. 특허를 설명하는 말들은 통상적인 단어 사용의 일반적인 패턴을 반영하지 않았다. 특허를 설명하는 본문에서는 우리가 빼기의 동의어로 선정한 단어들이 우리가 더하기의 동의어로 선정한 단어들보다 사용 빈도가 훨씬 낮았다. 그러나 신문기사들을 놓고 보자면 이 빈도가 반대로 나타났다.

이 연구 결과만을 토대로 한다면 더하는 것이 특허를 얻기에는 유리한 방식일지도 모른다고 추정할 수도 있다. 혁신가들은 빼기를 무시하거나 소홀하게 여기지 않으면서도, 자기가 진행하는 프로젝트 제목에 '멀티'라는 단어를 넣을수록 그만큼 그 프로젝트가 승인될 가능성이 높은 시스템에 대응하기 위해 더하기 동의어를 많이 사용하는지도 모른다. 그렇긴 하지만, 특허의 패턴은 여행 일정 짜기나 레고 블록이나 격자 패턴에서 관찰했던 더하기 행동과 매우 비슷하게 보인다. 그래서 이 패턴은 사람들이 더 나은 변화를 선택하지 못하도록 발목을 잡는다.

자본주의에서도 빼기는 이익이 된다

현대에 더하기 추세가 진행되는 것을 놓고 보자면, 빼기가 힘을 쓰지 못하는 현상은 상대적인 적음이 자본주의 시장에서는 그만한 보상을 안겨주지 못한다는 기본적인 문제 때문이 아닐까 싶다. 어쨌거나 자본주의의 핵심적인 특징은 자본 축적이고, 이것은 기본적으로 더하기의 과정이기 때문이다.

빼기를 무시하려는 노력을 중단하려는 어떤 시도도 성과를 거두기 어렵다. 그렇게 했다가는 자본주의라는 시스템 자체가 무너지기 때문이다. 생산자들이 빼기에 집중한다면 쪽박을 차기 십상이다. 부두 노동자이자 사회운동 활동가였던 레오 로빈슨은 자본주의 시스템에 반대하던 공산주의자였다. 나도 내 집의 건축면적을 줄이는 것에서는 경제적인 이득을 얻을 수 없었다.

지금까지 우리는 빼기가 어떻게 보탬이 될 수 있는지 살펴보았다. 페달이 없는 자전거와 속이 빈 벽돌, 나이키에어처럼 다른 것들과 다르다는 유쾌한 놀라움을 통해서이긴 하지만 말이다. 수 비어만과 아파르트헤이트 제도에서 추방된 사람, 리즈 던의 연구 실험에 참가했던 사람들은 경쟁 시장을 이용하여 우리 할머니 세대가 원하던 것과 똑같은 번영을 계속 추구할 법을 찾았다.

우리가 왜 빼기를 소홀히 하는지 이해하는 것에서 벗어나 어떻게 하면 더 적은 것을 더 잘 찾을 수 있을까 하는 쪽으로 논의의 초점을 옮기면서, 우리가 가장 최근에 들었던 예시들의 경우에는 어떻게 되었는지 살펴보자.

라이언 맥팔랜드는 인스타그램 @striderdad에 수많은 팔로워를 거느리고 있다. 그는 자기가 고안한 자전거를 언제 어떻게 처음 머리에 떠올렸는지 설명하면서 "내 마음속에 깃들어 있던 부성애가 아들이 성공하도록 돕고 싶어 했고, 또 내 마음속에 깃들어 있던 레이서 본능이 아들에게 더 나은 자전거를 만들어주고 싶어 했다"라고 말했다.[44] 정신적인 습관과 문화 사이의 상관성 분야를 개척한 심리학자 헤이즐 로즈 마커스도 아마 자랑스럽게 여길 것이다.

또한 맥팔랜드는 빼기를 바라볼 수 있는 또 다른 모범을 제시했다. 사람에 초점을 맞추는 방법이었다. 그렇다고 해서 다른 발명가들이 사람을 완전히 간과한다는 말은 아니다. 기술 즉 혁신가들이 만들어낸 것들은 사람을 위한 것임에도 불구하고, 이것 자체가 사람 대신 관심의 초점이 되는 경향이 있다는 사실을 강조하려는 것이다.

숨어 있던 더 적은 것을 찾아내기 위해서 맥팔랜드가 빼기를 어떻게 했는지 설명하는 내용을 다시 살펴보자.

페달에서 크랭크를 거쳐 베어링, 체인, 톱니로 이어지는 동력 전달 과정을 살피면서 나는 이것들이 무척이나 무겁고 또 복잡하다는 생각이 들었다. 그래서 잠시 멈추어서 어떻게 하면 동력 전달 과정을 간단하게 만들 수 있을지 곰곰이 생각했다.

동력 전달 과정을 가볍게 만드는 방법과 관련해서 어떤 생각을 했는지 맥팔랜드는 계속해서 다음과 같이 묘사했다.

'부속품에 구멍을 뚫으면 어떻게 될까?' '일부를 떼어내면 어떻게 될까?' 그러다가 마침내 이런 생각에 다다랐다. '동력 전달 과정을 아예 몽땅 빼버리면 어떻게 될까?'[45]

여기까지 맥팔랜드는 오로지 자전거만 생각했다. 그러나 마지막의 빼기 질문에 대한 답이 '괜찮다'라는 것을 알기 위해서는 사람을 생각해야만 했다.

맥팔랜드는 자기가 단지 자전거를 바꾸려는 것이 아님을 깨달았다. 이제 두 살인 자기 아이, 그리고 자기와 아들이 함께 할 수 있는 경험도 함께 생각하고 있음을 깨달았다. 그렇게 사람을 고려하는 순간, 비록 두 살밖에 되지 않은 아이지만 스스로 자전거를 앞으로 나아가게 할 힘은 충분히 있다는 사실이 선명하게 떠올랐다. 사람에 초점을 맞춤으로써, 그는 두 살짜리 아이도 자전거를 탄 자세에서 균형을 잡을 수 있다는 사실을 발견했다.

어린아이가 자전거 페달을 밟는 힘과 이 힘을 조절하는 능력을 개발하는 데는 적어도 만 네 살이 지나야 한다. 그러나 페달을 밟지 않고 균형만 잡는 것이라면 만 두 살만 넘으면 제법 가능하다는 사실이 밝혀졌다. 두 바퀴의 자전거를 타고 균형을 잡는 기술은 그때까지만 하더라도 두 살짜리 아이가 할 수 있으리라고는 상상도 못하던 기술이다.

에즈라가 페달 없는 자전거를 타고서 자기 고모할머니가 있던 수녀원 마당을 빙빙 돌자, 놀란 할머니는 스트라이더 자전거에 도대체 어떤 기술이 숨어 있기에 아이가 자동적으로 중심을 잡을 수 있는지 설명해달라고 나에게 물었다. 아닌 게 아니라 엔지니어들도 사람처럼 똑바로 서서 걸으며 균형을 잡을 수 있는 기계를 만들기 위해 오랜 세월 연구했다. 팔순 나이의 수녀들조차 그 자전거를 타기만 하면 너무도 쉽게 균형을 잡을 수 있자, 에즈라의 고모할머니는 자동적으로 균형을 잡아주는 기술이 분명히 자전거에 내장되어 있으리라고 생각했다. 그러나 보이지 않는 그 위대한 균형의 힘은 자전거가 아니라 그녀의 손자에게 있었다. 자전거를 타는 에즈라의 얼굴에 묻어나는 진지함과 뿌듯함으로 보건대 아이는 자기 솜씨가 무척 자랑스러운 게 분명했다.

상대적인 많음이 하나의 도덕 지표로 자리를 잡자, 응용과학의 전망은 트루먼이 대통령 취임사를 읽은 뒤로 강력한 힘을 얻었다. 성장은 더 나은 미래를 향해 나아가는 길이었다. 기술도 마찬가지였다. 원자폭탄 개발을 목표로 했던 맨해튼계획 **Manhattan Project**은 2차 세계대전을 끝내는 데 도움을 주었다.

트루먼은 전 세계 사람들에게 새로운 기술을 개발과 재건 쪽으로 이끌자고 독려했다. 그는 "우리는 우리가 가진 기술적 지식 저장고의 혜택을 평화를 사랑하는 사람들에게 제공해야만 합니다"라고 말하면서 다른 나라들도 이 사업에 그들이 가진 기술 자원을 모아야 할 것이라고 촉구했다. 그는 "우리가 가진 기술 지식에 관한 헤아릴 수 없을 정도로 많은 자원은 끊임없이 늘어나고 있으며 또 무궁무진합니다"라고 자랑했으며, 더 많은 것에 대한 전망을 기술을 향한 자기의 사랑과 연결시켰다.

"더 많은 생산의 열쇠는 현대의 과학적·기술적 지식이 더 널리 그리고 더 열성적으로 적용되는 것입니다."**46**

나는 트루먼이 말한 것 가운데 어느 것에도 반대하지 않는다. 적어도 기술을 '과학을 가지고서 무언가를 하는 것'으로 정의한다면 말이다. 이 경우에 원자폭탄은 기술이고, 레슬리 펄로의 '조용한 시간'도 마찬가지다. 그러나 기술을 단지 우리가 만드는 기계로 잘못 해석할 때, 우리는 사람에 맞추어져야 하는 초점을 놓쳐버릴 수 있다.

중요한 것에 초점을 맞추면, 일반 자전거에서 페달을 제거하는 게 옳음은 명백해진다. 어느 날엔가 에즈라가 페달 없는 자전거를 타고 달려갈 때 나는 아들에게 이렇게 말했다.

"너는 참 운이 좋다. 내가 자랄 때는 스트라이더 자전거라는 게 없었거든."

그런데 그때 돌아온 아이의 대답이 걸작이었다.

"그때는 스패너도 없었나요?"

스패너는 우리 때도 무척 많았다. 그러나 라이언 맥팔랜드가 나타나기 전에는 아무도 페달 없는 자전거를 타지 않았다. 맥팔랜드가 처음으로 그 일을 했고, 그 뒤로 스트라이더 자전거는 200만 대 넘게 팔렸다. 그의 비영리단체는 수백만 달러에 상당하는 현금과 상품과 시간을, 더 많은 아이가 자전거를 탈 수 있도록 하는 데 기부했다. 물론, 자본주의는 더하기에 보상을 해준다. 그러나 맥팔랜드가 우리에게 상기시키듯이, 그것은 더하기만이 아니라 '더하기 **그리고** 빼기'다. 빼기에는 많은 이익이 널려 있다. 특히 돈이 아니라 그 뒤에 있는 사람을 생각할 때면 더욱 그렇다.

풍요의 시대, 빼기에서 더 많은 것을 얻을 수 있다

기념물과 주택 개조부터 특허와 시간 기근까지, 기본적인 이야기 구조는 동일하다. 경제적 요인은 생물학적 요인과 문화적 요인을 강화한다. 그래서 결국 우리가 했던 연구 실험에 참여한 60명 가운데 단 한 명만이 레고 블록의 구조물을 개선하는 과제에서 빼기라는 행동 방식을 선택하게 되었다.

더하기를 통한 강화는 강력할 수 있지만 되돌릴 수 없으며, 때로 이 강화 효과는 빼기에서도 나타난다. 지금까지 살펴본 것처럼 어떤 단서나 관점이 제시되기만 하면 우리는 빼기를 더 많이 생각할 수 있다. 빼기를 더 많이 생각할수록, 상대적인 적음을 포착할 가능성은 더 많아지고, 뇌의 신경 경로들은 더 많은 자극을 받고, 또 우리는 빼기 위해서 더 많이 생각할 것이다.

한편, 사람들의 더하기 본능과 더 많은 것을 추구하는 문화, 그리고 성장의 경제 때문에 지금 우리는 빼기에서 많은 것을 얻을 수 있게 되었다. 미국 환경보호국의 리사 잭슨 국장이 단행했던 우유 빼기는 낡은 법 규정을 빼는 것에 소홀했던 행정 과정을 개선해서 낙농업 농가에 많은 혜택이 돌아가도록 했다. 레슬리 펄로가 추천했고 내 사촌 칩이 어린 시절에 실행했던 행동중단은 특이함 때문에 더 효과적이었다. 할렘에 있는 포켓 파크든 사바나의 광장이든 혹은 마야 린의 베트남 재향군인 기념관이든, 물리적 빼기의 영향은 그 장소를 둘러싸는 공간, 즉 장을 추가함으로써 더 강화된다. 모두가 더하기만 하고 있을 때 빼기라는 반대 기술을 구사하는 사람에게 보상이 돌아간다.

지금 우리는 빼기가 우리의 도전 과제임을 인식하고, 또 이것을 존중한다. 2부에서는 그 과제를 직접 실천해보자.

어떻게 빼기를 적용할 것인가

2부

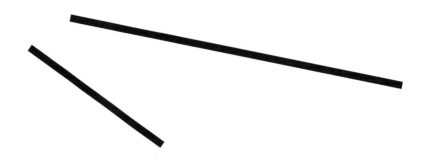

5장   더 적은 것이 탁월하다

'충족함 이후의 더 적음'으로 나아가기

"짧은 편지를 쓸 시간이 없어서 긴 편지를 쓰고 말았습니다."
마크 트웨인이 썼던 글이라고 자주 인용되는 문구다. 트웨인이 실제로
이 말을 했거나 썼다는 기록은 없지만, 비슷한 것은 많이 있다. 또 아는
것이 많지 않아서 글을 많이 쓴다고 했던 사람도 많다. 정치가 키케로,
과학자 파스칼, 수필가 소로, 정치가이자 과학자이며 수필가였던 벤저
민 프랭클린 등이 그랬다.[1] 내가 가장 좋아하는 버전은 존 로크의 버전
이다. 그는 자기가 들이는 노력을 의심함으로써 세상을 계몽시켰기 때
문이다. 그는 이렇게 말했다.

"솔직히 고백하자면, 나는 지금 너무 게으르거나 너무 바빠서 그것
을 더 짧게는 도저히 쓸 수 없습니다."[2]

글을 쓰는 일에서든 혹은 생각이나 물건을 만드는 일에서든 간에 충분히 오래 그냥 내버려두는 선택이 가장 쉽거나 가장 현실적이다. 노벨경제학상을 받은 경제학자 허버트 사이먼Herbert Simon은 '이만하면 충분히 좋은 상태'에서 멈추려는 경향이 만연하다는 것을 발견했다. 그는 이런 경향을 만족함satisfying과 충분함sufficing의 합성어인 '충분해서 만족함satisficing'◆이라고 명명했다.3

사이먼이 발견했듯이, 어떤 것을 개선하는 것이 이론적으로는 가능하지만 그렇게 하기가 너무 힘들거나, 그런 노력을 기울일 가치가 없거나, 굳이 그렇게까지 할 필요가 없기 때문에 사람들은 보통 그 수준에서 그냥 만족한다. 이런 경우에 완벽하지 않은 만족감은 완벽하게 이치에 맞다. 이것은 목표로 나아가는 가장 빠른 길이다. 식료품점에서 물건을 살 때 나는 고기가 들어 있지 않고 가격이 5달러도 안 되며 에즈라의 일일 나트륨 섭취량을 권장 범위 이내로 유지하고 싶은 내 마음에 동조하는 파스타 소스가 있으면 맨 처음 눈에 띈 제품을 무조건 산다. 물론 시간을 조금 더 들여서 꼼꼼하게 둘러보며 몸에 더 좋고 가격은 더 싼 소스를 살 수는 있겠지만, 나는 굳이 그렇게 하지 않고 곧바로 파스타 면이 진열된 매대로 간다.

충분히 좋은 상태에서 멈추면 노력의 낭비를 막을 수 있다. 그러나 조심하지 않으면, 노력만 들이면 더 많은 보상이 보장되는 상황임에도 미처 빼기를 생각하지 못할 수 있다. 앞에서 언급한 마크 트웨인의 편지만이 아니다. 스트라이더 자전거를 생각해보라. 보통의 자전거는 보

◆ 이하 '충분해서 만족함'을 '충족함'이라고 표기한다. 통상 '만족화'로 번역되기도 한다.

조바퀴가 달린 자전거보다 부품이 적지만, 자전거를 처음 타는 사람이라면 이 자전거로는 균형을 잡을 수 없다. 이런 상태는 '충족함 이전의 더 적음pre-satisfied less'이다. 이것을 존 로크의 표현을 빌려서 '게으른 더 적음lazy less'이라고 부르자. 페달과 보조바퀴가 달린 자전거는 자전거를 처음 타는 사람이 넘어지지 않고 균형을 잡을 수 있어서 좋다. 그러나 라이언 맥팔랜드가 만든 스트라이더 자전거는 자전거를 처음 타는 사람을 더 효과적으로 도와줘서, 충분히 좋은 수준을 넘어서서 훨씬 더 좋은 상태를 만들어낸다. 우리는 바로 이 '더 많음을 넘어서는 더 적음' 즉 '충족함 이후의 더 적음post-satisfied less'에 관심이 있다.

'충족함 이후의 더 적음'에 도달하려면 더 많은 단계가 필요하다. 충분히 좋은 수준을 넘어 더 나은 상태에 도달하려고 하더라도 우리는 '더 적음에 저항하는anti-less' 요인, 즉 빼기를 소홀하게 여기는 경향, 더하기 본능, 상대적인 많음이라는 복음을 토대로 건설된 사회까지, 낯익은 요인과 마주친다. 다른 말로 하면, 추가로 들이는 노력이 '충족함 이후의 더 적음'을 가져다줄 수 있지만, 빼기에 실패할 경우 그 추가 노력은 '충족함 이후의 더 많음'을 가져다줄 수 있다.

우리는 이런 상황을 바꿀 수 있다. 더하기 세상을 살펴보았기에 지금은 우리가 어떻게 빼기에 소홀해졌는지 잘 안다. 어쩌면 프랭클린이나 로크도 결코 도달하지 못했던 수준까지 잘 안다고 말할 수도 있다. 이러한 인식으로 무장했기에 우리는 균형점을 찾아서 계속 나아갈 수 있다. 어떻게 균형점을 찾을 수 있을까? 어떻게 하면 다른 사람들이 이런 깨달음을 얻게 할 수 있을까?

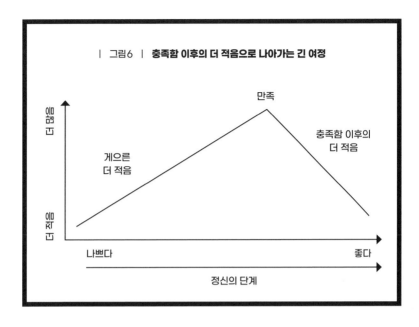

| 그림6 | **충족함 이후의 더 적음으로 나아가는 긴 여정**

빼려면 먼저 더해야 한다

통계학자 에드워드 터프티Edward Tufte는 더 적음을 발견하고 그 내용을 공유한다. 터프티의 대면 세미나 강연에 돈을 내고 참석한 사람이 20만 명이나 되며, 그가 낸 다섯 권의 책은 수백만 부나 팔렸다. 터프티는 예일대학교의 정치학 교수였지만 지금은 정보 설계information design 분야의 최고 권위자이다. 정보 설계는 그가 수학과 과학을 그래픽 설계와 접목하여 개척한 분야다.4 세미나와 책에서 터프티는 효과적인 정보 설계의 사례들을 해체해서, 정보가 컴퓨터 화면, 도로 표지판, 책 속에 실린 그림 등 어떤 방식으로 표시되든 공통적으로 적용되는 원리가 있음을 찾아냈다.

터프티는 오랜 기간을 통해서 검증된 정보 공유의 이 원리들을 가지고서, 다른 사람들이 충분히 좋은 수준에서 머물지 않고 더 나은 상태로 나아갈 수 있도록 지원한다.

터프티가 말한 원리 중 몇몇은 더하기에서 비롯되는 문제를 식별한다. 그는 쓰레기를 뜻하는 '정크'와 '차트'를 합성해서 '차트정크chart-junk'라는 단어를 새로 만들었다. 이것은 '정확한 도표를 작성하는 데 산만하기만 하거나 아무리 좋게 보더라도 쓸모가 없는 것'을 가리키는 단어다.[5] 차트정크는 2차원 데이터, 추가되는 격자선, 지나치게 강조된 가로축과 세로축, 덜 중요함에도 동일한 가중치로 표시되는 라벨이나 수치 등을 3차원으로 호출한다. 다음의 [그림 7]은 앞에서 소개한 [그림 6]에서 차트정크를 뺀 것으로, 차트정크를 빼버릴 때 메시지가 얼마나 더 명확하게 드러나는지 보여준다.

차트정크를 빼는 것은 터프티가 설정했던 더 큰 그래픽 목표인 '잉크 대비 정보의 비율'을 극대화하는 한 가지 방법이다. 터프티의 이 비율은 더하기와 빼기를 더 균형적으로 사용하도록 장려하는데, 이 비율은 누구나 자기가 만드는 도표나 이미지를 손쉽게 평가하고 수정할 수 있는 편리한 수단이다. 잉크 대비 정보의 비율을 극대화하기 위해 노력할 때 우리는 정보를 추가하고 **그리고** 잉크를 뺄 수 있다. 잉크를 빼는 것을 터프티의 표현을 빌리면 다음과 같이 된다.

"정보를 제공하지 않는 잉크를 지워라. 정보를 제공하는 잉크 중 중복되는 것을 지워라. 수정하고 또 편집하라."[6]

잉크 대비 정보의 비율을 극대화할 때, 공유되는 정보는 단순히 기대치를 충족하는 것을 넘어서서 더 많은 것을 수행할 수 있다. 특히 그 공유 정보는 예상치 않았던 통찰을 우리에게 가져다줄 수 있다. 이런

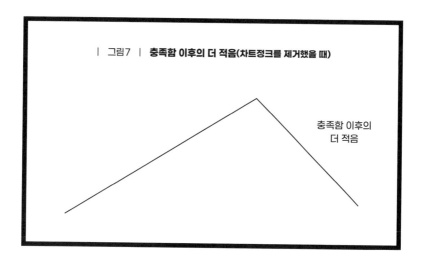

| 그림7 | **충족함 이후의 더 적음(차트정크를 제거했을 때)**

충족함 이후의
더 적음

사례로 터프티는 마야 린의 베트남 재향군인 기념관을 든다. 린이 주장했던 대로 전사자들의 이름을 (알파벳 순서가 아니라) 사망 시점 순서로 새김으로써 베트남전쟁의 범위와 진행까지도(굳이 그 내용을 따로 기념벽에 새기지 않더라도) 함께 드러난다는 것이다.

충족함을 넘어서는 짧은 글을 쓰려면 더 많은 노력이 필요하다. 잉크 대비 정보 비율을 최대화하는 그래픽도 마찬가지다. 그러나 그 노력은 충분히 그럴 만한 가치가 있다. 이것이 터프티의 조언이 야심찬 디자이너와 예술가와 과학자에게 가르침을 주는 이유이고, 또 〈블룸버그〉가 터프티를 '그래픽 분야의 갈릴레이'[7]라고 부르는 이유다. 터프티는 조각에서 빼기 기술에 손을 댔으므로 나는 그를 〈뉴욕타임스〉가 그랬던 것처럼 '데이터계의 다빈치'[8]라고 생각한다.

빼기의 결과물은 어떤 모습일까?

나는 건축가 케이트 오르프Kate Orff를 '사물계의 터프티'라고 생각한다. 터프티가 우리에게 '충족함 이후의, 정보에서 빼기'를 가르치는데, 오르프는 우리가 각자 자기 상황에서 그것을 어떻게 실행하는지 보여주기 때문이다.

빼기를 머리에 떠올리는 데 더 많은 정신적인 단계가 필요한 것과 마찬가지로 빼기를 실행하는 데도 더 많은 물리적인 단계가 필요하다. 글을 쓸 때 중복되는 문구를 빼려면, 우선 그것을 먼저 썼어야 한다. 콜리어 형제가 살았던 할렘의 저택을 철거하려면 우선 어떤 사람이 먼저 그 저택을 지었어야 한다. 물이 흐르는 개천을 드러내려면 어떤 사람이 먼저 그 개천이 보이지 않도록 덮었어야 한다.

1833년 초여름만 하더라도 미국 켄터키주 렉싱턴에는 약 6,000명이 살았다.[9] 그런데 가을까지 500명이 넘는 주민이 콜레라로 사망했다. 운이 좋은 사람은 금방 숨이 끊어졌지만, 그렇지 않은 사람은 며칠 동안 고통스럽게 사경을 헤맸다. 이 사람들은 자기 뇌가 탈수되는 상황을 또렷하게 느껴야만 했다. 얼마나 고통스러웠을까? 시체가 쌓이는 속도는 시체가 묘지에 묻히는 속도보다 빨랐다. 콜레라로 부모를 잃은 고아들은 거리를 배회하며 구걸했다.[10]

다른 많은 도시와 마찬가지로 렉싱턴은 강을 끼고서 성장했다. 타운브랜치크릭(샛강)이 식수와 농업용수를 제공하고 방앗간에 동력을 제공하며 렉싱턴에 생명을 불어넣었다. 그런데 이 샛강이 홍수로 범람하자 범람한 물이 사람의 배설물 그리고 방목되던 돼지나 소 등 가축 인분과 섞였다. 게다가 렉싱턴 전역의 암반은 구멍이 많은 석회암이었기에 오염된 물이 도시 전체의 우물에 공급되는 지하수로 스며들었다. 타운브랜치크릭이 넘치지만 않았더라도 렉싱턴에서 그 많은 콜레라 사망자가 나오지 않았을 것이다.

사람들은 렉싱턴을 관통하는 타운브랜치크릭을 따라 이어지는 통행로를 통제했다. 또 물길을 유도하고 범람을 막으려고 수로를 여기저기 만들었다. 건물과 공장과 도로가 타운브랜치크릭 위에 건설되면서 이 천변은 조금씩 복개되었다.[11] 개천이 바깥으로 드러난 곳이 몇 군데 있었지만, 거기가 개천인지 배수구인지 언뜻 봐서는 잘 구분되지 않았다.

이것이 21세기에 들어선 렉싱턴의 모습이었다. 이제 렉싱턴의 인구는 30만 명에 육박했으며 도시의 지도자들은 도심지의 환경을 어떻게 하면 개선할 수 있을까 고민했다. 그들은 2013년에 도시를 개선할 디자인 공모전을 열었으며, 도시 재생 분야에 전문성을 가진 대형 설계회사들이 응모하도록 상금도 두둑하게 내걸었다.

당선작을 낸 회사는 뜻밖에도 케이트 오르프가 운영하는 작은 회사인 스케이프**SCAPE**였다.[12] 오르프와 그녀의 회사가 렉싱턴을 바꾸어가면서 그녀와 스케이프는 세상 사람들에게 낱낱이 알려졌다.

오르프의 렉싱턴 재생 계획은 타운브랜치공유지**Town Branch Commons**로 불렸는데, 이 계획의 대상은 도심을 관통하면서 3킬로미터 넘게 이어지는 이 강의 공공 공간이었다. 콜레라 사태 이후의 개선 작업이 그랬던 것처럼 오르프의 프로젝트는 홍수를 통제하고, 타운브랜치크릭의 수질을 개선하자는 것이었다. 이 프로젝트에는 녹지 공간을 마련하는 것과 렉싱턴 시내와 렉싱턴 주변의 말 목장을 연결하는 다용도 산책로를 설치하는 것이 포함되었다. 전략적으로 배치된 곳곳의 연못과, 석회암을 잘라서 만든 곳곳의 인공폭포 덕분에 렉싱턴 도심은 물이 제공하는 편안한 다독임의 아름다움을 품을 수 있었다.[13]

오르프의 응모작은 '충족함 이후의 더 적음'을 연구한 것이었다. 렉싱턴 사람들은 도시를 충분히 좋은 상태로 만들기 위해서 타운브랜치크릭을 통제할 목적으로 하수로와 수로를 추가했고, 샛강을 도로와 건물로 덮어서 보이지 않게 했다. 사실 이런 하천 복개 작업은 어디에서나 일어났다. 예컨대 미네타브룩(샛강)은 그리니치빌리지의 거리 아래 복개되어 있는데, 여기는 할렘의 콜리어형제공원에서 남쪽으로 몇 킬로미터 떨어진 곳이다.[14] 또 아슬레이크릭(샛강)은 수 비어만의 샌프란시스코 아래로 흐른다.[15] 이처럼 강을 도로와 건물로 덮으면 주변의 위생 상태가 개선되고 부동산 가치도 높아진다. 비록 다양한 생물종의 서식지 훼손이나 하류에서 발생하는 홍수 같이 의도하지 않은 결과가 나오기도 했지만, 콜레라가 도시를 파괴하는 것을 막음으로써 만족한 상태의 수준을 더 높였다.

21세기 렉싱턴을 개선하겠다는 오르프의 설계안은 더하기 **그리고 빼기를 함께** 수행하는 것이었다. 그녀는 다용도로 사용될 길을 만들기 위해 콘크리트를 제거했다. 또 석회암을 파내어 연못과 인공폭포를 만들었다. 그녀의 설계안은 도심에서 발생하는 홍수를 방지함으로써 기대에 부응할 뿐만 아니라, 사람들을 땅과 물과 다시 연결함으로써 애초의 기대치를 초과해서 훨씬 더 높은 새로운 기대치를 설정한다.

인위적으로 조성된 렉싱턴의 도심 건물들에 비해서 타운브랜치공유지는 매우 자연스러워 보인다. 그리 큰 노력을 들이지 않은 것처럼 보일 수도 있다. 예컨대 이 공유지의 서쪽 끝에 새로 조성된 공원은 뉴

욕의 센트럴파크처럼 렉싱턴이 처음 탄생할 때 이미 만들어졌던 오아
시스라는 오해를 받을 수도 있다. 도심을 구불구불하게 흐르면서 사람
들을 끌어모으는 이 녹색 공간은, 마치 사바나에 계획적으로 설치된 광
장들처럼, 도시가 처음 시작될 때부터 도시와 조화를 이루도록 조성된
것처럼 보였다. 그러나 이 게으른 공간은 사실상 빼기의 결과물이다. 렉
싱턴에서 볼 수 있는 상대적인 적음은 케이트 오르프의 전망과 노력의
결과물이다.

'충족함 이후의 더 적음' 상태에 도달하기 위해서 오르프와 그녀의
동료들은 더 많은 일을 해야 했다. 그들은 수로관, 펌프, 콘크리트, 물
을 통제하는 데서 효과가 검증된 다른 모든 시도를 생각해야 했다. 또
장(공간)을 바라보아야 했다. 또한 렉싱턴의 독특한 석회암 지질, 시골
의 푸른 목초지 환경, (라이언 맥팔랜드가 그랬던 것처럼) 사람과 사람의 미
래를 생각해야 했다. 오르프는 이 모든 것을 고려하기 위해서 단기적
인 차원의 편익을 희생했음이 분명하다. 전문 설계자가 응모전에 공모
한다는 것은 그만큼 노력과 시간을 많이 들인다는 뜻이다. 가족이 먹을
파스타 소스를 고를 때는 그저 충분하게 좋은 수준이기만 하면 되지만,
케이트 오르프의 렉싱턴 재생 계획에서 이런 기준은 절대로 용인될 수
없었다.

추가로 들인 생각은 헛되지 않았다. 오르프가 응모한 당선작을 실제
로 실현할 건축 자금을 조성할 때, '충족함 이후의 더 적음'은 충분히 제
몫을 했다. 그 설계안은 연방 보조금으로 2,000만 달러 이상, 주 예산으
로 700만 달러 이상, 지역에서 1,200만 달러를 힘들이지 않고 금방 모
았다. 자금이 확보되자 렉싱턴을 물리적으로 바꾸는 공사는 2020년 초

에 시작되었다.

지금 오르프의 회사는 밀려드는 일감 때문에 정신을 못 차릴 정도다. 렉싱턴 도시 재생 공모전에 당선된 뒤로 오르프는 다음번에 들이닥칠 폭풍에서 뉴욕 시민을 보호하기 위해서 도로를 없애고 자연 시스템을 복원하는 한편, 브루클린의 해안가에 그린웨이를 설계했다. 서쪽 끝에 있는 캘리포니아의 베이에어리어에서는 알라메다크릭(샛강)을 '잠금 해제'하고 있는데, 인간이 만든 장벽을 제거하여 침전물이 예전처럼 다시 샛강을 따라 흘러서 갯벌 생태계에 풍부한 영양을 공급하게 한다.

'충족함 이후의 더 적음' 상태에 도달하려면 이미 더하기를 한 상태여야 한다는 조건이 전제된다. 즉 강의 물길을 새로 내든지, 어떤 주장을 논리적으로 정식화하든지, 어떤 도표를 그리든지 하는 작업이 이미 완료된 상태여야 한다. 아무것도 없는 상태에서 출발하는 것이 아님을 인정하는 것이 중요하다. 어떤 일을 먼저 더했다는 사실은 빼기라는 행동을 선택하는 데 정신적인 장애물로 작동하기 때문이다.

어떤 일이 이미 이루어진 것을 볼 때 우리는 그것을 그냥 내버려 두는 경향이 있다. 그러나 재창조를 하는 데는 필요한 것이 있다. 그 일을 하지 않으면 어렵고 골치 아픈 문제가 너무 많아질 수 있다. 만족해하는 수많은 사람은 "고장이 나지도 않았는데 굳이 고치겠다고 나설 필요까지는 없지 않느냐"라고 말한다. 더하기가 먼저 이루어졌다는 상황은 존 로크를 게으른 사람으로 만들기에 충분하다. 더 적음을 추구하는 데는 별도의 노력이 필요하다.

눈에 잘 띄려면 빼라

거기까지 가는 것이 고비다. 우리는 또한 우리가 깨달은 '충족함 이후의 더 적음'을 다른 사람들이 깨닫게 할 필요가 있다. 우리가 더 나은 것으로의 변화를 만들었음을 우리의 청중, 고객, 친구, 가족이 인정하게 할 필요가 있다. 케이트 오르프가 렉싱턴 도심에서 사회기반시설을 **제거**할 것을 제안함으로써 디자인 공모전에서 당선된 비결은 바로 '눈에 잘 띔**noticeability**'이었다. '눈에 잘 띄는 더 적음**noticeable less**'은 바라보는 사람들이 게으름으로 오해하지 않을 터프티 식의 슬라이드를 만드는 방법이다.

좋은 글은 바로 이 원리를 잘 보여준다. 전문가나 사례나 연구 논문은 모두 더 적음이 객관적으로 더 낫다는 동일한 내용을 주장한다. 바로 이것이 마크 트웨인과 그의 전임자들이 인정했던 것이다. 이것은 또 어니스트 헤밍웨이가, 무엇이든 생략할 수 있고 이렇게 생략한 부분이 전체 이야기를 강화한다는 이론**16**을 근거로 자기가 쓴 단편소설들에서 원고의 일부를 일부러 **뺐던** 이유의 본질이기도 하다.**17** 심리학자 대니얼 오펜하이머**Daniel Oppenheimer**는 논문 '쓸데없이 박식함을 늘어놓을 때 나타나는 결과**Consequences of Erudite Vernacular Utilized Irrespective of Necessity**'에서 연구 조사 데이터가 드러내는 사실도 더 적은 것이 더 낫다는 것이라고 결론을 내렸다.**18**

책을 읽지 않고는, 적어도 스트렁크와 화이트가 쓴 책을 읽지 않고서는 대학교를 졸업하기 어렵다. 수십 년 동안 영어를 가르친 윌리엄 스트렁크 주니어**William Strunk Jr.**의 글쓰기 가이드를 그가 가르쳤던 학부생 E. B. 화이트E. B. White가 1959년에 업데이트해서 새로 출간했는데,[19] 바로 그 책인《문체의 요소The Elements of Style》는 다른 어떤 책보다 강의 교재로 많이 사용된다.[20] 스트렁크와 화이트가 건네는 충고 가운데서 가장 유명한 것은 빼기를 무뚝뚝하게 강조하는 "쓸데없는 단어는 다 빼버려라"[21]가 아닐까 싶다.

이런 전통적인 지혜를 모두 염두에 둘 때, 글쓰기가 사람들이 빼기를 실행하는 것을 관찰할 좋은 매체가 되지 않을까 하고 게이브, 벤, 앤디, 나는 생각했고, 그래서 글쓰기를(정확히 말하면 써놓은 글을 수정하는 것을) 소재로 삼아서 연구 실험을 진행했다. 그런데 자기가 요약한 글을 바꾸든 다른 사람이 요약한 글을 바꾸든, 실험에 참가한 사람들은 더하기 경향을 보여주었다.[22] 아무래도 그들은 스트렁크와 화이트의 조언을 진지하게 받아들이지 않은 것 같다.

또 이 실험 참가자들이 빼기를 동원하는 것이 모범적인 답지임을 알면서도 자기가 의도적으로 뺀 것을 평가자들이 알아차리지 못할까봐 (바보같이 친절하게도) 빼기를 일부러 실행하지 않았을 수도 있다. 연구 결과에 따르면 어떤 주장이 길면 길수록 사람들은 그 주장의 품질을 높게 평가한다고 한다.[23] 어쩌면 실험 참가자들이, 표준화된 시험에서는 답안의 내용이 길수록 높게 평가받는다는 말을 어디서 들었을 수도 있다. 더 함축적인 글일수록 객관적으로 더 낫다고 평가되어왔으므로, 우리 실험에 참가한 사람들이, 혹은 일반적인 상황에서 당신이나 내가 설득하고자 하는 사람들이 어떻게 반응하느냐 하는 것이 정말로 중요함을 우리는 새삼 깨달았다.

우리 집을 개보수할 때 설계 응모작을 낸 사람 가운데 코트니라는 학생이 있었다. 2년 뒤 코트니가 대학원 진학 시험을 치렀는데, 그때 그녀는 내가 관심을 가질 것이라고 생각했다면서 시험장에서 자기가 받았던 문제 하나를 보여주었다. 하버드대학교 디자인대학원에서 낸 문제였다.

많은 학과목에서 볼 수 있는 '더 적은 것이 더 많다'라는 아포리즘에 대해서 당신은 어떻게 생각하는가?(300단어)²⁴

이 질문에서 나를 사로잡은 부분은 맨 마지막에 덧붙여진 '300단어'였다. 이 300단어가 코트니가 최대로 쓸 수 있는 분량이었을까? 아니면 답안 분량이 최소 300단어는 되어야 한다는 말이었을까? 그것도 아니면 300단어 내외라는 말이었을까? 누군지는 모르지만, 상대적인 많음과 상대적인 적음을 논하는 문제에서 특정한 분량을 제시하는 아이러니를 그 출제자가 의도적으로 연출했을까?

하버드대학교를 흠잡는 일은 재미있다. 가르치는 일을 업으로 삼는 모든 사람은 가르침을 받는 사람에게 더하기를 하라고 권한다. 역사를 가르치는 사람은 에세이 과제를 내면서 과제물 분량이 '적어도 10쪽'은 되어야 한다고 명시한다. 수학을 가르치는 사람은 학생에게 '학습한 내용을 증거로 제시하지' 않으면 점수를 깎겠다고 한다. 심지어 교사가 우리에게 상대적인 많음을 명시적으로 요구하지 않을 때도, 우리는 그렇게 한다. 그런데 어떤 사람이든 에세이, 설계안, 수학 계산 과정 등을 자기를 가르치는 사람에게 제출할 때는, 그 내용을 타인이 볼 것이라고 생각하지 그 내용을 개선할 것이라고는 생각하지 않을 것이다.

코트니가 그 문제에 300개보다 훨씬 적은 단어로 답안을 써서 제출하려면, 아마도 유능함을 과시하려는 성향, 즉 자기만의 세상을 만들어 낼 수 있음을 다른 사람에게 입증하려는 진화적인 본능을 극복해야만 했을 것이다. 게다가 그녀는 다른 응시자들이 모두 300개 가까운 단어로 답안을 작성할 것임을 어렵지 않게 추정할 수 있었을 것이다. 어쨌거나 300단어는 당신이 시간과 생각 속에 놓을 수 있는 시각적인 증거이며, 길게 작성한 답안이라면 '게으른 더 적음'으로 오해받지 않을 것이다. 그러나 코트니는 단 한 문장으로 자기의 유능함을 과시하기로 결심했다.

허물어진 벽, 혹은 열려 있는 어떤 문, 이런 것들이 훨씬 더 많은 것을 의미할 수 있다.

학교에서 공부를 하든 무언가를 연습하든, 많음을 선택하면 마음이 편하다. 어떤 설계회사가 매끈한 새 건물들과 넓은 도로들 그리고 이 건물과 도로에 내장된 소형 데이터 수집 컴퓨터들만 가지고서 렉싱턴이라는 도시의 재생 계획을 압축적으로 제시한다고 치자. 이때 이 프레젠테이션은, 전문가들을 고용하는 것이 현명한 조치라고 생각하며 돈을 지불하는 사람을 (그 사람이 누구든) 안심시킨다. 그러나 케이트 오르프는 그렇게 하지 않았다. 렉싱턴의 자연스러운 아름다움을 강조하려고 그녀가 빼기라는 방식을 선택할 때, 그녀는 철저하지 못하고 아마추어처럼 보일 수도 있다. 이 경우에 그녀는 더 많은 노력을 기울이지만 그 노력을 입증하는 증거는 더 적다.

당신이 충족함을 넘어서서 더 높은 수준의 만족 상태를 이야기하는 데 사람들이 더 적은 것에 반응하지 않는다면 어떻게 하겠는가? 존재하지 않는 것을 어떻게 인정하게 만들겠는가? 단어들을 뺄 뿐만 아니라 지지자들과 비판자들이 모두 당신에게 박수를 치게 하겠는가?

'뉴저지의 헤밍웨이'로 일컬어지는 음악가 브루스 스프링스틴Bruce Springsteen은 음반 〈도시 변두리에 깔린 어둠Darkness on the Edge of Town〉 (이하 〈도시 변두리〉)을 두고 '싸움을 하기 위해서 옷을 다 벗어던진 사무라이의 음반'이라고 말한다.**25** 그런데 '다 벗어던지기' 위해서는, 로큰롤 노래든 건설된 도시든 아니면 엉망진창인 도표든, 애초에 무언가가 존재해야만 한다.

스프링스틴은 가사를 쓰면서 단어들을 뺐다. 이전 음반에서 그는 방언을 마음껏 가지고 노는 능력을 유감없이 입증했다. 그의 데뷔 음반인 〈애즈버리파크에서 보낸 인사Greetings from Asbury Park〉의 첫 번째 수록곡 '불빛에 눈이 멀어Blinded by the Light' 가사 첫 부분은 다음과 같다.

"미친놈이란 별명을 가진 드러머들은 게으름뱅이들 / 10대 외교관과 함께 하는 여름의 인디언들"

이 길고 복잡한 가사를, 음반 〈도시 변두리〉에 실린 곡 '거리를 달리다Racing in the Street'의 도입부인 "나에게는 쉐보레 69와 396이 있어"와 (내가 에즈라에게 불러주는 자장가와) 비교해보자. 여기에서 스프링스틴은 긴 단어를 짧게 줄였으며 불필요한 단어를 모두 빼버렸다. 이 음반에 수록된 곡들의 가사가 평균 225단어인데, 이것은 이전 음반에 수록된 곡들의 가사에 비해 훨씬 짧다.

음반 〈도시 변두리〉에는 기본적인 악기 소리만 담았다. 이와 관련해

스프링스틴은 자서전에서 다음과 같이 설명한다.

"드럼이 강렬하면서도 절제할 때, 기타의 커다란 소리가 들어갈 공간이 만들어진다. 기타가 강렬하지만 여릴 때 드럼은 집채만 한 크기로 거대한 소리를 낼 수 있다."[26]

음반 〈도시 변두리〉에 실린 각각의 곡들이 모두 악기들을 벗어던졌을 뿐만 아니라 이 음반은 전체적으로도 빼기를 일관되게 실행했다. 스프링스틴은 50곡 넘게 녹음했지만 최종적으로는 10곡만 추려서 음반에 담았다. 그가 이 음반에서 뺐던 노래 가운데 몇몇은 다른 가수들의 히트곡이 되었다. 예컨대 '밤 때문에 Because the Night'는 패티 스미스가 불러서 차트 13위에 올랐다. '이 작은 소녀 This Little Girl'는 개리유에스밴드가 불러서 11위에 오르며 밴드를 정점까지 올려놓았다. '파이어 Fire'는 포인터 시스터즈가 불러서 2위까지 기록했다. 스프링스틴이 자기의 사무라이 음반에서 이런 좋은 노래들을 빼버렸던 대담함은, 당시에 그가 아직 톱20에 올랐던 노래가 하나도 없었다는 점을 생각하면 더 인상적이다.[27]

스프링스틴은 가사의 단어와 악기의 사운드와 개별적인 곡을 빼버림으로써 희생시켰다. 그러나 그는 빼기에 워낙 일관되게 진심이었기에 그의 더 적음이 사람들의 눈에 두드러지게 잘 띄었다. 감동과 칭찬에 인색하기로 악명 높은 록 비평가 데이브 마쉬는 〈롤링스톤 Rolling Stone〉에 기고한 글에서 음반 〈도시 변두리〉를 "로큰롤을 듣는 방식, 녹음하는 방식, 연주하는 방식을 근본적으로 바꾸어놓은 획기적인 음반이다"라고 평가했다.[28] 권위 있는 음악 잡지 〈뉴 뮤직 익스프레스 New Music Express〉는 1978년에 이 음반을 올해의 음반으로 선정했으며, 이 음반은 역대 최고의 로큰롤 음반으로 남아 있다.**29** 많은 것을 벗어던진 이 음반의 미학석인 특성은 그런지grunge 장르의 펄잼부터 하드코어의 레이지 어게인스트 더 머신, 뉴웨이브new wave 장르의 킬러스까지 록 음악의 다양한 스펙트럼에 영감을 주었다.

굳이 로커나 음악비평가가 아니더라도 스프링스틴의 사무라이 음반을 높이 평가할 수 있다. 나는 음반 〈도시 변두리〉가 대단한 음반임을 처음부터 알아차렸고, 많은 팬이 그렇게 생각한다. 이 음반으로 스프링스틴은 115회에 걸친 투어 공연을 했으며, 그 과정에서 수천만 장의 음반과 입장권이 팔렸고, 그 덕분에 스프링스틴은 빚더미에서 벗어날 수 있었다. 지금까지 그의 이름으로 된 곡은 300개가 넘지만 지금도 그의 콘서트에서는 음반 〈도시 변두리〉에 실린 10곡의 노래 가운데 적어도 절반이 불린다.**30** 예컨대 타이틀곡을 포함해서 '배드랜드Badlands', '약속의 땅The Promised Land', '밤새워 증명해봐Prove It All Night' 등이 여기에 포함되지 않을까 싶다. 운이 좋다면 에즈라의 자장가를 들을 수 있을지도 모른다.

마야 린 역시 스프링스틴처럼 '눈에 잘 띄는 더 적음'을 고집한 덕분에, 익명으로 응모한 그녀의 작품이 1,400편 넘는 경쟁작을 제치고 당당히 공모에 당선되어 지금의 베트남 재향군인 기념관이 되었다. 케이프 오르프도 마찬가지였다. 연못과 인공폭포들의 복잡한 연결을 세련되게 만들어서 눈에 보이는 기쁨을 렉싱턴 도심에 마련했다.

2017년에 맥아더재단은 오르프에게 비범한 창의성을 높이 평가하는 '천재상Genius Awards'을 수여하면서(천재상이라는 이름도 정말 딱 맞게 잘 지었지 않은가!) 그녀가 "전통적인 조경의 범위를 넓혔다"고 평가했다.**31**

스프링스틴이 고집했던 빼기라는 행동은 우리가 로큰롤을 듣는 방식을 근본적으로 바꾸어놓았다. 또 오르프의 '눈에 잘 띄는 더 적음'은 학문의 범위를 넓혔다. 충분히 많이 빼라. 그러면 거기에 없는 것이 스토리가 된다.

빼기에는 전문가의 도움도 필요하다

나도 이 책에서 눈에 잘 띄는 더 적음을 시도했다. 바로 이 책의 원서 표지 디자인에서 그랬다. 왼쪽 위에서 오른쪽 아래로 그은 비스듬한 사선이, 만족함에서 벗어나 눈에 잘 띄는 더 적음으로 나아가도록 당신을 자극하면 좋겠다. 이 디자인 작업은 대부분 전문 표지 디자이너가 했다. 이런 점을 놓고 나는, 눈에 잘 띄는 더 적음은 흔히 전문가의 도움이 필요하다는 점을 당신이 상기하면 좋겠다.

자기 의견과 다른 의견을 듣는 일은 부끄러운 게 아니다. 석회암을 잘라서 창문을 만들든, 애초에 넣기로 했던 곡 중 많은 곡을 빼고 음반을 만들든, 어떤 글에 들어 있던 단락 한두 개를 빼고서 글을 완성하든, 우리가 뭔가를 창조할 때 자기가 이미 했던 일 또는 하고 있는 일에 집착하는 것은 심리적으로 당연한 현상이다.**32** 비록 지금까지 했던 작업이 지금 당장 내려야 하는 결정과 무관할지라도, 과거에 했던 작업을 지우고 빼는 행위는 지금까지 자기가 기울였던 노력이 헛된 것이었다는 통렬한 깨달음을 안겨준다. 바로 이런 이유로, 우리 연구팀이 실험 참가자들에게 자기가 쓴 글을 수정하라고 했을 때, 다른 사람이 쓴 글을 수정할 때보다 문장이나 단어를 빼는 빈도가 훨씬 낮게 나타났다.**33** 하버드대학교의 대학원 시험에서 논술 문제를 받고 오직 한 문장으로 답안을 쓴

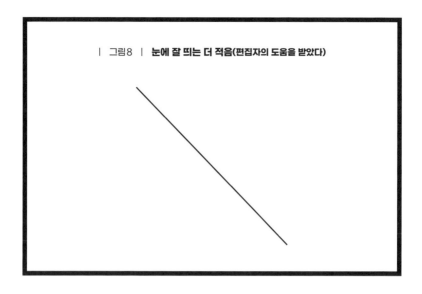

| 그림8 | **눈에 잘 띄는 더 적음(편집자의 도움을 받았다)**

코트니 같은 사람은 매우 드물다.

이 문제에 관해 우리 같은 보통 사람들은 남의 도움을 받는다. 이때 그 일에 전혀 애착을 느끼지 않는 사람에게 도움을 받는 것이 가장 이상적이다. 눈에 잘 띄는 더 적음을 찾아내는 데 특별한 솜씨가 있는 사람이면 더욱 좋다. 어니스트 헤밍웨이는 맥스 퍼킨스**Max Perkins**라는 편집자의 도움을 받았다. 퍼킨스는 스콧 피츠제럴드, 토머스 울프, 마조리 키넌 롤링스 등의 편집자이기도 했는데 그는 이 작가들이 가지고 있던 탁월함을 멋지게 완성시켰다. 스트렁크와 화이트의 《문체의 요소》가 빛을 발한 것도 화이트가 편집자였기 때문이다.

사람들이 돈을 지불하고 사서 읽는 책 대부분은, 저자가 직접 찾아내지 못한 더 적음을 편집자가 찾아낸 결과물이다. 그래서 독자는 그만큼 더 나은 경험을 한다. 이 책만 하더라도 그렇다. 이 책의 편집자는 당신이 지금 읽는 단어보다 수만 개나 더 많은 단어를 최종 원고에서 뺐다. 편집자의 도움을 받아서 완성된 이 책이 그렇지 않았을 경우보다 당신에게 더 나은 경험을 제공할 것이라고 나는 확신한다.

빼기의 기쁨은 자기효능감을 불러일으킨다

우리 연구팀이 초기 연구 과정에서 덧셈을 이해했을 때 나는 십여 명의 학생을 설득해서 빼기 강좌에 수강 신청을 하게 했다. 첫 강의 때 나는 그 선구자적인 학생들이 앞으로 빼기 강좌에서 무엇을 배울지 설명했다. 나는 하나의 사례를 가지고서 시작했다. 라이언 맥팔랜드와 페달 없는 자전거 사례였다. 페달을 빼는 방식으로 유아용 자전거를 개선하기까지 얼마나 오랜 세월을 기다려야 했는지 설명했다. 또, 많은 상황에서 빼기가 무시되는 현상을 보여주기 위해서 레고 블록과 앤디의 격자 패턴과 특허 등을 연구하고 실험하면서 나온 결과들을 설명했다. 그리고 더하기 본능과 과시 본능 같은 이런 행동들과 더 최근의 상대적인 많음의 문화, 그 이면에서 겹치고 맞물려서 작동하는 여러 요인을 간략하게 설명했다. 그러나 내가 이런 요인들을 좀 더 구체적으로 파고들기도 전에, 그러니까 강의 개요를 설명하기 시작한지 채 5분도 되지 않아, 한 학생이 손을 번쩍 들었다. 사라라는 학생이었다. 사라의 질문은 함께 강의를 듣는 학생들의 마음을 대변하고도 남았다.

"그러니까 교수님 말씀은 곤도 마리에 같은 건가요?"

나중에 알았는데, 곤도 마리에는 물건을 정리수납하는 분야에서는 달인이고 유명한 사람이다.**34** 사라처럼 일찌감치 곤도 열풍을 탄 사람들이 있다. 이 추종자들은 곤도가 저서《인생이 빛나는 정리의 마법》에서 충고하듯이, 주방을 깔끔하게 정리하고 몇 안 되는 티셔츠를 모두 깔끔하게 개어놓는다. 또 어떤 사람들은 곤도의 넷플릭스 포스트북 시리즈**35**를 본 뒤에 그녀를 찾기도 했다. 나의 아내 모니카는 후자에 속한다. 곤도의 정리수납 가르침 덕분에 우리집에서는 물건을 찾기가 무척 쉽다.

곤도라는 사람을 들어봤지만 그녀가 쓴 책을 읽지 않았거나 그녀가 나온 동영상을 보지 않았다고 말하는 사람들도 있다. 이 사람들은 자립적인 어떤 것을 권위적으로 제시하는 주장, 특히 과학적인 증거를 통해서 도출되지 않은 주장에 저항하는 경향이 있다. 이런 경향은 특히 교수 집단에서 흔하다.

나는 '더 적음'에 오랫동안 집착했다. 그러나 나는 게이브, 벤, 앤디와 함께 하는 연구 작업 속으로 이 '곤도파'가 ('파벌'라기엔 너무 거창하지만) 스며들게 방치했다. 그러나 사라가 했던 질문을 몇 번 접하고서는 사라가 말하고자 했던 것을 내가 직접 확인해야 한다고 생각했다.

이미 잘 알려진 것처럼 곤도와 함께 하는 시간은 기쁨이 넘친다. 그뿐만 아니라 집안을 정리수납하는 것과 관련해서 그녀가 하는 조언의 많은 부분은 과학적으로도 건전하다. 그녀의 가르침은 연구 조사를 토대로 한 게 아니다. 그녀의 가르침에는 현대 과학의 특징인 체계상의 엄밀함이나 통제력은 없다. 곤도는 그런 것이 자기나 자기의 가르침에 있는 척하지도 않는다. 그녀의 말투와 관찰과 충고는 과학적이라기보다는 영적이다. 그러나 특정 맥락 속에서 시행착오를 거치며 그녀는 유용한 조언을 여럿 찾아냈고, 이 조언들은 과학적인 차원에서도 지지를 받는다. 그녀는 "우리가 정말 필요로 하는 것을 찾는 가장 좋은 방법은 우리가 하지 않는 것을 없애는 것이다" 같은 재담을 단서로 삼아서, 생활을 개선하기 위한 보완책으로 물건을 계속 가지고 있는 것 **그리고** 물건을 버리는 것, 이 둘 가운데 하나를 선택하도록 자기를 따르는 사람들에게 암시를 준다.

곤도는 《인생이 빛나는 정리의 마법》의 전체에 걸쳐 물건을 '열정적이고 완벽하게' 없애버리려는 자신의 고집스러움을 자세하게 설명하며, 눈에 잘 띄는 더 적음을 고집하는 단계를 펼쳐보인다. 그녀의 가르침 가운데서 내가 가장 소중하게 여기는 것은 "물리적 공간을 정리하면 심리적 공간에 관심을 기울이게 된다"라는 말이다. 이 가르침은 에머슨을 기쁘게 해주는 방식으로 발상과 사물을 연결한다.

이것은 곤도의 가르침을 내가 해석한 내용이다. 당신은 이 해석에 동의하지 않을 수도 있다. 상관없다. 그녀가 우리에게 준 가장 귀중한 교훈은 사람들이 더 많은 것을 하고 더 적은 것으로 마무리하는 방법에 있다.

곤도의 메시지가 독특하고 강력한 것은 그녀가 '불꽃이 이는 기쁨'을 강조하기 때문이다. 집안 살림의 정리수납에 대해서 그녀가 하는 가장 기본적인 조언은 자기가 원하지 않거나 자신에게 혹은 자기 집에 맞지 않는 것을 없애라는 것이지만, 그녀는 이 논리를 뒤집어서 인간에게 초점을 맞췄다. 그녀는 "기쁨을 주는 것은 지키고 그렇지 않은 것은 모두 없애야 한다"고 말했다. 버리겠다는 생각을 한 번도 한 적이 없지만 결코 진정한 행복을 가져다주지는 못하는 티셔츠, 주방용품, 레고 세트

등은 우리 주변에 널려 있다. 그렇기에 곤도는 주장한다. 기쁨을 가져다 주지 않는 것은 무조건 자기 생활에서 빼버리라고.

'불꽃이 이는 기쁨**Spark Joy**'이라는 곤도의 기도문이 얼마나 커다란 반향을 불러일으켰는지, 이것은 하나의 운동이 되었고 밈**meme**이 되었다. 그리고 그녀의 다음 책 제목이 되었다.**36** 우리가 빼기를 고수하고 다른 사람들도 이것을 이해하도록 설득하려면 빼기 행위 자체를 재미있게 만들어야 한다.

빼기에서 느끼는 몰입의 즐거움

굳이 쉽게 하지 않아도 재미있을 수 있다. 사실 빼기라는 도전 과제는 우리에게 상당한 보상을 안겨준다. 에즈라가 유아일 때, 기저귀를 갈아주려고 눕히면 아이 시선 쪽 천장에 물고기 인형이 매달려 있었다. 기저귀를 갈 때 아이는 큰소리로 울었지만 물고기 인형을 흔들어주면 울음을 뚝 그쳤다. 그 인형에 정신이 팔려서 우는 것을 잊어버린 채, 흔들리는 인형을 잡으려고 두 팔과 다리를 버둥댔다. 아이가 조금 더 큰 뒤에는 자기 손으로 직접 그 인형을 흔들었다. 또 그 뒤에는 자기 손으로 인형을 잡았다. 그러다가 나중에는 그 인형을 천장에서 뜯어냈다.

에즈라가 첫돌을 맞을 때까지 기억나는 일을 딱 하나만 선택하라면, 나는 아이가 그 오렌지색 물고기 인형을 천장에서 떼어낸 뒤 지었던 표정을 선택하겠다. "나 잘했죠? 사진 찍어주세요" 하는 표정이 아니었다. 그 표정은 "진지하게 말하건대, 나는 유능한 존재야"라고 말하고 있었다. 자전거를 처음 탔을 때나 레고 블록으로 원하던 구조물을 만들었을 때나 닌자 연습을 할 때 지었던 바로 그 표정이었다.

나는 에즈라가 물고기 친구를 붙잡고 있는 모습을 바라보며 흐뭇하게 미소를 지었지만, 아이는 자기의 성취를 인정받고 싶은 얼굴로 나를 바라보지 않았다. 아이에게 그 순간만큼은 자기가 세상에서 유일한 사람이었을지도 모른다. 아이는 자기가 세상을 바꿀 수 있음을 완전히 새로운 방식으로 자신에게 입증했다.

우리가 다른 사람들에게 우리가 세상에서 일어나는 변화에 영향을 줄 수 있음을 보여줄 때 이것은 우리의 능력(유능함)을 보여주는 것이다. 자기가 세상을 바꿀 수 있음을 스스로에게 보여주는 것을 자기효능감self-efficacy이라고 부른다. 자기효능감은 동기, 행동, 환경을 스스로 형성하는 능력에 대한 믿음이다.[37] 자기효능감이 높은 사람은 생각과 사물을 자기가 바꿀 수 있다고 믿는다. 자기효능감이 낮은 사람은 자기가 놓인 상황을 자기가 통제할 수 없다고 바라본다. 그렇다면, 오렌지색 물고기 인형을 붙잡거나 스트라이더 자전거에 올라타거나 어떤 것을 현재의 모습에서 자기가 원하는 모습으로 바꾸려고 하는 이유는 뭘까?

자기효능감이 넘치는 에즈라의 얼굴을 보면 볼수록, 언젠가 이 아이가 자기가 놓인 상황을 개선하기 위해서 나나 자기 엄마에게 의존하지 않고, 또 자기나 다른 사람을 위해 자기 힘으로 그 상황을 개선할 날이(서운하면서도 흐뭇한 그런 날이) 반드시 오고야 말 것임을 새삼 깨닫는다. 또 운이 따라준다면 그 과정에서 아이는 기쁨을 찾기도 할 것이다.

개선 과정에 고집스럽게 매달리는 사람들에게 돌아가는 한 가지 보상은 이 과정이 가져다주는 행복감 즉 연구자들이 '몰입flow'이라고 부르는 상태다.[38] 자기가 하는 일에 얼마나 몰입했는지 시간이 금방 흘러가버렸을 때가 바로 그런 상태다. 게임에 열중하다 보니 허용된 시간이

1분밖에 남지 않았다거나, 라디오 프로그램에 몰입해서 재미있게 듣고 있는데 진행자가 마지막 노래를 틀겠다고 한다거나, 레고 블록으로 성을 만드느라 온통 정신을 집중하고 보니 어느새 성이 완성되기까지 마지막 블록 하나만 남았다거나 하는 경우가 바로 그런 몰입 상태다.

심리학자 미하이 칙센트미하이 **Mihaly Csikszentmihalyi**는 권위 있는 베스트셀러 저서《몰입의 즐거움 **Finding Flow**》을 통해 몰입한 상태에서 최적의 정신적 경험이 이루어진다는 설득력 있는 사례를 제시한다. 어떤 사람이 해결해야 할 도전 과제와 그 사람의 능력 사이에 최적의 조정이 이루어질 때 몰입 상태에 도달한다고 그는 주장한다. 고등학교 축구선수를 초등학생들과 함께 뛰게 할 때 그 선수는 도전 과제를 제시받았다고 생각하지 않을 것이다. 반대로 이 선수를 프로축구 경기에 뛰게 할 경우에 이 선수는 다른 선수들의 기량에 압도된 나머지 도저히 몰입 상태로 들어가지 못할 것이다. 그러므로 몰입 상태에 다다르고자 하는 사람이라면 모자라지도, 지나치지도 않을 정도로 적정한 수준의 도전 과제를 받아야 한다.

다시 빼기로 돌아가보자. 게으른 더 적음은 몰입의 불꽃을 튀기지 않는다. 그것이 진지하게 임해야 하는 도전 과제가 아니기 때문이다. 그러므로 여기에 혁신적인 변화는 일어나지 않는다.

충분히 좋은 상태에 다다르기 위해서 더하기를 하는 행동은 상대적으로 조금 더 어려운 과제다. 그러나 만족한다는 것은 개념적인 정의상 변화의 한계나 이런 변화를 만들어낼 자기 능력의 한계에 도전하지 않는 마음 상태다. 그러므로 충분히 좋은 상태는 몰입을 유발하지 않는다.

몰입은 충분히 좋은 상태를 넘어서 더 멀리 나아갈 때 나타난다. 충

205

족함 이후의 더하기|post-satisficed adding도 몰입을 유발한다. 그런데 빼기가 몰입을 유발하는 과정에 약간의 강점을 가질 수 있다. 이 과정을 알아보기 위해서, "글을 쓰는 것은 인간이고, 편집하는 것은 신이다"라고 했던 작가 스티븐 킹의 관찰을 보자. 또는 마야 린의 스프링스틴 버전인 "내 목표는 존재하는 것을 빼내는 것이다. 나는 편집을 좋아한다"라는 말을 놓고 생각해보자.

가치 있는 새로운 문구를 추가하는 것은 압도적으로 어려운 과제일 수 있다. 수조 개의 단어 조합이 가능한 가운데서 하나의 선택을 해야 하기 때문이다. 우리가 설정한 기준이 높을수록 우리의 능력이 도전 과제에 미치지 못할 위험은 그만큼 커진다. 이때 우리는 고등학생 선수가 프로 선수들과 함께 경기를 할 때 느낄 수 있는 열패감을 느낄 것이다. 작가에게 레고 블록은 몰입을 유도하는 과제가 아님은 분명하다. 반면에 자기가 써놓은 글에서 어떤 단어나 문장이나 단락을 빼야 하는 상황에서 어떻게 하면 좋을지 곰곰이 생각할 때, 우리의 정신적 탐색은 기존에 존재하는 글에 의해 제약을 받는다. 많은 가능성이 있지만, 적어도 그것들은 우리 앞에 놓인 컴퓨터 모니터나 종이 위에 있다. 이미 존재하는 것을 바꾸려고 몇몇 단어나 문장을 빼는 것은 우리의 일차적인 본능이 아닐 수도 있다. 그러나 편집은 우리가 가진 능력으로 해낼 수 있는 과제다. 이런 도전은 신성하기까지 하다.

빼기와 관련된 모범 사례들은 모두 대상을 바꾸는 과정에서 기쁨을 추구하는 것 같다는 말이다.

스프링스틴은 작곡과 공연을 60년째 하면서도, 자기가 일로서 했던 마지막 작업은 열다섯 살에 잔디를 깎는 일이었다고 말한다.[39]

오르프는 콜롬비아대학교의 종신 교수인데, 자기가 운영하는 작은 회사 스케이프의 문을 내일 당장 닫더라도 가족을 얼마든지 부양할 수 있지만 회사 일에 열중한다.

곤도가 넷플릭스 시리즈를 시작했을 때 이미 그녀는 책의 인세만으로 수백만 달러를 벌었다.

터프티에게 정치학 경력은 충분한 경제적 여유를 보장해주었기에, 보상이 없이 10년 동안 아무도 돌아보지 않았던 미지의 지적 영역을 탐구했다. 출판업자들이 정치학자가 쓴 정보 디자인 관련 서적에 관심을 보이지 않자, 터프티는 잉크 대비 정보의 비율과 관련해서 자기가 쌓은 데이터를 사용하게 될지도 모르는 사람들을 위해서 자기 집을 두 번째로 저당잡혔다.[40]

스프링스틴, 오르프, 곤도, 터프티에게는 외부의 보상이 기쁨에 넘치는 몰입보다 부차적이었던 것 같다.

빼기 대신 드러내기, 비우기, 덜어내기

만약 즐거움을 만들어내고 몰입 상태에 빠져드는 것이 당신이나 당신이 설득하고자 하는 사람들에게 감정적으로 너무 민감해서 부담스럽더라도 걱정하지 마라. 빼기의 방법을 보여줄 수 있는 뒤집기라는 덜 민감한 방법이 있으니까 말이다.

이 방법이 어떻게 작동하는지 보려면 우선 빼기라는 개념에는 부정적인 **원자가** valence가 있음을 알아야 한다. 화학에서 원자가는, 반드시 눈에 보이지는 않지만 원소의 행동을 설명하는 데 도움이 되는 원소의 고유한 성질을 뜻한다. 1930년대에 독일 심리학자 쿠르트 레빈은 인간의 행동을 설명하려고 눈에 보이지 않지만 영향력을 행사하는 이 개념을 빌어다 썼다. 레빈은 심리적 원자가를, 어떤 사건이나 사물 또는 발상의 내재적 매력(긍정적인 원자가) 또는 싫어함(부정적인 원자가)으로 정의했다.[41] 원자가는 이제 화학에서처럼 심리학에서도 확립된 유용한 개념이다.

원자가를 사용하는 것과 관련된 최근의 흐름 가운데 하나는, 컴퓨터가 인간이 해석하는 방식과 더 가깝게 텍스트를 해석할 수 있도록 개별 단어에 원자가 특성을 부여하는 것이다. 단어들의 원자가는 수천 명에게 수천 개의 단어를 긍정과 부정과 중립 가운데 하나로 분류하도록 요청한 다음 그 결과에 따라서 결정된다.[42] 사람들이 제시한 응답의 평균을 내면 대부분의 단어는 중립으로 나온다. 다섯 개 단어 가운데 하나 미만의 단어가 부정의 원자가를 가진다. '더 적음'이라는 단어조차도 중립적인 원자가를 가진다. 그러나 누구나 추측할 수 있듯이 '빼기'라는 단어는 부정적으로 여겨진다.

이 책을 읽는 것만으로도 빼기에 대한 당신의 개인적인 원자가가 바뀔 것이다. 그러나 당신의 고객 그리고 당신이 하는 말에 귀를 기울일 청중이나 친구들은 어떨까? 운이 좋다면 이 책에 녹아 있는 생각이 문화에 스며들어서 빼기에 대해 긍정적이거나 최소한 중립적인 원자가가 형성될 것이다. 그렇게 될 때까지는 빼기를 뒤집는 것이야말로, 더 적은 것에 대해서 당신이 새롭게 알게 된 사실을 다른 사람들에게 알리려고 할 때 당신이 사용할 수 있는 지름길이다.

케이트 오르프는 켄터키주 렉싱턴의 도심 재생 디자인 공모전에 출품하여 당선된 설계 작품에서 자기의 설계안을 묘사할 때 네 개의 동사를 사용한다.**43** 이 동사들은 오르프의 도면(그림 9)에서 가장 큰 글꼴로 표시되며 또 해당 디자인을 글자로 구체화하는 데 사용된다. 여기에서 이 동사들이 모두 **빼기**는 아니지만, 세 개는 빼기일 수도 있다.

'드러내기**reveal**'는 오르프가 렉싱턴 재생 프로젝트의 서쪽 부분인 타운브랜치공원**Town Branch Park**의 변화 내용을 하나의 단어로 묘사하는 표현이다. 여기에서 타운브랜치라는 샛강은 한낮의 햇살이 밝게 비치는 곳이며 또한 새로운 열린 공간이 인근에 있는 켄터키주 특유의 전통적인 지역에 보내는 '제스처'다.

'깨끗하게 비우기**clean**'는 타운브랜치공원의 동쪽에 적용되는 변화를 표현한다. 도심 한복판에서 이루어지는 이 강조는 없애버린 포장도로와 차로가 아니라 '확장된 거리 풍경을 형성하는' 일련의 정수 공원**filtration garden**에 초점을 맞춘다.

도심 동쪽의 변화를 위해서 오르프가 선택한 것은 '덜어내기**carve**'이다. 주차장은 제거되어서 플라자로 바뀌는데, 이 플라자에는 군데군데 연못이 조성되고 또 석회암을 잘라내서 그 아래에 흐르는 물을 볼 수 있게 만든 창문도 여러 개 설치된다(네 번째 동사는 '연결하기**connect**'인데, 이것은 도심의 공유지와 또 다른 산책로 사이의 연결을 묘사하는 표현이다).

오르프의 설계에는 많은 의미가 담겨 있다. 그러나 그녀도 알고 있듯이 단어들이 중요하다. 이 단어들이 가지는 원자가 즉 자기만의 특성은 그 단어를 듣는 사람의 느낌에 영향을 준다. 그리고 이미 알려진 것처럼 빼기에 관한 한 이 원자가가 가지는 가치는 특히 높다.

209

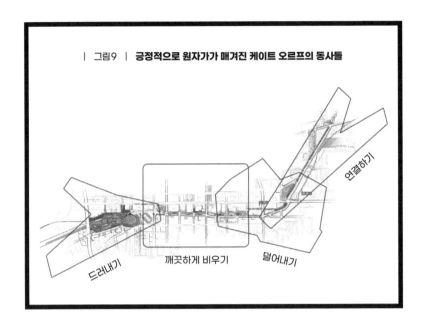

| 그림9 | 긍정적으로 원자가가 매겨진 케이트 오르프의 동사들

연결하기

드러내기   깨끗하게 비우기   덜어내기

1979년, 허버트 사이먼이 노벨상을 받은 지 몇 달 뒤에 심리학자 아모스 트버스키Amos Tversky와 대니얼 카너먼Daniel Kahneman이 '사람은 자기가 가진 것을 가지지 못한 것보다 더 소중하게 여긴다'는 사실을 입증하는 논문을 발표했다.[44] 100달러를 잃었을 때의 속상함이 100달러를 얻었을 때의 흐뭇함보다 더 크다는 것이었다. 그들은 손실에 대한 반응이 이득에 대한 반응보다 더 크다는 이 심리 현상에 '손실회피loss aversion'라고 이름을 붙였다. 이 개념은 지금까지 많은 관심을 받았으며 (충분히 그럴 자격이 있다) 또 행동경제학 분야에서 가장 뜨거운 개념으로 인정되기도 한다. 그리고 경제사상에 대한 사이먼 식의 편집(잘라내기)은 2002년 카너먼의 노벨상 수상[45]과 카너먼의 베스트셀러 저서《생각에 관한 생각Thinking, Fast and Slow》,[46] 카너먼과 트버스키의 변혁적인

210

발상을 빼기라는 관점에서 다시 설명한 마이클 루이스**Michael Lewis**의 책《생각에 관한 생각 프로젝트**The Undoing Project**》**47**를 통해 더 커졌다.

카너먼은 사람들이 손실과 이득을 어떻게 다르게 평가하는지 연구하려고 간단하면서도 탁월한 실험을 했다.**48** 다른 많은 사람이 그랬던 것처럼 나도 내 강의실에서 그가 했던 연구 실험의 일부를 재현하곤 한다.

이 실험의 가장 간단한 버전은 학생들 가운데 절반을 무작위로 선정한 다음에 이 학생들에게 어느 정도의 가치를 담고 있는 물건을 나누어주는 것으로 시작한다. 이 물건은 카너먼이 처음 이 실험을 할 때 그랬던 것처럼 대학교 로고가 박힌 머그잔이 될 수도 있고, 머그잔을 무겁게 들고 다니기 성가시다면 연필이 될 수도 있다.

나는 절반의 학생들에게 연필을 나누어준 다음에, 그 연필을 다른 사람에게 판다고 할 때 각자 자기가 매길 수 있는 최저가가 얼마인지 적으라고 했다. 그리고 연필을 받지 못한 나머지 학생들에게는, 그 연필을 산다고 할 때 각자 자기가 매길 수 있는 최고가가 얼마인지 적으라고 했다. 그런데 연필을 팔려고 하는 학생들이 매긴 가격은 연필을 사려고 하는 학생들이 매긴 가격의 약 두 배나 되는 경향이 이 실험을 할 때마다 매번 반복해서 나타난다. 이 두 집단의 유일한 차이는 문제의 그 연필을 나에게 받았느냐 받지 않았느냐 하는 것뿐이므로, 바로 이 사실이 두 집단이 추정하는 연필 가치에 차이가 나는 현상을 설명할 열쇠일 수밖에 없다.**49**

이와 비슷한 손실회피 행동은 다른 물건과 다른 개체군에서도(이 개체군에는 꼬리감는원숭이 집단도 포함된다) 나타난다.**50** 뇌 영상으로도 손실과 이득이 뇌의 각기 다른 회로를 자극한다는 사실을 확인할 수 있다.**51**

물건을 파는 사람들은 잠재적인 고객이 가진 손실회피 성향을 이용한다. 자동차 영업사원은 잠재적인 고객에게 아무런 조건도 달지 않고 시승을 권한다. 고객이 시승 경험을 하면서 그 자동차를 소유한다는 느낌을 많이 가질수록 자동차에 보다 더 많은 가치를 부여하기 때문이다. 아마존닷컴은 1년에 한 번, 이틀 동안 무제한 무료 배송 서비스를 해준다. 사실 나는 그 서비스를 받으려고 연회비를 내면서까지 회원 가입을 할 생각은 없었는데, 어떻게 된 영문인지 나는 그 서비스를 놓치고 싶지 않아서 지금도 꼬박꼬박 연회비를 내고 있다.

지금까지 살펴본 상황에서도 손실회피가 어떻게 작동하는지 알 수 있다. 즉 샌프란시스코 시민은 엠바카데로 고속도로를 가지고 있을 때는 이 고속도로가 탁 트인 해변보다 더 많은 가치를 가졌다고 생각했지만, 탁 트인 해변을 가지게 된 뒤로는 이 해변이 유지되길 바라고 있다.

손실회피 효과는 강력하고 널리 퍼지며 또 사람들에게 잘 알려져 있다. 그러나 손실회피가 빼기를 소홀하게 여기는 우리의 태도를 변명하게 방치하면 안 된다. 우리가 추구하는 빼기는 개선으로 나아가는 행동이며, 개선은 더 적음을 통해서 나타나는 것일지라도 손실은 아니다.

더 적은 것이 손해는 아니다. 그러나 오해를 피하기 위해서 빼기를 뒤집을 수는 있다. 케이트 오르프처럼 말이다.

오르프가 동원한 네 개의 동사 '드러내기', '깨끗하게 비우기', '덜어내기', '연결하기'는 **빼기**라는 단어를 대체할 수 있는 한결 부드러운 대안이다. 이 단어들은 부정적인 원자가를 불러일으키지 않으며 손실회피를 유발하지도 않는다. 만일 렉싱턴의 주민들이 오르프가 차선을 없애버린 것을 손실로 바라본다면, 새롭게 얻은 다용도의 통행로가 차선보다 객관적으로 더 좋을 필요는 없지만, 그 통행로가 균형이 맞지 않는 손실감을 보상하고도 남을 정도로 훨씬 더 나을 필요가 있다. 그러나 만약 렉싱턴 주민들이 철거를 빼기가 아니라 깨끗하게 비우는 것으로 바라본다면, 빼기는 더 공정한 환경에서 경쟁하게 된다.

뒤집기를 찾아나서기 시작하자 그것들은 곳곳에서 눈에 띄었다.

터프티는 이미 그려놓은 것을 빼라고 말하지 않는다. 그는 "잉크 대비 정보의 비율을 극대화하라"라고 말할 뿐이다.

곤도 역시 빼기를 뒤집는다. 내가 학생들에게 연필을 나누어줄 때 이 학생들이 느끼는 연필의 가치가 커지는 것과 마찬가지로, 곤도가 "정리수납 작업을 시작하기 전에 이 작업이 끝난 뒤에 모습이 어떨지 시각적으로 머리에 떠올려라"라고 조언할 때 그녀는 생활 공간이 깔끔하게 정리되었을 때의 이미지를 적어도 내 머릿속에 심어준다. 그렇게 잘 정리되고 정돈된 이미지를 머리에 담아둘 때, 기쁨을 선사하는 우리 집의 레고 놀이방은 기쁨을 얻기 위해 버려야만 하는 장난감이 아니라 이득보다 더 크고 중요한 손실이 된다.

오르프가 렉싱턴 도심 재생 공모전에 응모한 설계 작품에는 빼기를 뒤집는 표현의 단어가 넘쳐날 정도로 많이 들어가 있다. 마케팅 차원의 의도가 반영된 것인지 아니면 그녀가 가진 변화에 대한 사고방식이 직관적으로 표현된 것인지 궁금할 정도이다. 내가 추측하기로는 오르프의 잠재의식이 그렇게 반영되어 나타났지 않을까 싶다. 그런데 나의 빼기 강좌를 듣는 나탈리라는 학생은 오르프가 의도적으로 빼기를 뒤집는 표현들을 동원했다고 봐야 한다며 내 의견에 반대했다. 그리고는 나와 자기 가운데 누구의 추정이 옳은지 확인하려고 오르프의 저서《도시

213

생태를 위하여_Toward an Urban Ecology_》[52]를 한 학기 동안 여러 차례 읽었다. 그러면서 오르프가 자기의 설계안을 설명하는 데 동원한 모든 단어가 더하기와 빼기 가운데 어느 쪽에 속하는지 분류한 다음에 각 단어가 몇 번이나 사용되었는지 셌다.

그 책에서 오르프는 손실회피와 부정적인 원자가를 회피하는 단어들을 압도적으로 많이 사용한다. 변화를 설명하는 데 가장 많이 사용된 단어를 꼽으면 '창조하다'(11회), '새로운'(10회), '개발'(8회), '드러내다'(6회), '건설하다'(6회), '재생'(6회) 등이었다. 바로 그다음에야 비로소 손실과 같은 뜻으로 읽힐 수 있거나 부정적인 원자가를 가진 단어인 '줄이다'(5회)가 나왔다.

나탈리는 오르프가 빼기라는 단어를 뒤집었음을 확인했지만, 그 뒤집기가 의도적이었는지 아닌지의 문제는 여전히 풀리지 않았다. 나탈리는 오르프에게 이메일을 보냈다. 오르프의 수줍으면서도 천재적인 답변이 나탈리와 나 사이의 논쟁을 온전하게 종결짓지는 못했지만, 우리는 도저히 틀릴 수 없는 그녀의 답변을 받아들였다.

"나는 우리가 추진하는 프로젝트들을, 기존에 존재하는 것에다가 어떤 전환 하나를 시도하는 것에서부터 시작하는 것이라고 종종 생각합니다."

6장 변화를 창조하는 빼기의 힘

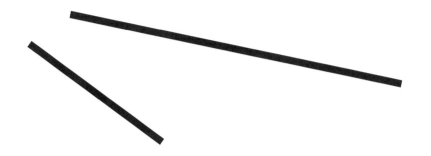

시스템을 바꾸겠다는 모험

지금은 진부하게 보일지도 모르지만, 1985년에 발표된 노래 '선시티 Sun City'[1]의 뮤직비디오는 아파르트헤이트라는 제도적인 차원의 인종차별주의를 매우 진지하게 조명했다.◆ 이 뮤직비디오는 재즈 트럼펫 연주자 마일즈 데이비스의 솔로 연주로 시작하고, 이어서 빨간 비키니를 입은 백인 여성이 커다란 수영장에서 느긋하게 일광욕을 즐기며 담배를 피우는 장면이 나오고, 그다음에는 힙합 그룹 런-디엠시 Run-DMC 멤버들이 자기들만의 표식인 페도라를 쓰고 등장해 철로 아

◆　　노래의 제목인 선시티는 남아프리카공화국에 있는 리조트이자 카지노의 이름이기도 한데, 이 카지노는 뮤직비디오의 주된 배경으로 사용된다. 이 노래는 아파르트헤이트에 반대하는 세계적인 뮤지션이 50명 가깝게 참여했으며, 남아프리카공화국에는 말할 것도 없고 보수적이던 레이건 정권의 미국에서도 방송 금지 조치를 당했다.

래의 어떤 곳에서 노래하는 장면으로 이어지는데, 이때 그들의 입에서 첫 가사가 흐른다.

"우리는 로커이고 래퍼이지, 우리는 뭉치고 강하지."

2절이 시작될 때 팻 베네타의 모습이 서서히 드러난다. 그녀는 검은색 옷을 입고 하얀색 헤드폰을 끼고 있는데, 장소는 어느 스튜디오다.

"가족이 헤어져 사는 걸 난 이해할 수 없어."

곧 피펑크P-Funk의 창시자인 조지 클린턴이 등장하는데, 그는 붉은색과 노란색의 붙임머리를 뽐낸다.

"정부는 우리가 할 수 있는 건 뭐든 한다고 말하지."

놀랍게도 지미 클리프와 대릴 홀이 완벽한 화음으로 노래를 부른다. 클리프는 세트장에 있고 홀은 여러 이미지를 겹쳐놓은 빛바랜 배경막 앞에서 마치 유령처럼 펄쩍펄쩍 뛴다.

"그런데도 사람들은 죽어가고 희망을 내던지지."

다시 거리의 모습으로 장면이 바뀌고 듀크 부티와 그랜드마스터 멜르 멜과 아프리카 밤바타가 함께 '선시티'의 순간을 나눈다.

"당신은 나를 살 수 없어, 당신이 얼마를 내든, 그래 뭐 어쩌라고."

클라이막스로 달려가며 보니 레이트가 "지금은 우리의 의무를 받아들일 때야"라고 노래하고, 바비 워맥이 "왜 우리만 늘 나쁜 놈이야?"라고 노래하고, 캘리포니아의 어느 부자 동네에서 밥 딜런과 잭슨 브라운이 "고향에서 쫓겨나, 여기는 가짜 고향"이라고 노래하고, 마지막으로 염소수염을 한 보노가 "우리는 형제자매들의 등에 칼을 꽂고 있지"라고 노래한다.

이 노래와 뮤직비디오에 참여한 뮤지션 가운데 몇몇은 자기가 살았고 또 노래했던 1980년대의 스타일을 후회할지 모르지만, 이 프로젝트에 참여한 일을 후회하는 사람은 아무도 없을 것이다.

선시티는 보푸타츠와나에 있는 리조트 겸 카지노의 이름이다. 보푸타츠와나는 아파르트헤이트 정책을 공식화했던 남아프리카공화국이 흑인의 '고향'이라고 인위적으로 정한 곳이다.◆ 이 뮤직비디오가 제작될 당시에 대부분의 뮤지션은 남아프리카공화국에서는 연주하지 않았다. 그러나 보푸타츠와나의 선시티 리조트는 예외였다. 이곳에서 그들은 아파르트헤이트에 반대하는 청중을 대상으로 노래할 수 있었다.

'선시티' 노래와 뮤직비디오는 레오 로빈슨이 네들로이드 킴벌리 호에서 남아프리카공화국 화물의 하역 작업을 거부한 것과 같은 대중적인 자각의 하나였다. 부두 노동자들이 그 화물선이 오도 가도 못하게 만들었을 때, 이 행동은 전 세계의 인종차별주의 정권에 반대하는 경제적 지원 시스템에 부인할 수 없는 물리적 증거가 되었다. '선시티' 뮤지션들은 선시티의 허위를 밝힘으로써 노래를 듣는 사람들에게 자기들이 인종차별주의 정권에 반대해야 하는 이유를 말했다.

그들이 세계가 인종차별적인 제도를 철폐하는 것을 도우려면 우선 그 제도와 현실을 직접 볼 필요가 있었다. 남아프리카공화국 사람들은 1948년에 아파르트헤이트 정책이 시행된 이후로 줄곧 여기에 저항했다. 1960년에 샤프빌 학살사건이 일어났다.[2] 평화적인 시위를 하는 사람들에게 경찰이 총격을 가해서 69명이 사망하고 180명이 부상당한 사건이었다. 이 사건이 일어난 뒤로는 남아프리카공화국 바깥에서도

◆　　　보푸타츠와나는 1971년부터 1994년까지 존재했던 자치구였다.

이 나라에서 행해지는 인종차별 행위를 부인하기 어렵게 되었다. 유엔은 이 인종차별 국가를 고립시키는 과정의 하나로 남아프리카공화국에 대한 군사 지원을 중단할 것을 권고했다.[3] 그때만 하더라도 그 과정이 그토록 길게 이어질지는 몰랐다.

샤프빌 학살사건 이후 25년이나 지났지만 아파르트헤이트는 건재했다. 프롤로그에서 언급했듯이, 수조 달러 규모의 경제적 파탄이 결국 아파르트헤이트에 최종적인 타격을 주었다. 그러나 이런 일이 일어나기까지는 레오 로빈슨과 선시티의 뮤지션들이 가면을 벗기려고 했던 추악한 정부의 실체, 그 근본적인 시스템을 다른 사람들도 함께 보아야만 했다.

인종차별 철폐는 우리가 이 장에서 초점을 맞출 '시스템(제도) 빼기'의 가장 좋은 예다. 역사학 교수인 이브람 켄디 Ibram Kendi는 《안티레이시즘 How to Be an Antiracist》에서 "'제도적 인종차별주의'라는 표현은 동어반복이다. 인종차별주의는 그 자체로 제도적이고 구조적이며 시스템적이기 때문이다"라고 지적한다.[4] 인종차별주의를 뺀다는 것은 시스템을 바꾸는 것이다.

시스템 안에서 일할 때의 어려움은 인종차별주의와 관련된 문제든 뭐든, 그 시스템을 지탱하는 구조를 정확하게 바라보는 것이 어려울 수 있다는 데 있다. 켄디도 "우리는 사람들의 투쟁 뒤에 음험하게 도사리는 정책을 바라보는 데 특히 서툴다"라고 말한다. 엠바카데로 고속도로를 빼는 것은 충분히 어려운 일이지만 그 고속도로는 해변 풍경을 가로막은 채 바로 우리 앞에 놓여 있다. 충분히 구체적이라는 말이다. 그러나 공정성을 가로막는 장벽을 없애는 문제에서는 다르다. 이 경우에는 출입이 금지된 지역을 찾는 데만도 저널리즘의 특별한 용기가 필요할 수 있다.

시스템을 올바로 바라보는 일은 빼기에 특히 중요하다. 우리는 그들 사이의 연관성을 완전히 이해하지 않은 채로 그저 맹목적으로 좋은 것을 추가할 수 있다. 그러나 나쁜 것을 제거하려면 먼저 그것을 파악하고 또 그것의 존재를 인정해야 한다. 인류 최초의 도시나 제도나 정책을 만든 우리의 조상들은 기존에 존재하는 것을 놓고 고민이나 걱정을 할 필요가 없었다. 그런 게 아예 없었기 때문이다.

그러나 우리는 고민하고 걱정해야 한다. 켄디가 "인종차별주의를 되돌릴 수 있는 유일한 방법은 그것을 지속적으로 식별하고 묘사하는 것이다"라는 말로 강조했던 이유도 바로 여기에 있다. 식별하고 묘사할 뿐만 아니라 큰 소리로 말해야 한다. 그것도 자주. 인종차별주의 반대에 대한 이 중요한 교훈은, 런-디엠시나 보노의 플랫폼이 없더라도, 또 당신이 맞닥뜨리는 편협함과 부패가 아파르트헤이트만큼 노골적이지 않다고 하더라도, 마음에 새겨둘 가치가 충분히 있다. 어떤 시스템을 개선하기 위해 빼기를 하려면 우선 그것을 봐야 하기 때문이다.

시스템의 혁신은 빼기로 가능하다

우리가 어떤 시스템을 확인하고 설명할 때 더 명확해지는 것은 인종차별 문제만이 아니다. 이를테면 아리스토텔레스는 돌과 땅이 비슷한 물질로 만들어졌기 때문에 돌을 들고 있다가 놓으면 돌이 땅에 떨어진다고 가르쳤다. 연기가 하늘로 올라가는 것은 연기가 땅보다는 공기와 더 가깝기 때문이라고 가르쳤다. 그러나 대상에 초점을 맞춘 아리스토텔레스의 이런 접근법은 변칙적인 현상, 즉 화살을 쏘았을 때 화살이 곧바로 땅에 떨어지지 않고 허공을 멀리 날아가다가 떨어지는 현상을 설명하려고 애쓴 것이었다. 갈릴레이는 화살과 별도로 존재하는 관성이나 마찰력이라는 개념을 도입했고, 그럼으로써 화살의 움직임을 더잘 설명했다. 갈릴레이의 과학은 대상을 동적 시스템dynamic system의한 부분으로 바라보는 쪽으로 바뀐 것이었다.

일반적으로 시스템은 사물과 생각과 이들 사이의 연결, 그리고 이들 주변에 있는 장(공간)으로 구성되어 있다. 이런 설명은 익숙하게 들릴 것이다. 이것이 더하기와 빼기를 통해서 우리가 바꿀 수 있는 상황을 지금까지 묘사해왔던 방법이다. 시스템은 자기들 사이의 동적 상호작용 때문에 자기의 행동을 예측할 수 없을 때 '복잡성'이라는 꼬리표를 획득한다.

우리가 고등학생 시절에 물리학 시간이나 수학 시간에 맞닥뜨렸던 상황 가운데 대부분은 복잡한 시스템으로 제시되지 않았다. 진자가 진동하고 있을 때 우리는 그 진자가 어떤 높이에서 처음 진동을 시작했는지 알아냄으로써 움직임을 예측할 수 있었다. 어떤 수학 문제든 풀이법이 아무리 많다고 하더라도 정답은 하나뿐이었다.

그런데 우리가 일상에서 맞닥뜨리는 상황은 대부분 복잡하다. 남아프리카공화국에서 생산된 포도주를 운송한다든가, 콘크리트로 덮인 도심을 재개발한다든가, 잠시도 편하게 쉴 수 없을 정도로 빡빡하게 짜인 군사 훈련 프로그램을 실행해야 한다든가 하는 상황이 그렇다. 단순히 사람 한 명을 소개하는 것만으로도 시스템을 예측불가능한 것으로 만들 수 있다.

앞에서 이미 확인한 빼기의 통찰은 이런 불확실성을 수용하기 때문에 우리에게 꼭 필요하다. 그러나 본질적으로 복잡한 상황에도 우리가 특별히 초점을 맞출 가치가 있는데, 그것은 그런 상황들이 더 많은 변수를 내놓기 때문만이 아니라 변화에 필요한 새로운 힘을 내놓기 때문이다. 많은 상황이 함께 연결될 때, 그래서 어떤 사람의 아웃풋이 다른 사람들의 인풋으로 이어질 때, 빼기를 통해서 중요한 것을 발견하고 이것을 따라가는 능력의 작은 차이는 결과에서 커다란 차이를 낳을 수 있다. 우리는 우리가 새롭게 발견한 빼기의 재능을 시스템 속에서 활용함으로써 그 재능을 크게 증폭할 수 있다.

1900년대 초에 독일에서 한 무리의 학자가 인간 행동을 이해하는 데 갈릴레이의 혁명을 이용할 수 있음을 깨달았다.[5] 그들이 품었던 중요한 질문은, 혼란스럽고 예측할 수 없는 세상에서도 인간은 어떻게 의미 있는 인식을 습득하는가 하는 것이었다. 인간 행동에 대한 이 새로운 개념은 독일어로 '인식'을 뜻하는 게슈탈트Gestalt였다.

당시에는 서로 분리된 뉴런(신경세포)과 자극과 반사작용이 인간의 행동을 구성하는 단위라는 인식이 지배적이었다. 대상에 초점을 맞춘 아리스토텔레스의 접근법과 마찬가지로, 이 단위는 행동에 대해서 많은 설명을 했다. 그러나 독일의 이단적인 과학자들은 모든 구성 요소와 이것이 속한 시스템을 통째로 고려할 때 더 많은 것을 설명할 수 있지 않을지 궁금해했다.

갈릴레이가 관성이나 마찰력처럼 대상과 독립적으로 존재하는 개념의 도움을 받아서 실험 관찰 내용을 인과적 영향과 연결시켰던 것처럼, 게슈탈트 학자들은 인간의 행동을 설명하는 데 도움이 될 보이지 않는 요인을 찾아나섰다. 쿠르트 레빈의 원자가, 즉 어떤 대상(케이트 오르프 경우에 단어)에 내재하는 선함이나 악함이 바로 그런 요인 가운데 하나다. 우리가 앞에서 사바나의 광장과 할렘의 포켓 파크를 설명하면서 개념을 빌어 쓴 레빈의 장(공간) 개념은, 이 모든 요인(즉 주어진 시간에 인간의 행동에 영향을 주는 모든 힘)의 총합을 대변하는 것으로 발전했다.

'장'과 '요인'이라는 개념틀은 레빈과 다른 사회과학자들이 인간의 행동을 어떤 목표를 향해 나아가는 욕구의 체계(시스템)로서 나타낼 수 있게 해주었다.[6] 예를 들어 빼기를 무시하고 소홀하게 대하는 태도를 장과 요인의 개념으로 설명할 경우에는, 우리 연구팀이 연구 실험 과정에서 발견했던 기본적인 실수까지 그 설명에 포함된다. 이런 설명은 양에 대한 감각과 건장함을 과시하려는 욕망과 같은 더하기 본능도 고려한다. 그렇기에 이런 설명은 경제적·금전적 인센티브나 상대적인 적음을 손실과 결부시키는 데서 비롯되는 정서적인 동요 등도 설명해준다.

관성과 마찰력이 갈릴레이의 이론 모델을 더 정확하게 만들었던 것처럼, 레빈의 접근법은 인간 행동을 더 잘 설명했다. 물론 모든 요인을 함께 고려하겠다면 예측가능성의 편안함을 내버리고 끊임없는 고뇌의 길을 걸어야 하겠지만 말이다.

빼기는 행동을 바꾸는 '좋은 방법'이다

다행히도 쿠르트 레빈은 작은 것을 예측하기보다는 큰 것을 발전시키는 데 관심을 가졌다. 폴란드의 유대인 가정에서 태어난 레빈은 교육 목적으로 독일로 이주했고, 히틀러가 권력을 잡자 독일을 떠나 미국으로 갔다. 레빈은 사회 문제에 깊은 관심을 가졌던 덕분에 예측할 수 없는 시스템을 이해하는 가장 좋은 방법 가운데 하나는 시스템 자체를 바꾸려고 노력하는 것임을 깨달았다.[7] 그는 보이지 않는 요인(힘)을 바꾸는 것이 때로는 시스템을 바꾸는 가장 좋은 방법이라는 것도 깨달았다.[8]

시스템을 바꾸는 한 가지 방법은 목표를 향해 작동하는 새로운 요인을 추가하는 것이다. 예컨대 레오 로빈슨과 부두 노동자들이 인종차별에 반대하는 단체들에 음식과 의약품을 보냈을 때, 뮤지션들이 아무런 금전적인 대가를 바라지 않고서 선시티 프로젝트에 참여했을 때 이런 요인들이 추가되었다.

그런데 보이지 않는 힘의 이런 요인이 우리에게 불리하게 작동하는 경우도 있다. 이럴 때는 이 요인들을 제거할 때 개선이 이루어진다. 우리는 아파르트헤이트를 철폐할 수 있고 또 인종차별주의를 없애자고 목소리를 높일 수 있다. 이럴 때 개선은 이루어진다.

많은 위대한 통찰들과 마찬가지로, 진보를 가로막는 요인을 제거하라는 레빈의 충고도 이제 돌이켜보면 확실히 맞는 말이다. 그러나 사람들의 머릿속에는 장애물을 제거해야겠다는 생각이 가장 먼저 떠오르지는 않는데, 이렇게 되고 마는 이유가 무엇인지 우리는 지금까지 반복해서 살펴보았다. 우리가 레고 블록 실험이나 격자 패턴 실험에서 빼기를 가장 먼저 떠올리지 못하는 현상은 문제가 있는 시스템이나 제도를 바꿀 수 있는 요인들을 가장 먼저 떠올리지 못하는 현상으로도 나타난다. 동일한 기제가 작동하기 때문이다.

우리 연구팀은 일련의 연구 실험을 통해서 이 현상을 확인했다. 우리 대학교에서 가장 최근에 진행된 전략적인 노력은 (대부분 다 그러듯이) 학생, 교수, 직원, 지역사회 구성원, 졸업생, 기부자 등의 집단에서 내놓는 아이디어를 모으는 작업에서 시작되었다. 이렇게 해서 대학교와 관련이 있는 모든 집단이 대학교라는 복잡한 시스템을 바꾸기 위한 각자의 전망을 제시했다.

게이브가 이 자료를 모아서 분석한 결과, 예상한 대로 온통 더하기 방식이 난무했다. 사람들은 더 많은 유학 보조금, 외국인 학생들을 대상으로 하는 더 많은 정신 건강 서비스, 더 많은 주거 선택권, 빙상 경기장 신설 등을 원했다. 이런 변화들의 대부분은 나에게 발전으로 보였다(사실 나는 우리 대학교에 하키팀이 있는 줄도 몰랐다). 그러나 개발되지 않은 잠재력 또한 분명 존재했다. 변화를 추구하면서 제안된 대략 750개의 아이디어 가운데서 빼기 방식을 채용한 것은 10퍼센트도 되지 않았기 때문이다.

어느 하나의 변화를 유도할 수 있는 선택지들의 전체 범주를 무시하고 간과하는 것만으로도 충분히 나쁘다. 그러나 시스템에 관한 한 빼기라는 방식을 무시하면 훨씬 더 큰 피해가 발생한다. 이미 객관적인 사실로 드러났듯이, 우리가 놓치고 넘어간 선택지가 거의 대부분 더 나은 선택지이기 때문이다.

대니얼 카너먼은 이것을 다음과 같이 표현한다.

"레빈의 통찰은, 만약 어떤 사람이 행동을 바꾸려고 할 때 이것을 행할 방법이 두 가지 있으며, 하나는 좋은 방법이고 다른 하나는 나쁜 방법이라는 것이다. 좋은 방법은 구속력을 발휘하는 요인을 줄이는 것이지 추진력을 발휘하는 요인을 늘리는 것이 아니다."**9**

레빈이 '나쁜 방법'이라고 말한 것은 좋은 행동에 대한 보상이든 나쁜 행동에 대한 처벌이든 더하기를 하는 방식이다. 이렇게 더할 경우 시스템 내부에 긴장이 커지기 때문에 나쁜 방법이라고 레빈은 설명한다.

만일 나나 아내가 에즈라에게 아이패드로 동영상을 보지 않고 책을 읽으면 쿠키를 주겠다고 약속한다고 치자. 이런 제안은 아이패드를 될 수 있으면 멀리해야겠다는 에즈라의 동기를 강화한다. 그러나 에즈라에게 쿠키를 주겠다고 한 약속은 에즈라가 아이패드의 유혹에 저항하는 것을 예전보다 더 쉽게 만들어주지는 않는다. 그래서 에즈라는 결국 그 유혹에 넘어간다. 이렇게 되고 말 때 쿠키를 주겠다고 했던 약속은 에즈라를 더 깊은 좌절의 늪으로 밀어넣는다.

그러나 나는 유혹적인 아이패드가 그 상황에서 에즈라 앞에 없게 하거나 아이패드의 화면이 보이지 않게 하거나 아이패드의 배터리가 방전되게 하는 등의 방식으로도 에즈라가 아이패드를 보는 대신 책을 읽게 하는 동일한 목표를 추구할 수 있다. 이것은 레빈이 시스템을 바꾸는 '좋은 방법'이라고 했던 한 가지 예다. 이 방식은 실질적으로 긴장을 완화하기 때문이다.

아파르트헤이트를 철폐하려고 노력하는 것도 똑같다. 다른 모든 조건이 동일하다면, 인종차별주의에 반대하는 단체들에 대한 인센티브를 추가하는 것은 인종차별주의 제도를 뒷받침하는 인센티브를 없애는 것보다 못하다. 변화를 추구하는 이 두 가지 방식은 각각 더하기와 빼기의 방식이다. 둘 다 인종차별주의가 덜한 방향으로 시스템을 바꾸려 하기 때문이다.

전자는 자유를 추구하는 투사들에게 투쟁을 위한 보다 더 많은 탄약을 제공하지만 후자는 투쟁 자체를 누그러뜨린다. 규모가 크고 복잡하며 또 중요한 요인들이 눈에 보이지 않는다는 시스템의 기본적인 성격 때문에 시스템을 바꾸는 데는 빼기의 방식이 훨씬 더 강력하다.

빼기의 효과를 증명하는 브라에스의 역설

쿠르트 레빈은 게슈탈트 학파에서 빼기의 지혜를 우리에게 제시한 유일한 학자가 아니다. 독일의 심리학자 쿠르트 코프카**Kurt Koffka**가 두 명의 여자와 네 번 결혼하는 과정에서 "전체는 부분의 합보다 크다"라는 말을 처음 사용했다고 한다.

코프카는 복잡한 시스템의 각 부분에 대해서 아무리 많은 것을 배워도 여전히 이 시스템의 행동을 예측할 수 없다고 말할 수 있는 단순한 방법을 발견했다. 위에 인용한 말은 스포츠 경기를 중계하는 아나운서들이나 동기부여 강연자들이 흔히 하는 말이지만, 코프카가 실제로 썼던 글을 빼기에 대한 올바른 인식 없이 오역한 것임이 나중에 밝혀졌다. 그가 제시했던 독창적이며 더 정확한 지혜는 다음과 같았다.

"전체는 부분의 합이 아닌 **다른 어떤 것**이다."

코프카는 '~보다 더 많다(크다)'고 잘못 해석한 것에 화가 났다. 그는 전체가 부분의 합보다 작을 수 있음을 알고 있었다. 그는 거듭 "이것은 더하기의 원리가 아니다"라고 말했지만, 아무 소용이 없었다.**10**

어떤 복잡한 시스템의 전반적인 성능을 높이기 위해서 이 시스템 가운데 어느 한 부분을 뺀다는 발상은 여전히 직관적으로는 이치에 맞지 않는 것처럼 들린다. 엠바카데로 고속도로가 철거된 뒤에 교통 상황이 예전보다 더 나빠지지 않자 사람들이 어리둥절했던 것도 이런 이유 때문이다. 한국의 서울에서는 2005년에 청계고가도로가 철거된 뒤에 교통 상황이 예전보다 나아졌지만, 사실 놀랄 일은 아니었다. 뉴욕시가 브로드웨이를 폐쇄하면서 타임스 스퀘어와 헤럴드 스퀘어의 교통을 통제할 당시에도 도시계획 전문가들은 새롭게 마련된 보행자 공간이 주변 도로의 교통량을 줄여줄 것이라고 예측했다.

도로 관련 사례는 독일의 수학자인 디트리히 브라에스Dietrich Braess 가 입증한 현상의 가장 구체적인 증거라고 할 수 있다. 브라에스는 어떤 시스템에 용량을 추가해서 늘릴 때 그 시스템의 전반적인 성능이 줄어들 수 있다고 계산했다. 즉 더하기를 활용한 부분의 합보다 기존의 전체가 나을 수도 있음을 깨달았던 것이다. 도로 시스템에서 그의 수학이 맞아떨어지는 데는 이유가 있다.[11] 운전자들이 어떤 통행 노선을 다른 노선보다 선호하는지 여부는 도로의 성능뿐만 아니라 교통량에도 좌우되는데, 교통량이 운전자의 복잡한 행동에 따라서 달라지기 때문이다.[12]

새로운 도로가 생기거나 기존 도로가 철거될 때, 운전자들은 각자 자기만의 최적 노선을 찾으려고 노력한다. 모든 운전자의 최적화가 진행된 후 새롭게 형성된 충족화 평형satisficed equilibrium은 전반적인 성능이 좋아진 수준일 수도 있고 나빠진 수준일 수도 있다. 청계고가도로의 철거로 서울의 교통 상황이 나아진 것은 그 시스템이 하나의 최적 상황에서 다른 최적 상황으로 바뀌었기 때문이 아니다. 도로 철거가 운전자들을 뒤흔들어서 최적이 아닌 상황에서 최적이 아닌 또 다른 상황에 빠져들게 만들었기 때문이다. 빼기의 방식이 상황을 더 나쁘게 만들 수도 있었지만, 기본적으로 운에 따라서 달라질 문제였다. 분명한 점은 이것이 더하기의 원리가 아니라는 사실이다.

전체에 속한 부분 중에서 어떤 것을 뺄 때 전체 성능이 좋아질 수 있다는 브라에스와 코프카의 지혜는 도로에만 한정되지 않는다. 전력망[13]이나 생물학적 시스템[14]이나 대학교 축구 리그에서도 이 지혜를 확인할 수 있다.

우리 대학교 축구팀은 변화를 절실하게 필요로 하는 시스템이었다. 우리 팀에는 그 한 해 전의 리그에서 우승한 선수들이 대부분 포함되어 있었기에 다른 팀들에 비해서 1년이라는 경험을 더 가진 셈이었다. 그러나 우리는 4개 팀이 겨루는 포스트시즌에 꼴찌 성적으로 간신히 진출했다. 우리가 토너먼트에서(이 토너먼트는 우리에게 월드컵이나 다름없었다) 우승하려면, 톱시드를 받은 상대 팀을 이겨야 했다. 상대 팀이 시즌 중에 우리와 맞붙어서 패배를 안겨주었던 팀이고 또 그들의 홈 경기장에서 경기해야 하는 불리한 조건까지도 극복해야 했다. 이 경기에서 이기고 나면, 시즌 중에 역시 우리를 이겼던 다른 두 팀의 승자를 상대로 우리 홈 경기장에서 경기를 벌여 이겨야 했다.

시즌 중에 우리 팀 코치진은 우리가 두려움에서 벗어나게 하려고 온갖 노력을 다했다. 선수들의 포지션을 바꾸기도 했고, 나태한 관성에 빠진 고학년 선수들을 빼고 신입생을 투입하기도 했다. 코치진은 고함을 질렀고, 달래기도 했고, 지시를 했으며, 또 귀를 기울였다. 토너먼트를 앞둔 상황에서 이제 우리에게 주어진 연습 기회는 몇 차례 남지 않았다. 우리로서는 더 나은 역량을 발휘해야 할 필요성이 간절했다. 코치진은 그렇게 할 수 있는 선택권을 모두 다 써버렸다.

이쯤에서 당신도 짐작하겠지만, 마지막 몇 차례 연습에서 코치진은 빼기라는 방식에 눈을 떴다. 그 연습 기간에 코치진은 연습 경기에 열한 명이 아닌 아홉 명의 선수만 뛰게 했다. 이 조치로 선수들을 뒤흔들어서 우리가 유지하던 차선의 균형에서 벗어나게 했다. 우리가 아홉 명 체제로 제대로 기능하기 시작하자 코치진은 그제야 비로소 두 명을 더 투입해서 열한 명을 맞췄다. 이렇게 해서 우리의 축구 팀은 기존과는 다른 시스템을 갖추었다. 우리는 포스트시즌에서 보다 훨씬 더 나은 경기력을 보였고, 최종 토너먼트에서 우승했다.[15]

레고 블록 구조물을 완성하거나 써놓은 글을 고치거나 앤디의 격자 패턴의 좌우 대칭을 맞출 때 우리는 빼기를 생각하지 않으며, 또 제대로 작동하지 않는 시스템을 개선하려 할 때도 무언가를 더할 생각만 하지 뺄 생각은 하지 않는다. 빼기라는 행위는 상상조차 하기 어려운 것이어서, 쿠르트 코프카조차도 그 발상을 온전하게 이해하지 못했다. 빼기를 통해서 시스템이 개선될 수 있다는 사실이 기초 수학으로 증명되었을 때, 이 발견은 '브라에스의 역설Braess's paradox'이라는 이름으로 알려졌다. 마치 통상적인 방식으로는 이해할 수 없는 어떤 변칙적인 현상인 것처럼 말이다.

시스템을 바꾸고 싶다면 먼저 해야 할 일들

시간이 흐르며 나에게 축구가 더는 흥미로운 시스템이 아니게 되었을 때 나는 대형 건물의 설계와 건축을 관리했다. 바로 그 무렵에 나는 새로운 견해를 형성했다. 시스템을 '복잡하다'고 부르는 발상이(실제로 맞다고 해도) 우리가 기울여야 할 관심의 초점을 당연히 있어야 할 위치가 아닌 다른 먼 곳으로 밀어낸다는 것이다.

내가 맡아서 했던 전형적인 프로젝트는 뉴저지주 엘리자베스에 있는 한 학교를 대상으로 한 것이었다.[16] 지금 이 학교에 다니는 학생은 어린이집에 다니는 유아부터 8학년까지 수백 명인데, 이 학교를 짓는 프로젝트는 오랫동안 방치되었던 일을 함으로써 지역사회에 꼭 필요한 개선 작업을 수행한다는 목적 아래 주 전체 차원에서 진행한 프로그램의 한 부분이었다. 학교 건물은 3층이고 지하는 주차장이다. 교실은 수십 개이고, 체육관과 카페테리아가 하나씩 있다. 건물 바깥에는 놀이터와 포장된 통로, 버스 승하차장이 있으며, 또 보안문이 있고 울타리가 둘러쳐져 있다.

학교를 짓는 일에 내가 도움이 되었다는 생각을 할 때면 나는 늘 기분이 좋다. 나의 형제들은 내가 그 프로젝트에서 실제로는 아무것도 하지 않았음을 상기시키며 나를 놀리고 재밌어한다. 나와 나의 형제들의 관점이 이렇게 다른 이유는, 나와 나의 회사는 그 학교를 짓는 일에서 물리적인 작업을 도운 게 아니라, 그 일이 매끄럽게 진행되도록 만드는 매우 복잡한 시스템상의 문제를 처리하는 일을 맡아서 했기 때문이다.

엘리자베스에서 그다지 까다롭지 않은 이 학교 건물을 짓는 일에도 수백 가지 자재나 부품이나 설비를 선택하고 조달하고 또 조립해야 했다. 변기에 달린 물 내리는 레버 같은 기본적인 것도, 건축가와 엔지니어들은 재료가 무엇이고 어떻게 작동해야 할지 명세서에 정확하게 표시해야 했다. 그러면 나같은 사람이 이 명세서를 검토해서 레버 공급업자에게 주문서를 보낸다. 그러면 관심 있는 공급업자들은 자기가 좋다고 여기는 변기 레버에 대한 정보를 두툼하게 묶어서 시공자에게 돌려준다. 이 정보에는 선명하게 찍은 사진, 설명서, 치수와 관련된 계산 내용, 개략도, 가격, 해당 부품이 독립적인 검증기관의 검증을 거쳤다는 증명서 등이 포함되는데, 이렇게 되돌아오는 정보만 하더라도 수백 쪽 분량이 될 수 있다. 그러면 도급업체는 변기 레버를 납품하겠다는 업체들을 평가하고 선정한 다음 설계자에게 넘긴다.

때로는 하도급업체 한두 곳이 공급업체와 도급업체 사이에서 필요한 것을 검토·승인하기도 한다. 설계자는 레버가 제대로 보이는지 확인하기 위해, 엔지니어는 레버 설치 작업을 시방서대로 완료하기 위해 모두 레버와 관련된 선택 사항들을 검토한다. 교사들이 사용하는 화장실의 변기에 설치하는 레버의 경우 현명한 건축가라면 교사 집단을 대표하는 사람에게 확인을 받는 과정을 거쳐서 나중에 생길지도 모를 분쟁을 예방할 수 있다. 이 모든 것이 끝나고 나면, 건축가는 처음에 제출되었던 사항을 승인하거나, 도급업체에게 더 많은 정보를 요청하거나, 알아듣게 다시 한번 설명해달라고 말할 수도 있다.

지금까지 우리는 활동과 정보와 관계로 구성된 어떤 체계 하나를 간신히 끝냈지만, 우리가 한 건 겨우 변기 레버 하나일 뿐이고, 우리는 이미 지칠 대로 지쳐버렸다. 그런데 학교 건물을 짓는 데 들어가는 모든 자재나 부품이나 설비를 놓고서 이런 과정을 수천 번이나 반복해야 한다.

건축자재를 확보하는 복잡한 일에 대응하는 한 방법은, 최근에 대학교를 졸업한 졸업생을 고용해서 모든 과정을 추적하게 하는 것이다. 그래서 나는 건축가가 작성한 명세서를 검토한 다음에 필요한 모든 재료의 목록을 만들었다. 프로젝트가 진행되는 동안에 나는 공급자들이 어떤 것을 요청했는지, 건축가들에게는 어떤 것을 보냈는지, 어떤 것이 승인을 받았는지 등을 추적했다. 이 일은 최근 졸업생이 승진을 위해 노력하거나 대학원을 고려하도록 동기를 부여하기에는 완벽한 일이다.

적절한 재료를 선택하고 확보하는 데는 복잡성이 존재하며, 이 재료들을 안전하고 시의적절한 방식으로 결합하는 데도 복잡성이 존재한다. 학교 건물을 완성하기까지 수천 명이 수천 번에 걸쳐서 수천 번의 방식으로 참여했다. 건축가, 엔지니어, 도급업자는 모두 제각기 다른 전문성과 동기를 가지고 있었다. 이들뿐만이 아니었다. 건물을 사용할 학생, 교사, 직원과 건물을 유지하고 운영할 관리자와 기술자, 모든 계획을 승인하고 지출결의서에 서명한 관리자와 주 공무원도 마찬가지였다.

사실 이렇게만 말하는 것도 부족하다. 3층짜리 학교 건물을 짓는 일은 대부분의 프로젝트와 마찬가지로, 단순히 건물 하나를 짓는 것이 전부가 아니라 규모가 훨씬 더 큰 학교 건축 프로그램의 일부였으니까 말이다.[17] 누군가는 예산이나 일정을, 그리고 다른 프로젝트들이 기금 모금 계획과 온갖 정치적인 사건(예로, 크롬 도금 변기 레버를 강하게 밀어붙였던 학교장이 다른 사람으로 대체될 가능성) 등과 어떻게 조율되는지 같은 사항을 고려해야 했다. 내가 상대하는 모든 사람은 그 프로젝트의 특정 측면을 나보다 많이 알고 있었다. 내 임무는 그 사람들이 전체 시스템 안에 자기가 얼마나 잘 맞게 녹아드는지 살피도록 돕는 것이었다.

이제 당신은 복잡성의 문제를 드러내는 일이 얼마나 성가시고 번잡하고 질리는 일인지 알았을 것이다. 이제는 본질을 찾는 일로 넘어가 보자. 본질은 영혼의 복잡성이다. 이것은 더는 축소할 수 없는 최소 단위의 구성 요소다. 이를테면 생물학적 진화로 빚어지는 모든 복잡성은 DNA 내의 유전자 암호를 구성 요소로 하여 형성되고, DNA는 네 개의 물질◆로 구성되며 이 네 개의 물질 가운데 세 개가 결합한 패턴으로 드러난다. 본질은 바로 유전자 암호다.

시스템에서 본질을 찾는 것은 분류의 문제가 아니라는 점이 중요하다. 즉 내가 학교 건물 건축과 관련해서 기능별로 분류해 가지고 있던 (변기 레버는 분류 기준에 따르면 224000 섹션에 포함되어 있었다) 거대한 규모의 분류와 관련된 문제가 아니라는 말이다. 세분화는 각각의 세부적인 사항을 언제든 확인할 수 있는 장치였고 우리는 전체 프로젝트를 작은 부분으로 나눔으로써 전체 프로젝트를 더 쉽게 이해할 수 있다.

내가 해야 하는 궁극적인 일은 건축자재의 확보 가능성이 건축 작업의 진전에 어떤 영향을 미치는지 이해하는 것이었다. 그걸 이해하려고 배관 설비를 모두 세분화할 수는 없었다. 나는 모든 분류 내용을 살펴봐야 했다. 그리고 규모가 작은 목록들을 하나로 결합한 다음에는 처음 출발했던 지점으로 곧바로 돌아왔다. 감당할 수 없을 정도로 많은 정보를 가지고서 말이다.

전체 시스템을 여러 개의 세부적인 단계로 쪼개면 쪼갤수록 각 단계들 사이의 중요한 연결점을 그만큼 많이 잃어버리게 된다. 노동을 너무 많은 분업으로 쪼개면 각각의 분업 노동 사이의 연결점을 그만큼 놓

◆ 아데닌(A), 구아닌(G), 시토신(C), 티민(T).

치게 되고, 결국 나는 더 많은 일을 하게 되었다. 나는 우리가 가진 것을 그저 세분화했을 뿐이었지만, 그렇게 해서는 각각의 정보가 무엇을 의미하는지 알 수 없었다.

건축 과정을 구성하는 것으로는 수많은 단계와 관계와 보강이 있었다. 그리고 의사결정을 내릴 때는 이 모든 것을 고려하는 것이 오히려 해로웠다.

뉴저지의 엘리자베스에 있는 그 3층짜리 학교 건물을 완성하기까지, 공사를 책임지고 있던 현장소장은 자기가 받기로 한 보상을 받기까지 나보다 훨씬 더 많은 일을 했다. 그는 내가 정리한 건축자재 목록이나 공사 일정 관련 목록을 전혀 보지 않았다. 대신 그는 자기가 작성한 아주 짧은 분량의 몇 가지 목록을 가지고 있었다. 그는 반질반질하게 닳은 청바지 주머니에 들어 있던 여분의 종이에 낙서하듯 휘갈겨 메모하거나 머릿속에 메모했다. 그는 그 프로젝트를 진행하는 데 가장 중요한 몇 가지의 건축자재와 단계들을 정리한, 훨씬 더 가치 있는 목록을 가지고 있었다. 이것이 현장소장과 내가 다른 점이었다.

현장소장이 그런 목록을 개발하기까지는 수십 년이 걸렸다. 내가 대학교에서 들은 공학 과정의 여러 강의에서(혹은 축구 연습을 하는 과정에서) 배우지 못한 게 있었는데, 복잡한 시스템에서 의사결정을 내릴 때 사용하는 보조 도구로는 포괄적인 길고 긴 목록보다 요약된 짧은 목록이 더 효과적이라는 사실이다.

무엇을 남기고 무엇을 뺄 것인가

더 적은 내용을 담고 있는 목록이 더 나을 수밖에 없는 이유를 이해하려면, 우선 작업기억 working memory이라는 개념을 알아야 한다. 이것은 우리가 처리할 수 있는 정보를 일시적으로 보관하는 인지 시스템이며, 우리가 어떤 변화를 추구하려 할 때 얼른 떠올릴 수 있는 아이디어를 담고 있는 임시 기억 창고다.◆

우리는 시스템의 모든 세부 사항을 다 드러낼 수 없으며, 모든 정보를 사용하겠다는 기대도 할 수 없다. 세부적인 구체성과 유용성 사이의 이 긴장은 오랫동안 상상력의 발판이었다. 작가 루이스 캐럴 Lewis Carroll 과 호르헤 루이스 보르헤스 Jorge Luis Borges 는 각각 완벽한 지도를 만들겠다는 환상을 품었다.[18] 가상의 지도 제작자는 자기가 만드는 지도 안에 시스템의 모든 복잡성을 담아내려고 세부 사항을 계속 추가한다. 결국 이 지도들은 각각 대상이 되는 제국을 완벽하게 묘사하게 되지만, 당연히 방대질 수밖에 없다. 보르헤스의 말에 따르면 "결국 지도는 태양을 가리고 말았다".[19]

이 작가들은 세부적인 구체성의 한계를 탐구하기 위해서 스토리를 사용했다. 심리학자 조지 밀러 George Miller 는 일련의 실험을 통해 우리의 작업기억은 실제 지도를 만들기 훨씬 전에 이미 한계에 도달한다는 사실을 보여주었다.[20]

"문제는 내가 줄곧 (수학의) 정수 때문에 시달리고 있다는 점이다."

이 문장은 밀러가 발표한 학술 논문의 첫 문장인데, 특히 1956년에 발표된 학술 논문의 첫 문장으로는 범상치 않게 유쾌하다. 작업기억의 한계를 다루는 이 논문에서 그는 불쾌하기 짝이 없는 정수를 7(±2)이

◆　　　　즉 감각 기관을 통해 입력된 정보를 단기적으로 기억하며 능동적으로 이해하고 조작하는 시스템이다.

라고 밝힌다. 밀러의 이 논문은 7이 우리가 동시에 생각하거나 조작할 수 있는 사물이나 대상의 정확한 숫자라는 것으로 종종 해석된다. 그러나 7이라는 숫자에 집착하지 마라. 작업기억에 대한 우리의 이해는 밀러가 바라던 대로[21] 밀러 이후 많이 발전했다. 그러나 우리가 가진 작업기억의 용량이 심각할 정도로 제한적이고, 동시에 생각하거나 다루는 대상이 종종 7개도 되지 못한다는 그의 발견[22]을 지금까지 여러 학자가 반복해서 입증했다.

이 말은, 어떤 복잡한 시스템을 놓고 생각할 때는 자기의 작업기억 용량이 압도되는 상황을 될 수 있으면 피해야 한다는 것이다. 법률 소송이 벌어질 때는 수천 개의 항목이 적힌 목록을 제출해야 한다. 남아프리카공화국 화물이 실린 화물선의 하역 작업을 거부한 경우에는 그 나라의 법률까지도 소환될 수 있다. 그러나 이런 것은, 우리가 정보를 기억하고 활용해야 할 시점에는 태양을 가리는 실물 크기의 거대한 지도일 뿐이다. 시스템을 바꾸려면 본질을 찾아야 한다. 즉 구체적이고 세부적인 사항들은 빼야 한다.

이 지점에서 우리 앞에 놓인 질문을 정리하면 다음과 같다.

'무엇을 남기고 무엇을 뺄 것인가?'

시스템 과학이라는 빠르게 진화하는 과학 분야에 대해 내가 읽은 바로는 환경학자 도넬라 메도스**Donella Meadows**가 이 분야의 최고 권위자다. 메도스는 매사추세츠공과대학교 연구팀의 일원으로 복잡한 시스템이라는 연구 분야를 개척했다. 메도스의 연구팀은 가장 완벽한 지도를 제작하는 사람들처럼 이 세상에 대한 상세하기 짝이 없는 모델을 만들었다. 경제적 생산, 공해, 재생불가능 자원 사용 등과 같은 인간적인 변수를 가지고서 지구의 다양한 시스템을 포괄하는 모델이었다. 메도스는 또한 다트머스대학교에서 30년 동안 복잡한 시스템에 대해 강의도 하고 글도 쓰면서 본질적인 것을 추구하고 이것을 다른 사람들과 공유했다. 그녀는 복잡한 체계를 너무나 잘 알고 있었기 때문에 그 체계를 단순하게 설명할 수 있었다. 시대를 초월하는 그녀의 저서 《ESG와 세상을 읽는 시스템 법칙 Thinking in Systems》[23]이 바로 그 증거다.

《ESG와 세상을 읽는 시스템 법칙》은 시스템의 목표가 무엇인지 찾는 것을 강조한다. 메도스의 표현을 따르면, "그 시스템은 무엇을 성취하고자 하는가?"라는 질문을 통해 목표가 무엇인지 발견할 수 있다.

이 질문은 간단하지만, 우리는 그 질문을 해야 한다는 사실을 까맣게 잊어버리거나 거기에 주의를 기울이지 않는 바람에 잘못된 목표를 가정하고 만다. 나는 3층짜리 학교 건물을 건축하는 과정에서 각 과정이 추구하는 목표, 즉 전체 프로젝트에 어떤 영향을 미치는지 파악해야 하는 목표를 별로 생각하지 않았다. 만약 내가 그 목표를 분석했다면 아마도 나는 모든 마지막 자재의 상태를 수집하는 것에만 만족하지 않았을 것이고, 따라서 현장소장이 가지고 있던 지혜에 조금이라도 더 가깝게 다가갔을 것이다. 현장소장의 주머니에 들어 있던 자투리 종이에 적힌 내용은 우리가 실제로 사용할 수 있는 지식이었다. 나는 나만의 우선순위 목록을 가지고서 한정된 시간과 사회적 자본으로, 건축가가 변기 레버를 승인하도록 어떻게든 그를 구슬려야만 할지, 아니면 그가 구조용 강재로 작업하도록 내버려둘지 평가할 수 있었지만, 실제로 그러지 못했다.

구체적이고 세부적인 사항에서 본질을 뽑아내는 것이 쉽다는 말이 아니다. 유능함을 과시하고자 하는 동물적인 욕구가 파일 폴더 늘리기나 하버드대학교의 논술 문제에 답안을 적는 데 발동한다면, 이 본능은 학교 건물을 지을 때도 분명 발동한다고 볼 수 있다.

그러나 빼기라는 도전 과제의 어려움은 시스템이 복잡할수록 커지며, 그에 따라 보상도 더 커진다. 불필요한 세부 사항을 빼는 것은 우리가 개입할 지점이나 방식을 명확하게 하는 방법이다. 가장 먼저 필요한 것이 아파르트헤이트를 온전하게 이해하는 것임을 깨닫기 위해서 우리는 세부 사항을 치워버린다. 또 화물선에서 하역 작업이 이루어지지 않도록 방치하는 것이나, 록스타들이 총출동한 '선시티' 프로젝트와 이 노래의 뮤직비디오를 만들어서 배포하는 것이 효과가 있음을 우리는 깨닫는다. 인종차별주의를 확인하고 묘사하는 것이 그것을 철폐하기 위한 첫 단계임을 깨닫는다. 이렇게 우리는 전체 시스템을 바꿀 힘을 얻는다.

복잡함 앞에서는 세부 사항을 빼라

내 여동생 캐리는 응급실 의사다. 캐리는 응급실 의사로서 늘 복잡한 시스템을 처리한다. 숨을 쉬지 못하는 어린아이, 인슐린 수치가 위중할 정도로 낮은 당뇨병 환자, 고관절 통증에 시달리는 노인 환자 등 응급실에 들어오는 모든 환자는 저마다 독특하고 예측할 수 없는 긴박한 상황에 놓여 있다. 다행히도 동생은 의과대학에서 몇 년 동안 공부했으며, 지금도 휴가를 놀고 즐기는 데 쓰지 않고 환자를 치료하는 방법과 관련된 지식을 방대하게 쌓고 또 다듬는 데 쓴다.

새로운 환자가 응급실에 들어올 때마다 캐리는 수면 부족에 시달리는 뇌를 흔들어 깨워서 의학적인 전문 지식에 접근해야 했고 또 그 지식을 긴급한 처방이 필요한 환자에게 적용해야 했다. 여러 환자에게서 동일한 통증이 있다고 하더라도 통증의 원인은 환자마다 다를 수 있으며, 따라서 환자들마다 다른 처방을 해야 한다. 난생처음 술을 마시고는 의식을 잃어버린 청소년이 응급실로 실려왔다면, 몇 달에 한 번씩 의식을 잃곤 하는 50세 중년 환자를 치료할 때와는 전혀 다르게 접근해야 한다.

캐리가 단 한 명의 환자를 상대하는 경우는 거의 없다. 어떤 사람이 요리를 하다가 실수로 손가락을 베어서 캐리가 근무하는 응급실로 갔다고 치자. 이 사람이 의사의 응급처치를 아무리 오래 기다렸다고 하더라도, 심장마비를 일으킨 사람이 응급실로 들이닥치면 이 사람의 순번은 뒤로 밀릴 수밖에 없다. 이처럼 캐리는 응급실에 실려오는 각 환자의 상태와 여러 환자 사이의 상대적인 조건까지 동시에 고려해야 한다.

캐리는 이 모든 상황을 '장'이라는 하나의 맥락 속에서 파악한다. 마취과 의사가 한 명밖에 없고 두 사람의 환자가 똑같이 응급 수술을 받아야 할 때, 캐리는 두 환자 가운데서 어떤 사람의 수술이 더 긴급한지, 어떤 사람의 수술을 다른 마취과 의사가 달려올 때까지 미룰 수 있는지 판단해야 한다. 전화로 긴급하게 호출할 마취과 의사가 어디에 사는지, 그곳에서 병원까지 오는 길의 교통 사정이 어떨지까지도 내 동생은 훤하게 꿰뚫고 있을 것이라고 나는 장담한다.

캐리 이야기를 계속 더 할 수도 있지만, 내가 무슨 말을 하려는지 당신은 이미 알아차렸을 것이다. 캐리는 예측할 수 없는 시스템에 엄청나게 많이 맞닥뜨린다. 이 시스템은 온갖 무한한 가능성을 가지고 있는데, 그 모든 가능성을 일일이 다 따질 시간적인 여유가 캐리에게는 없다. 그녀의 눈에는 보이지 않는 환자들의 상태가 시시각각으로 악화되기 때문이다. 가능한 모든 변수의 개수와, 이 변수들을 놓고 가늠할 수 있도록 캐리가 힘들게 획득한 능력을 감안할 때, 그녀가 사용하는 환자 분류 절차는 놀랍도록 간단했다. 고도로 훈련된 모든 응급실 의사가 사용하는 이 환자 분류 절차는 다음과 같은 순서로 판단을 유도한다.

- **이 환자에게 목숨을 살리기 위한 즉각적인 조치가 필요한가?**
  (조금도 지체할 수 없는 긴급한 환자인가?)
- **이 환자에게는 얼마나 많은 자원이 필요한가?**
- **이 환자의 활력징후◆는 얼마인가?[24]**

이게 전부다. 환자 분류 절차는 응급실이 맞닥뜨리는 시스템을 핵심만 남기고 모두 빼버린다. 그 덕분에 내 동생이 응급 환자를 치료하는 상황이 개선된다.

캐리는 존스홉킨스대학교 의과대학에 진학해서 피터 프로노보스트**Peter Pronovost**라는 젊은 의사와 함께 수업을 들었는데, 그는 세부적이고 구체적인 사항을 빼는 것이 어떻게 사람의 목숨을 살리는지 입증했다.**[25]** 프로노보스트는 중심정맥관 카테터 삽입술을 개선하고 싶었다.

◆   사람이 살아 있음을 보여주는 호흡, 체온, 심장 박동 등의 측정치.

여기서 카테터는 혈액을 뽑아내거나 용액과 약제를 신체 내부에 투여하는 데 사용하는 얇은 플라스틱 튜브다.

카테터 삽입을 최적화하는 것은 심장을 이식하거나 뇌종양을 정확하게 도려내는 것만큼 영웅적으로 들리지는 않는다. 캐리가 어릴 때 즐겨 보던 의학 드라마 가운데서도 카테터 삽입이 내용 전개에서 중요한 사건으로 다루어진 적은 없었다. 그러나 프로노보스트는 미국에서 해마다 카테터 감염으로 인해 약 3만 명이 사망하는 것을 알고 있었다. 이 수치는 자동차 사고 사망자만큼 높았다.[26]

카테터를 삽입하려면 수십 가지나 되는 단계를 거쳐야 한다. 환자를 마취해야 하고, 공기색전◆이 일어나지 않도록 카테터의 위치를 정확하게 잡아야 하고, 엑스레이로 카테터의 위치를 확인하는 등의 단계가 있다. 각각의 단계는 의사의 생각과 판단과 신체적인 기량을 요구한다.[27] 탈수 상태의 열 살짜리 아이에게 카테터를 삽입하는 것은 뇌진탕을 일으킨 미식축구 선수에게 카테터를 삽입하는 것과 당연히 많이 다르다. 의학 잡지에 실린 중심정맥관 카테터 삽입술 요약글은 무려 35쪽이나 된다.[28] 그런데 이 내용을 보완한 중심정맥관 카테터 삽입술을 설명하는 자료의 분량은 다른 잡지 기사들이나 전문가의 의견들과 온갖 임상 자료를 포함해서 수천 쪽이나 된다.

프로노보스트와 그의 연구팀은 감염을 막기 위해서 모든 복잡성과 그 이상을 고려했다. 그런 끝에 그들은 의료 전문가들에게 다음과 같이 제안했다. 손을 비누로 깨끗하게 씻을 것, 소독약으로 환자의 피부를

◆　　　기포가 혈관을 따라 순환하다가 혈관을 막는 현상.

소독할 것, 환자의 전신을 멸균 천으로 씌울 것, 멸균 마스크와 모자와 가운과 장갑을 착용할 것, 카테터 삽입 부위에 소독용 드레싱을 둘 것.

이 단계들은 매우 간단하다. 그러나 결과는 놀랍다. 의사들에게 이런 조치를 따르도록 상기시킴으로써 존스홉킨스대학병원과, 주 차원에서 이 조치를 일찌감치 따랐던 미시간과 로드아일랜드에서는 카테터 감염 사례가 거의 발생하지 않았다.[29] 세부적인 사항을 빼버릴 것. 그렇게 함으로써 본질을 포착할 것. 바로 이 조치가 지금까지 수천 명의 생명을 구했다.

물론 모든 세부 사항을 무시할 수는 없다. 피터 프로노보스트와 그의 연구팀은 수술이 진행되는 동안 병원에 화재가 일어나는 사건이 해마다 100건 넘게 일어나며 또 이런 화재로 수술을 받던 환자가 사망하기까지 한다는 사실도 알았다.[30] 그렇지만 그들은 카테터 삽입 수술의 점검목록표에 이런 화재에 대한 주의를 따로 넣지 않았다. 그 주의사항을 넣으면 화재로 인한 사망 사건을 한두 건 예방할 수 있었겠지만, 목록의 내용이 길어지면서 상대적으로 더 위험한 감염에 대한 예방책이 소홀하게 다루어져 무용해질 수도 있기 때문이다.

같은 맥락에서, 나는 응급실 환자 분류 절차를 사용할 수 없다. 그것은 게으른 더 적음의 치명적인 버전이 될 것이다. 그러나 캐리는 대학에서 전 과목 A학점을 받았고,[31] 의대에서 4년을 보냈으며, 의사 시험을 통과했고, 경험 많은 응급실 의사 사이에서 레지던트로 3년 동안 배우고 일했다. 그녀는 직장 생활의 대부분을 응급실에서 보냈고, 직장에 가 있지 않는 시간에는 대부분 응급실을 생각하며 보냈다.

이 모든 점을 고려할 때, 캐리의 기술은 단순한 단계들을 통할 때 가장 잘 발휘된다. 손가락을 벤 당신이 응급실의 대기실에서 얼마나 오래 기다려야 할지, 당신이 어떤 처치를 받을지는 캐리가 힘들게 얻은 전문 지식과 천부적으로 타고난 이해력에 따라서 달라진다. 그러나 환자 분류 절차는 세부 사항을 빼버림으로써 응급실 의사들이 자기 업무의 본질에 집중할 수 있도록 돕는다. 이 의사들은 자기가 가진 정교한 지식과 이해를 가지고서, 빼기가 과연 시스템 자체를 개선할 수 있을지 탐구하는 차원으로 넘어갈 수 있다.

변화는 빼기에서 시작되고 빼기로 끝난다

이 시점에서 살펴볼 대상이 바로 빼기 점검목록표다. 시스템에서 빼기가 작동하는 방식을 파악하는 것에서 시스템을 바꾸는 데로 나아갈 때, 이 점검목록표를 작업기억에 저장해둘 수 있다. 상대적인 적음을 찾고 또 공유하는 데 도움으로 삼고자 우리가 수집하는 소중한 도구 가운데서도 특히 이 점검목록표는, 우리가 그렇게 하는 과정의 본질적인 단계들을 기억하는 데 도움을 준다.

시스템을 바꾸려고 노력하기 **전에** 세부 사항을 빼는 것은 응급실에서 의사들이 사용하는 환자 분류 절차와 마찬가지로 점검목록표에서 맨 먼저 나오는 항목이다. 스프링스틴의 '사무라이 음반'처럼 눈에 잘 띄는 더 적음을 고집하는 것 역시 그 목록표에서 상위에 배치된 항목이다. 다른 두 단계는 빼기를 먼저 하는 것과 그렇게 뺀 것을 재사용하는 것이다. 어떻게 하는 것인지는 젠가와 도넛의 구멍을 통해서 금방 배우고 기억할 수 있다.

젠가 게임은 체스나 카드처럼 오래전부터 있었을 것이라고 추정할 수 있을 정도로 단순하다.[32] 사실 젠가는 1980년대 중반에 탄생해 가나에서 영국으로 넘어갔다. 이후 레슬리 스콧이 전 세계로 전파했는데, 스콧은 그 뒤로도 수많은 장난감을 발명했다. 장난감 개발의 역사에서 보자면 인류는 컴퓨터 게임인 테트리스가 나왔던 때와 거의 비슷한 시기에 직육면체 블록을 차곡차곡 쌓은 탑에서 블록을 하나씩 빼내는 것을 생각해냈다.

젠가 게임에서는 게임을 시작하기 전에 이미 블록이 한 층에 3개씩 층마다 방향이 엇갈리게 쌓여서 탑 형상의 구조물을 이루고 있다. 참가자들은 돌아가면서 차례대로 이 탑에서 블록 하나를 뺀 다음에 이것을 그 구조물의 가장 높은 층에다 새로 쌓아나간다. 게임이 진행될수록 탑은 점점 더 높아지고 불안정해진다. 누군가가 블록을 뺄 때 혹은 이렇게 뺀 블록을 맨 위에 쌓을 때 구조물이 무너질 것이고, 이때 구조물을 무너뜨린 사람이 게임에서 진다. 물론 나머지 사람은 승자의 기쁨을 느낄 것이다.

레고와 젠가는 둘 다 에즈라의 쌓아올리기 욕구를 충족한다.[33] 두 개의 게임은 규칙이 전혀 다르므로 결과도 전혀 다르다.[34] 레고에서는 우선 블록을 보태고 또 보태서 어떤 구조물을 조립하고, 그다음에는 이 구조물을 길게는 한 시간 동안 가지고 논다. 그런 다음에는, 레고 놀이방이 사람이 지나다닐 수 없을 정도로 레고 구조물로 가득 차게 되는 시점까지 그 방에 그대로 전시(혹은 방치)된다. 그러다가 마침내 레고 놀이방을 정리해야 할 시점이 되면(이렇게 되기까지는 보통 한 주가 걸린다),

에즈라는 가장 최근에 만든 구조물을 창틀에 두고 계속 바라볼 것인지, 나중에 다른 구조물을 지을 때 사용하기 위해 해체해서 정리할 것인지 결정한다. 이 무렵이면 에즈라가 다음 차례의 레고 세트를 손에 넣으려고 자기 나름의 준비와 공작을 이미 진행하고 있을 때다.

레고는 끝이 없는 더하기를 권장한다. 이런 놀이를 지원하는 아빠가 있는 경우에는 특히 더 그렇다.

그러나 젠가는 균형을 추구한다. 젠가는 우리에게 빼기부터 먼저 하라고 강요한다. 즉 블록으로 쌓은 구조물의 아래층에서 블록 하나를 뺀 다음에 맨 위에 올려놓는 게 젠가 게임의 규칙이다. 레고의 더하기 접근법이 레고 회사에 도움이 되었듯이 빼기부터 먼저 해야 하는 접근법이 젠가 회사에 도움이 되었다. 이 빼기 규칙은 레슬리 스콧이 저작권을 가진 젠가 게임의 신기한 규칙이었고, 그 덕분에 젠가 게임 세트는 1억 개나 팔렸다.

빼기부터 먼저 하는 것이 변화의 힘을 더 증폭할 수 있다고 말하는 것은 장난감만이 아니다. 과제 관리 교과서들은 학생들과 교수들에게, 먼저 나온 결과물이 그다음에는 입력물이 되는 일련의 변화가 일어날 때, 초기에 나타나는 변화들이 나중에 나타나는 변화들보다 상대적으로 더 큰 영향력을 행사하고 또 비용도 상대적으로 덜 드는 경향이 있음을 일깨운다.[35] 문제가 있는 변기 레버는 실제로 설치되었을 때보다 도안 상태일 때 발견되는 것이 훨씬 낫다. 카테터가 세균에 감염되지 않고 깨끗하게 유지되도록 의료진이 손을 씻는 것은 세균 감염이라는 사건이 터지고 난 다음에 대처하는 것보다 사람의 목숨은 더 많이 구하고 비용은 조금이라도 덜 든다. 마찬가지 이치로, 빼기를 먼저 할 때 타성惰性

이라는 잘 닦여져 있는 길에서 벗어날 가능성은 그만큼 더 커진다.

그러니까 만일 당신이 바꾸고 싶은 시스템의 본질을 발견하기 위해서 세부적이고 구체적인 것을 뺀다면, 젠가에서처럼 반드시 빼기부터 먼저 하라. 그런 다음에 '눈에 잘 띄는 더 적음'을 고집하라. 마지막으로 중요한 것은, 이렇게 뺀 것을 나중에 다시 사용할 수 있음을 잊지 마라.

도넛 가운데의 구멍은 빼기 과정에서 이 단계를 이해하는 데 잊을 수 없는 이미지를 제공한다. 속이 꽉 찬 벽돌이 안나 키클라인의 K 벽돌로 바뀌었던 경우와 마찬가지로, 기름으로 튀길 밀가루 반죽의 가운데 부분을 뺌으로써 도넛이 더 나아질 수 있음을 누군가가 깨닫기까지 오랜 시간이 걸렸다.

이 변화를 기록한 가장 오래된 문서는 1847년까지 거슬러 올라간다. 미국 메인주에 살던 핸슨 그레고리Hanson Gregory라는 10대 청소년이 변혁을 이루어낸 주인공이다. 핸슨은 엄마가 튀긴 케이크는 가운데 부분이 왜 늘 눅눅한지 궁금했다. 엄마에게 물어봤지만 엄마는 모르겠다고 말했다. 그러자 소년은 기름에 튀기려고 준비해둔 동그란 형태의 도넛 반죽 두 개에서 가운데 부분을 포크를 떠냈다. 엄마가 만들어둔 원형 밀가루 반죽을 고리 모양으로 만든 것이다. 엄마는 이것을 그대로 튀겼다. 이렇게 해서 마침내 도넛에 최초로 구멍이 생겼다.[36]

도넛 반죽에서 가운데 부분을 제거하자 도넛이 더 골고루 튀겨졌으며, 또 계피 설탕을 뿌릴 표면적도 예전보다 넓어졌다. 문자 그대로, 더 적음이 더 많음이 되어버렸다. 그 뒤로 도넛의 위상이 몰라보게 좋아졌음은 말할 것도 없다. 1934년의 시카고 세계박람회에서 이 도넛은 '세기적 발전의 히트 음식'으로 선포되었다. 비슷한 시기에 뉴욕의 한 제과점은 최초의 도넛 체인점인 메이플라워 도넛_{Mayflower Donuts}으로 성장했는데, 이 회사는 다음과 같은 '낙관주의자의 신조'를 광고 문구로 삼아서 포장 상자에 적어넣었다.

"형제여, 힘든 인생을 살아갈 때 너의 목표가 무엇이든, 도넛에서 눈을 떼지 마라. 구멍이 아니라 도넛에 집중하라."

핸슨 그레고리가 이룩한 혁신 뒤로 오랫동안 사람들은 그렇게 했다. 그들은 도넛에서 눈을 떼지 않았다.

구멍이 기능적인 '비어 있음'에서 잘 팔리는 '단단함'으로 변하기까지는 100년 이상 걸렸다. 우리가 지금 잘 알듯이, 도넛 반죽에서 빼기를 한 결과인 구멍은 그 자체로 많은 매력이 있다.**37** 당신이 1972년에 개발된 던킨도너츠의 먼치킨을 더 좋아하든, 1976년에 개발된 팀 호튼스의 팀비트 도넛을 더 좋아하든, 뺀 것을 재사용함으로써 그 회사들은 추가 수입을 창출할 수 있었다.

뺀 것을 재사용하면 빼기의 이점을 추가로 누릴 수 있다. 더하기를 해서 시스템을 바꾸고 나면 우리에게는 '개선된' 시스템이 남는다. 그러나 빼기를 해서 시스템을 바꾸고 나면 우리에게는 새롭고 또 개선된 시스템이 남을 뿐만 아니라, **덤으로** 시스템에서 빼낸 것도 함께 남는다.

도넛에서 진실인 것은 결과적인 변화에서도 사실이다. 캘리포니아 주정부가 아파르트헤이트의 남아프리카공화국에서 투자금 110억 달러를 뺐을 때, 이 투자금은 빼기의 결과로 남은 것이었다. 또한 이것은 캘리포니아가 다른 곳에 투자할 수 있는 돈이기도 했다. 그것이 속한 시스템에 방해가 되므로 제거되었다고 해서 다른 곳에서도 유용하지 않다는 말은 아니다. 다른 곳에서는 얼마든지 유익하게 사용될 수 있다.

우리에게도 응급실 의사들과 마찬가지로 어떤 행동을 하고 적응할 여지를 제공하는 점검목록표가 있다.

- **개선하기 전에 빼라**(환자 분류)
- **빼기를 먼저 하라**(젠가)
- **눈에 잘 띄는 더 적음을 고집하라**(스프링스틴의 음반)
- **뺀 것을 재사용하라**(도넛의 구멍)

이 항목들은 우리의 전문성이 나아갈 방향을 지시할 수 있다. 우리는 출근할 때 그 단계를 작업기억 속에 넣어둘 수 있다. 이것을 '더 적음 목록**lesslist**'이라고 부르자.

당신은 이 네 가지 항목이 이 장에서 얻어갈 모든 가르침을 담고 있지는 않음을 알아차렸을 것이다. 이 장에서 얻을 교훈은 다음과 같다.

어떤 시스템에서 무언가를 빼려면 우선 그 시스템을 올바로 바라보아야 한다는 '선시티' 프로젝트에 참가한 뮤지션들의 깨우침. 장벽을 없애는 것이 시스템을 바꾸는 '좋은 방법'이라고 했던 레빈의 지혜. 그리고 시스템을 바꾸는 것은 "더하기의 원리가 아니다"라고 했던 코프카의 주장.

앞서 말한 네 가지 항목은 1장부터 6장까지 내용을 요약하는 것도 아니다. 내 여동생 캐리가 힘들게 획득한 전문 지식을 토대로 응급실에서의 환자 분류 절차를 마련했듯이, 우리는 새로 발견한 빼기 기술을 토대로 '더 적음 목록'을 마련해야 한다.

이제부터는 새로운 도구들을 사용하는 연습을 해보자. 이것은 매우 시급한 일이다. 빼기를 소홀히 하고 무시하는 것까지 포함해서 인간이 하는 행동이 얼마나 강력한 영향력을 행사하는지 모른다. 인간은 지금 모든 생명체를 지탱하는 복잡한 시스템인 지구 자체를 바꾸어놓고 있기 때문이다.

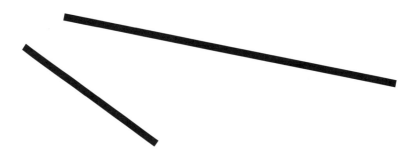

다음 세대에 남기는 더 적음의 유산

7장

빼기로 인류세의 위기를 극복할 수 있을까?

우리 인류가 맞이한 새로운 지질학적 시대인 인류세**Anthro-pocene** ◆ 는 인간이라는 단일한 생물종이 지구의 복지에 지배적인 영향을 미쳤다는 전례 없는 사실을 토대로 한 개념이다.[1] 우리 인간은 궁극적인 '장'에서 가장 큰 힘이자 변수이다.

지구의 환경은 믿을 수 없을 정도로 복잡한 시스템이다. 우리는 이 복잡한 시스템의 세부 사항을 벗겨내고 본질을 포착할 필요가 있다. 지

◆ 인류세는 지질학자 파울 크뤼천(Paul Crutzen)이 2000년에 처음 제안한 용어로, 새로운 지질 시대 개념이다. 인류의 환경 파괴로 인해 지구의 환경 체계는 급격하게 변하게 되었고, 그로 인해 지구 환경과 맞서 싸우게 된 시대를 뜻한다.

금부터 세월의 시험을 견뎌낸 줄거리를 소개하겠다.

닥터 수스가 쓴《로렉스》**2**라는 동화책이 있다. 바쁘게 살다 보니 아이들이 읽는 이 동화를 미처 읽지 못했고 또 이 동화를 각색한 애니메이션 영화도 보지 못한 사람들을 위해서 그 내용을 간략하게 소개하겠다.

진취적인 청년 원슬러가 우연히 어떤 계곡에 발을 들여놓았다. 온 갖 동물이 번성하고 무성한 트러풀라 나무의 잎이 밝은 파스텔 빛깔로 소용돌이치는 아름다운 계곡이었다. 원슬러는 트러풀라 나무 한 그루를 베어서 이 나무의 비단처럼 부드러운 잎으로 옷을 만들고, 이 옷에 스니드Thneed라는 상표명을 붙였다.

그런데 이 이야기의 주인공은 로렉스다. 비버와 같은 몸매에 팔자 수염을 단 로렉스는 '나무들의 대변인'인 나무 요정이다. 로렉스는 트러풀라 나무를 베어낸 원슬러를 비난한다. 그러자 원슬러는 자기는 한 그루밖에 베지 않았고 울창한 숲에는 트러풀라 나무가 수도 없이 많지 않으냐고 항변한다. 그런데 결국 로렉스가 끔찍하게 여기던 최악의 공포가 현실로 나타난다.

스니드 패션이 인기를 얻자, 원슬러는 옷을 만드는 규모를 점점 늘려서 나중에는 커다란 공장까지 짓고 트러풀러 나무를 마구 베어낸다. 트러풀라 나무는 점점 더 많이 점점 더 빠르게 베어졌고, 마침내 무성하던 숲은 황무지가 되고 만다. 로렉스도 숲을 떠나버린다. 트러풀라 나무가 한 그루도 남지 않자 원슬러는 스니드를 더 만들지 못한다. 그는 공장 문을 닫았다. 그러고는 여생을 자기 가게 위에 지은 오두막집에서 보낸다. 자기가 저지른 끔찍한 짓을 후회하고, 어떻게 하면 모든 것을 바로잡을 수 있을지 생각하면서.

사람들이 환경에 의존해서 살아갈 수밖에 없음을 보여주는 닥터 수스의 재미있는 이야기를, 나는 에즈라에게도 보여주었다. 네 살이 된 에즈라는 자기가 입는 옷이 원슬러의 공장에서 만든 옷일지도 모른다고 걱정했다. 《로렉스》에서는 원슬러의 공장이 '스와미 백조'가 더는 노래를 할 수 없게 만드는 '거대한 스모그'를 내뿜었고, 공장은 '걸쭉하게 끈적이는 폐수'를 '허밍피쉬'가 사는 강에다 버렸다.

나는 에즈라를 안심시키려고, 《로렉스》가 출간된 뒤로 사람들은 공기 중으로 스모그를 많이 내뿜지 않고 또 강으로 폐수를 버리지 않고도 옷을 만드는 여러 가지 방법을 알아냈다고 말했다. 나는 또 혁신적인 사람들 가운데 몇몇은 자기 공장을 혁신적으로 바꾸어서, 공장에서 나오는 물이 공장으로 들어가는 물에 비해서 거의 오염되지 않도록 만들었다는 말도 해주었다. 카펫을 만드는 환경경영의 선도적 기업인 인터페이스의 창업자이자 CEO였으며 지금은 고인이 된 레이 앤더슨**Ray Anderson**[3]도 포함되어 있었다.

부끄럽게도 지금 인간의 활동은 지구 환경에 훨씬 더 큰 규모로 영향을 미치고 있다. 이것이 현재 상황이다. 나는 사람들이 스니드 공장이 없는 곳까지도 오염시킬 정도로 충분히 많은 화석연료를 지금까지 태워왔다고 에즈라에게 말해준다.

나는 내 아들이 어른들을 존중하지 않는 것을 아직은 원하지 않는다. 그래서 나는 이 연료들이 방출하는 에너지가 농업에 의해 방출되는 인간의 에너지와 마찬가지로, 인류가 역사상 어느 때보다 훨씬 더 나은 삶을 살아갈 수 있게 했다는 이야기도 분명하게 함께 말한다. 또한 우리가 화석연료의 혜택을 누렸던 많은 시간 동안에 화석연료에서 배출된 이산화탄소가 지구 환경 전체를 압박해왔음을 몰랐다는 점도 분명하게 말한다. 그러나 이제는 다르다. 이제 우리는 모든 진실을 알고 있다. 대기의 온실가스 농도가 높아진다고 해서 스와미 백조들이 곧바로 죽지 않을지는 몰라도, 이런 과부하 상태는 많은 생물종이 도저히 적응할 수 없는 빠른 속도로 지구 환경을 바꾸고 있다고 에즈라에게 말해준다. 40만 년 동안 대기의 이산화탄소 농도는 180피피엠에서 280피피엠 사이를 맴돌았다.[4] 인간이 화석연료의 힘을 이용하기 시작한 지 약 100년쯤 지나, 트루먼이 대통령 취임 연설을 하던 시점에서는 그 농도가 310피피엠으로 늘어났다.[5] 이 수치는 역사상 최고치를 넘어서는 것이었지만, 그래도 가장 파괴적인 변화를 피할 수 없다고 과학자들이 믿는 350피피엠에는 미치지 못했다. 다시 70년이 지나 내가 에즈라와 《로렉스》 이야기를 할 때 대기의 이산화탄소 농도는 413피피엠이었고, 이 수치는 지금도 계속 높아지고 있다.[6]

에즈라는 역사의 교훈을 무시한다. 수치를 들먹이지 않은 교훈까지도 무시한다. 그래서 나는 기후변화가 사람들에게 어떤 피해를 주는지 얘기한다. 나는 에즈라에게 변화 자체가 문제가 아니라고 말한다. 생물종은 언제나 자기 삶에 도움이 되는 환경을 찾아서 지구 곳곳을 돌아다녔다. 나무 요정 로렉스는 스모그가 없는 곳을 찾아서 트러풀라 계곡을 떠났다. 우리 조상들은 추위를 피하고 사냥감인 매머드를 찾아서 남쪽으로 이주했다. 변화를 찾아서 정착한 곳이 아무래도 예전에 살던 곳보다는 나았을 것이다. 예전에 살던 곳에서 다른 곳으로 조금 이동해서 산다고 해서 잘못될 것은 없었다.

지금은 다르다. 우리는 지금 트러풀라 계곡 하나를 스모그로 뒤덮는 게 아니라 지구 전체를 바꾸어놓고 있다. 게다가 우리가, 또한 우리가 의존하는 시스템이, 적응할 수 있는 속도보다 더 빨리 지구를 바꾸어놓고 있다. 빙하가 녹고, 홍수와 가뭄이 예전보다 더 극심하며, 섬과 해안 도시들은 해수면 상승으로 잠식되어 해수에 잠기기까지 한다는 이야기를 나는 에즈라에게 해준다. 그런데 에즈라가 "나도 이미 알고 있어"라며 내 말을 끊을 때는 나는 거의 완벽하게 교수 모드로 돌아서서 길고 긴 강의를 준비한다.

알고 보니 아이는 유치원에서 기후변화 이야기를 들어서 알고 있었다. 나는 에즈라의 유치원 교사들이 아이들에게 세계보건기구가 발표한 추정치도 얘기했는지 궁금하다. 에즈라가 성인이 되는 시점에는 기후변화 때문에 해마다 약 25만 명이 온열 스트레스, 영양실조, 말라리아 등으로 사망할 것이다. 유치원 교사들이 에즈라와 다른 아이들에게 연간 25만 명이라는 사망자 수[7]가, 농업 생산량 감소나 인구 이동 등과 같은 기후변화의 부수적인 영향과 관련 있는 사망자 수를 포함하지 않고 적게 잡은 추정치[8]라는 말까지는 하지 않았기를 바란다.

해마다 25만 명씩 발생하는 사망자 가운데, 세 살짜리 난민 아이 알란 쿠르디Alan Kurdi는 포함되지 않을 것이다. 사진 속에서 이 아이는 고개를 숙이고 있으며 아기 신발을 신고 있다. 나는 그 아이가 낮잠을 자는 줄 알았다. 그러나 낮잠을 자는 게 아니었다. 아이는 지중해에서 익사했고, 해변으로 사체가 떠밀려왔고, 그 모습으로 사진이 찍혔다.[9] 아이는 짧은 생애 동안 부모와 함께 시리아 내전에 시달리다가 부모를 따라서 난민이 되어 작은 배를 타고 그리스로 가던 중 바다에 빠져 죽었다. 알란 쿠르디의 죽음은 기후변화로 악화되는 가뭄 때문에 사회적인

해체가 가속화되어 나타난 결과였다.**10**

나는 통계 수치나 쿠르디 이야기를 에즈라에게 하지 않았다. 대신 닥터 수스의《로렉스》이야기를 통해 환경과 인간이 떨어질 수 없는 관계로 묶여 있는 이유를 에즈라에게 알려주고 싶었다. 닥터 수스가 설명하듯이, 원슬러가 트러풀라 나무들을 베어내서 숲을 해친 행위는 계곡 전체를 사람이 살 수 없는 곳으로 만드는 연쇄반응 스위치를 누른 것이나 마찬가지다. 이 숲은 이제 백조를 비롯한 동물들뿐만 아니라 원슬러의 친구와 가족도 살 수 없는 곳이 되어버렸다.

원슬러는 트러풀라 계곡 시스템에서 지배적인 요인(변수)이었다. 이제 에즈라와 또래 아이들은 우리 행성의 지배적인 요인이다. 에즈라는 자기 반 친구들에게 인류세라는 공식적인 용어를 알려줄 계획이다.

에즈라는 자기가 이런 상황을 윗세대로부터 물려받는다는 사실을 알고는 무척 슬퍼하는 것 같다. 그래서 나는 인류세를 좀 더 긍정적인 관점으로 재구성하는 것으로 이야기를 마무리한다. 에즈라는 지구를 개선할 힘을 가진 최초 생물종의 한 개체이다. 그런데 문제는 과연 우리가 그 지배적인 요인을 어느 방향으로 작동하도록 이끌 것인가 하는 점이다.

지구의 성장에는 한계가 있다

닥터 수스가 인간과 환경 사이의 연관성을 동화로 표현할 때, 환경학자 도넬라 메도스는 이 연관성을 연구할 수 있는 도구인 컴퓨터 모델을 만들었다. 매사추세츠공과대학교의 메도스와 그녀의 연구팀은 지구상의 인간 생명의 궤적과 이를 뒷받침하는 환경과 관련된 모든 정보를 수집하고 모델링했다.

1972년, 메도스의 팀은 그동안 연구한 성과를 역사적으로 가장 영향력 있는 논픽션 도서 가운데 하나로 꼽히는 것에 보고서 형식으로 담아서 발표했는데,[11] 어떤 사람들은 이 책이 3,000만 부 넘게 팔렸다고 추정한다. 이 책의 제목《성장의 한계 Limits to Growth》는 연구자들이 내린 결론을 한 줄로 표현한 것이었다.[12]

《로렉스》에서 원슬러는 로렉스에게 "나는 점점 더 커지고, 점점 더 커지고, 커지고, 커지고 있지"라고 말했다.《성장의 한계》는 원슬러의 이런 태도가 우리의 문제에서 가장 중요한 부분이라고 지적한다. 더하기는 지금까지 줄곧 좋은 것이었다. 우리는 지금 이전 세대의 왕족보다 더 멋지게 잘 산다. 나에게는 현대 의학이 없었다면 존재하지도 않을 두 아이가 있다. 겨울에는 따뜻하고 여름에는 시원한 집이 있고, 세상 모든 지식을 손끝 하나로 다 주무를 수 있다. 그러니 우리가 현재와 미래의 많은 사람을 위해서, 또는 환경보호론자들이 말하는 것처럼 '가장 오랜 기간 동안 가장 많은 사람에게 가장 많은 행복'[13]을 주기 위해서 인류가 누리는 삶의 경험을 개선하려고 노력해야 함은 마땅하다.

인류에게 최대의 행복을 주겠다는 이런 욕망이 사회에 남아 있다면, 우리의 접근법은 반드시 진화해야 한다. 트러폴라 나무를 베어서 만든 스니드를 조금 덜 사는 것만으로는 충분하지 않다. 우리는 로렉스처럼 스모그가 닿지 않는 곳으로 멀리 날아갈 수도 없으니까 말이다.

그렇다면 우리는 무엇을 해야 할까?

이것은 선의의 질문이라고 하더라도 양극화를 초래하는 질문이다. 일부 인류세 개혁가들은 로렉스와 똑같은 주장을 한다. 그들은 성장의 한계를 강조한다. 그래서 유한한 행성에서는 무한한 성장이 불가능하다는 논리에 호소한다. 그들은 지구가 인류의 삶을 온전하게 지탱하기에는 능력이 제한적일 수밖에 없음을 보여주는 연구 결과를 인용한다. 또 대기중 이산화탄소 농도 413피피엠은 지구에서 살아가는 모든 생명체의 안전한 작동 조건을 인간이 어떻게 초과하고 있는지 보여주는 사례라고 지적한다.[14] 데이터를 좋아하는 이 로렉스들은 우리의 경제성장률이 화석연료 사용량과 일치하며 이것은 다시 우리가 대기에 내뿜는 이산화탄소의 양과 거의 정확히 일치한다고 말할지도 모른다. 또 로렉스들은 국내총생산과 유해 배출물 사이의 직접적인 관계를 고려해서, 지구 약탈 행위를 막을 유일한 방법은 경제성장을 제한하는 것이라는 주장까지 할지도 모른다.[15]

원슬러의 편을 드는 사람들도 있다. 이 새로운 현실판 원슬러들은 기후변화에 따르는 이득을 취하려는 사람들은 분명 아니다. 이 사람들은 화석연료 산업 분야의 억만장자가 아니고, 또 이 부자들이 자기에게 유리하도록 기후과학에 대한 불신을 뿌리기 위해 매수한 미디어 분야의 영향력 있는 인물들[16]도 아니다. 또 기후 공유자원을 계속 이용하려는 음모를 꾸미는 기업들이 아니고, 이런 기업에 약점을 잡혔거나 빚을 진 선출직 공무원들도 아니다. 인종차별주의와 마찬가지로, 우리는 기후 행동을 가로막는 이런 확고부동한 장벽을 지속적으로 식별하고 또 묘사해야 한다. 그래야 그 장벽을 무너뜨릴 수 있다.

우리가 싸워야 할 그 무정한 사람들은 원슬러가 아니다. 왜냐하면 원슬러는 나중에 좋은 일을 할 인물이기 때문이다. 《로렉스》에 등장하는 원슬러는 자기가 저지른 파괴를 결코 처음부터 의도하지는 않았다고 닥터 수스는 밝힌다. 원슬러는 자기 잇속을 챙긴 뒤에 자기가 황폐하게 만든 땅에서 탈출하는 뻔뻔한 짓은 하지 않았다. 그는 마지막 남은 트러풀라 씨앗 하나를 보호하겠다는 마음 하나로 자기 가게 위에 지은 오두막집에 계속 머물렀다. 그는 자기 때문에 발생한 그 상황을 온 마음을 다해서 진심으로 걱정했다.

새로운 로렉스들과 마찬가지로 새로운 원슬러들은 좋은 의도와 논리와 과학으로 무장했다. 원슬러들은 과학 혁신과 발전을 위한 노력의 역사를 내세운다. 인류는 더 적은 것을 가지고 더 많은 것을 수행하는 여러 가지 방법을 이미 발견했으며, 《성장의 한계》가 예측했던 한계까지도 일부 넘어서며 역량의 한계 범위를 확장했다.

물청소 공장을 가진 기업 인터페이스의 CEO 레이 앤더슨은 기업 분야의 원슬러였고, 테드TED 강연의 스타로 남아 있으며 《팩트풀니스Factfulness》의 저자이기도 한 한스 로슬링 Hans Rosling은 터프티가 구사하는 것과 같은 깔끔한 그래픽 능력을 가진 개발 분야의 원슬러였다.[17] 미국 환경보호국의 리사 잭슨 국장은 원슬러를 법제화했다. 이 세 사람은 모두 성장 제한을 존중하면서도 거기에 목을 매지는 않았다. 이 사람들은 우리가 계속 개선의 길을 나아갈 것이라는 사실과 그 과정에서 우리가 맞닥뜨릴 자원 제약을 알아낼 것이라는 사실을 논리적으로 정리했다.

닥터 수스가 《로렉스》를 발표한 지 50년이 더 지난 시점에서 보면, 가장 사려 깊은 사람들과 집단들이 로렉스에서 원슬러로 이어지는 스펙트럼의 양극단에 쏠려 있다.[18] 그러나 우리가 맞닥뜨린 인류세 상황을 개선하려면 로렉스와 원슬러 각각의 최고 모습이 우리에게는 필요하다. 물론 쉬운 일이 아니겠지만 말이다.

빼기가 그 간극을 잇는 데 도움이 될 수 있다. 물론 유한한 자원을 가진 행성에서 이루어지는 지속적인 발전은, 경작 가능한 땅과 물과 화석연료 같이 점점 더 부족해지는 자원에 의존하는 한 결국 꺾이고 만다는 로렉스의 말이 맞긴 하다. 그러나 발전이 빼기를 통해서 이루어질 수만 있다면 발전의 최종 결과는 황폐화가 아닐 수도 있다.

케이트 오르프는 원슬러처럼 자아를 여럿 가지고 있다고 말할 수 있다. 과학과 기술을 사용한다는 점에서 변화는 긍정적이라는 관점을 가졌고, 자신의 발상이 거대한 물리적 시스템을 바꿀 수 있다는 대담한 믿음을 지니고 있기 때문이다. 그러나 렉싱턴 도심 재생 프로젝트에서 드러났던 오르프의 획기적인 발상, 즉 이미 존재하던 인프라를 제거하는 것은 자기 안의 원슬러 자아를 직관에 어긋나는 방식으로 적용해야만 비로소 가능한 것이었다. 오르프는 새로운 가능성을 창조하기 위해서 로렉스가 그랬던 것처럼 사물에 내재된 한계를 인식했다.

비단 케이트 오르프뿐만이 아니다. 빼기의 영웅들에게서는 사려 깊은 로렉스와 야심에 찬 원슬러 사이의 균형이 잘 잡혀 있음을 알 수 있다. 원슬러가 트러풀라 계곡을 만났던 것처럼, 수 비어만은 샌프란시스코에 가서 수변 공간을 창조해냈다. 엘리너 오스트롬은 사회가 공동으로 소유하는 자원의 매우 현실적인 한계에 대해서는 로렉스와 비슷한 인식을 가지고 있었지만, 그럼에도 불구하고 그녀는 공유자원을 관리할 수 있는 인간의 잠재적인 창의성을 결코 배제하지 않고 이것을 끈질기게 확인했다.

안타깝게도 오르프와 비어만과 오스트롬은 예외적인 존재다. 우리

259

가 이미 잘 알듯이, 빼기는 사람들이 만성적으로 놓쳐버리는 선택지다. 인류세에 관한 한 이런 무시나 간과는 본질적인 결함이다. 더 적은 것이 더 긴 시간 동안 더 많은 사람에게 더 많은 행복을 가져다주는 열쇠가 될 수도 있기 때문이다.

다음 세대를 위한 '더 적음 목록'

지금부터는 우리가 가진 '더 적음 목록'을 인류세에 적용하고, 상대적인 적음의 유산을 다음 세대에 물려줄 수 있는 몇 가지 방법을 찾아보자.

행동하기 전에 뺀다

첫 번째 항목은 행동을 하기 전에 먼저 빼기를 하는 것이다. 환자 분류 절차는 병원 응급실에서 근무하는 내 동생 캐리에게 도움이 되었다. 그런데 만일 환자가 지구라고 하더라도 그 환자 분류 절차가 몸에 배어 있는 캐리의 판단력과 지도력이 통할까?

인류세에는 도넛을 보다 더 많이 팔겠다는 경제적 목표와, 인종차별주의를 철폐하겠다는 사회적 목표와, 기후변화가 초래할 재앙을 막겠다는 환경적인 목표 등 여러 가지 목표가 뒤엉켜 있다. 이 모든 목표는 서로에게 영향을 미친다. 이를테면 기후변화의 영향은 경제적으로 가난한 소수 집단에서 불균형적으로 크게 작용한다.[19] 각각의 목표는 컴퓨터 모델이 포착할 수 있는 것보다 더 복잡하다. '기후변화에 관한 정부 간 협의체IPCC '◆'는 기후변화와 관련된 과학의 **요약적인 내용**을 제공하기 위해 수백 명의 과학자를 소집해서 수천 건의 연구를 검토한다. IPCC의 최신 보고서 가운데 하나의 분량은 167쪽인데, 여기에 빽빽하게 채워진 내용은 여러 편의 요약 보고서를 합쳐서 다시 요약한 것이다.[20] 그러므로 여기에는 군더더기라고 할만한 것이 없다. 이 보고서에 들어간 단 한 줄이 여러 사람이 평생을 바쳐서 연구하고 행동한 내용을 압축적으로 담고 있다.

지구상의 생명체가 살아갈 수 있도록 지탱하는 지금의 기후를 현 상태로 유지하겠다는 목표 안에서도 서로 얽혀 있는 수많은 문제가 있다.[21] 즉 대기와 바다와 극단적인 사건들에서의 변화, 음식과 물이 조달되는 체계와 생물종다양성에 미치는 영향, 그리고 의사결정과 재정과 정책을 통해서 앞으로 나아가고자 하는 전망들과 이 전망을 위해서 제안된 경로들 등이 그런데, 이 각각의 하위 쟁점들마다 별도의 보고서가 필요할 수 있다.

빙산의 일각이라고 볼 수밖에 없는 167쪽짜리 보고서에 대한 반응은 여러 가지가 있을 수 있다. 그 가운데 하나는 작은 것 하나하나가 모두 중요하다고 스스로에게 확인시키는 것이다. 상황을 개선하기 위해 뭔가를 하는 한 그 행동은 의미가 있다고. 또, 만약 다른 사람들과 협력할 수 있다면 그게 훨씬 더 좋다고 말이다. 그러나 내가 생각하기에 이런 것들은 당치도 않다.

무엇보다도 우선순위를 정할 필요가 있다. 이런 접근법이 건축 프

◆ 기후변화와 관련된 전 지구적 위험을 평가하고 국제적 대책을 마련할 목적으로 세계기상기구(WMO)와 유엔환경계획(UNEP)이 공동으로 설립한 유엔 산하의 국제 협의체.

로젝트나 카테터 삽입에서 통한다면, 인류세의 문제를 해결하는 데도 통할 게 틀림없다. 기후변화에 대한 가능한 모든 대응 방식에 모두 전념할 수는 없다. 그럴 인력이 우리에게는 없다. 모든 것을 다 할 수는 없다. 그러니 최대의 성과를 가져다줄 일을 우선적으로 해야 한다.

코스타리카의 수영 선수 카롤리나 마우리 **Carolina Mauri**는 점진적인 발전을 이루겠다는 윈슬러의 야망을 가지고 있다. 마우리는 올림픽 수영 선수로 출전한 뒤에 법학 학위를 취득했으며, 그 뒤로는 코스타리카의 기후변화 정책을 설정하는 일이나 다국적 협상을 진행하는 일 등에 기여했고, 정부에서도 중요한 역할을 했다. 마우리는 시스템을 개선하려고 나서기 전에, 드러나있지 않고 또 힘든 첫걸음을 뗐다. 그녀는 자기 앞에 주어진 상황 자체에 대한 정보를 빼버린 것이다.

기억하라. 정보를 빼려면, 정보가 거기에 일단 존재해야 한다. 마우리는 복잡성을 고려했다. 기후변화 법률과 정책 관련 전문가로서 마우리는 환경 변화에 적응하는 것이 환경 변화를 줄이는 것만큼이나 중요함을 알고 있다. 그녀는 코스타리카가 단지 하나의 국가일 뿐임을, 즉 기후 공유자원이라는 광대한 공유지에 있는 한 명의 목동일 뿐임을 알고 있다. 또 그녀는 어떤 기후 목표이든 빈곤 해소와 건강, 경제 성장에 영향을 미친다는 사실을 고려해야 함을 알고 있다.[22]

마우리는 모든 세부 사항과 그 이상을 고려했다. 그런 다음에 그녀는 본질을 찾기 위해서 그것들을 제거했다.

아무리 정확하더라도 모든 것을 망라한 처방은, 인류세와 관련된 행동을 취할 더 영향력 있는 방법에 모을 집중력을 흩뜨린다. 피터 프로노보스트는 카테터 삽입 수술을 할 때의 점검목록표에 화재 예방 조치 항목을 넣지 않았다. 이 조치를 넣으면 적지 않은 생명을 구할 수 있을지 몰라도, 그보다 더 해로운 세균 감염 위험에 대한 관심과 자원의 집중을 방해하여 결과적으로 더 많은 비용을 초래한다. 마찬가지로 카롤리나 마우리는 재활용이나 퇴비 사용과 같은 프로그램을, 이산화탄소 배출량의 대폭적인 감소와 같은 생명을 구하는 프로그램과 동일하게 다루지 않았다. 두 부류의 프로그램은 긴급성의 정도가 달랐고, 따라서 긴급하지 않은 일에 자신과 다른 사람들의 시간을 낭비하고 싶지 않았기 때문이다.

마우리는 복잡한 것을 뺐다. 그런 다음, 복잡한 것을 다시 조금 더 뺐다. 2007년, 코스타리카가 본질을 발표했다. 스페인에게 독립한 지 200주년이 되는 2021년까지 최초의 탄소중립 국가가 되겠다는 목표를 제시한 것이다.[23] 이것은 쉽지 않지만 유용한 목표다.

환자 분류는 응급실에서 근무하는 의사인 내 동생의 작업기억 속에 들어 있고, 이 작업기억이 동생이 응급실에서 내리는 선택을 이끌었다. 이와 마찬가지로, 2021년에 대한 코스타리카의 전망은 이 나라가 예산, 법률, 보조금 지급 등에서 더 구체적인 결정을 내리도록 이끌었다. 화석연료 사용은 2021년 목표를 멀어지게 만드는 것이었으므로, 화석연료를 사용하는 활동에는 세금이 매겨졌다. 태양, 풍력, 바이오연료[24] 등 탄소를 배출하지 않는 에너지원은 보조금 지급을 통해서 장려되었다. 코스타리카는 기후 공유자원에서 상대적으로 덩치가 작은 목동이지만, 행동하기 전에 빼기를 실행함으로써 우리가 수행할 위대한 도전의 모범이 된다.

263

빼기를 먼저 한다

'더 적음 목록'의 두 번째 항목은 빼기를 먼저 하는 것이다. 인류세 문제를 놓고 젠가 게임을 한다는 것이 어떤 의미일지 살펴보자.

'줄이기Reduce · 재사용Reuse · 재활용Recycle'이라는 3R 운동의 원칙은 인간이 환경에 어떤 충격을 얼마나 강력하게 주었는가 하는 깨달음에서 비롯되었고, 결과적으로《성장의 한계》와《로렉스》라는 책이 세상에 나타나게 했다.[25] 만약 우리가 줄이기(절약)를 실천하여 스니드를 덜 구매한다면 트러풀라 나무는 원슬러의 '슈퍼 도끼 해커'가 나무를 베어내는 속도보다 빠르게 자라날 것이다. 마찬가지로 낡은 스니드를 재사용함으로써도 트러풀라 나무가 벌목되는 속도를 늦출 수 있다. 재활용이 마지막에 놓이는 이유는 비록 스니드의 재활용으로 트러풀라 잎이 다른 용도로 사용될 수 있긴 하지만, 재가공 과정에서 에너지나 물과 같은 자원이 추가로 사용되기 때문이다. 절약과 재사용과 재활용은 응급실 환자 분류 체계의 자연자원 버전인 셈이다.

3R 운동은 온실가스가 대기로 배출되는 흐름을 억제하는 방법을 제시한다. 우리가 화석연료의 소비를 줄이면 기후변화를 유발하는 온실가스가 줄어들 것이다. 우리는 대기에 온실가스를 추가하지 않도록 우리가 할 수 있는 모든 것을 할 필요가 있다. 온실가스를 줄여야(즉 빼야) 하지만 3R만으로는 부족하다.

그런데 3R 운동이 실제로는 해로울 수 있다. 0을 도저히 깰 수 없는 기준선이라고 여기기 때문에 음수의 존재 자체를 '불가능하다'고 생각하는, 어린아이와 파스칼의 선택권을 제한하는 사고방식을 유도하기 때문이다. 만약 우리가 3R 운동만 고집한다면, 현재의 탄소 배출량 수준을 우리로서는 도저히 달성할 수 없는 기준선으로 간주하는 셈이 된다. 그러나 에즈라에게 내가 굳이 설명할 필요를 느끼지 못했던 것처럼 우리의 현재 탄소 배출량은 과학자들이 안전하다고 판단하는 기준을 이미 넘어섰다.

현재 상황이 전체 지구 차원에서 획기적인 돌파를 이루려면 먼저 빼기부터 할 필요가 있다. '빼기Remove'가 가장 우선적인 R이 되어야 한다.

코스타리카는 탄소중립을 향해 나아가며 그 목표에 도달할 여러 가지 방법을 모색했다. 우리 연구팀의 동료 벤이 과도한 업무에 짓눌리는 속도를 늦추려고 노-벨을 흔들었던 것과 마찬가지로, 코스타리카는 탄소 배출량을 줄일 필요가 있었다. 그러나 2021년까지 탄소중립에 도달하겠다는 목표를 달성하려면, 현재 대기의 탄소 농도를 깨지지 않는 기준선으로 생각하는 발상부터 벗어던져야 했다.

에즈라가 유치원에서 배웠듯이 나무는 대기 중의 이산화탄소를 제거한다. 그러므로 숲을 복원하는 것이 인류세를 개선하는 데 비용 면으로 가장 효과적인 방법 가운데 하나가 될 수 있다.[26] 특히 코스타리카와 같은 나라들은 우거진 숲이 조성될 수 있는 완벽한 기후와 넓은 개활지를 가지고 있어서 특히 더 그렇다. 사실 그렇게 넓은 개활지가 생긴 것은 인간이 숲을 황폐하게 만들어서 숲의 요정 로렉스의 분노를 샀던 인간의 역사 덕분이다. 이제 우리는 각자 자기만의 인류세 점검표를 만들어야 한다. 어떤 나라나 도시 혹은 어떤 집의 뒷마당에서는 산림 재녹화가 변화의 적절한 방법이 아닐 수도 있지만 적어도 코스타리카에서는 이것이 적절한 방법이다. 이것은 우리가 빼기를 먼저 생각해서 온실가스를 '빼는' 방법들을 고려할 때 결코 간과하지 말아야 할 방법이다.

이런 발상을 할 수 있게 해주는 젠가 게임에 다시 한번 감사!

일단 여기에서는 쿠르트 레빈의 발상 즉 탄소 배출량을 제거하는 것이 기후를 제어하는 '좋은 방법'이라는 발상에 초점을 맞추자. 기후 공학은 복잡하고 규모가 큰 지구의 여러 다른 시스템에, 즉 우리가 시도조차 하지 않고서 내팽개쳤던 바로 그 시스템에 개입함으로써 기후 변화의 영향에 대항하는 점점 더 많은 방법을 아우른다.

기후공학의 몇 가지 아이디어를 소개하면 이렇다. 비행기를 동원해서 대기에 에어로졸을 뿌려 햇빛이 지상에 닿지 않도록 차단하는 방법.[27] 우주 거울을 설치해 햇빛을 우주로 반사함으로써 햇빛 차단 효과를 노리는 방법. 지구 표면의 색깔을 밝은색으로 만들어서 더 많은 햇빛을 반사하는 방법.[28] 엄청나게 많은 양의 철을 바다에 버려서 예측할 수 없는 어떤 복잡한 시스템을 바꿈으로써 다른 시스템을 개선하는 방법.[29] 그런데 기후공학에서 제안된 이런 방법들은 모두 더하기라는 방식이다. 당신도 이 사실을 알아차렸는가?

쿠르트 레빈은 더하기와 빼기가 바람직한 행동을 더 많이 유발할 수 있음을 인정했다.

그러나 장벽 즉 우리가 설정하고 있는 기준선을 제거하는 것만이 시스템 전체에 넘쳐흐르는 긴장을 완화하는 추가적인 이점을 보장한다. 나는 에즈라가 아이패드를 끌 때 화를 내지 않으면 에즈라에게 쿠키를 준다. 아이패드를 끌 때 화를 내지 않는 행동을 유도하기 위해서다. 그런데 만약 에즈라가 화를 내면, 에즈라의 상황에는 '아이패드를 사용할 수 없음'이라는 분노 조건에다 '쿠키를 받지 못함'이라는 분노 조건까지 추가된다.

쿠르트 레빈은 사회적 상황을 이야기하지만, 이것과 동일한 긴장의 원리는 환경과 관련된 여러 시스템에도 적용된다. 에어로졸을 대기에 뿌리는 것은 쿠키를 주겠다는 인센티브를 추가하는 것과 똑같다. 이 인센티브가 지구 온난화를 누그러뜨릴 수 있다. 그러나 인간이 만든 더 많은 배출가스가 우리의 대기에 보태질 것이고, 또 이것은 예측 불가능한 다음 차례의 상황에 긴장과 변동성을 보탤 것이다. 인간의 삶을 지탱하는 시스템, 즉 우리가 번창하도록 진화시켰으며 또 그리고 나서는 심각하게 교란시켰던 시스템에서는 변동성 수준이 낮을수록 더 좋다.

기후공학이 우리가 물려받은 기후변화 유산을 복구하는 데 도움이 될 수도 있다. 공정하게 말하자면, 빼기라는 선택을 먼저 해서 대기 중의 이산화탄소를 제거하자는 몇몇 제안도 다행스럽게 있긴 하다.[30] 더 하기라는 선택지도 고려해야 하겠지만, 만일 우리가 기후공학에서 상대적인 적음을 간과한다면 어떻게 될까? 어떤 문제를 해결할 수단이라면서 그 문제를 유발했던 바로 그 사고방식을 들고나오는, 그야말로 어리석음의 고전적인 사례를 반복하는 꼴이 아닐까?

눈에 잘 띄는 더 적음을 고집한다

'더 적음 목록'의 세 번째 항목은 '눈에 잘 띄는 더 적음'을 고집하는 것이다. 지금까지 살펴보았듯이 빼기라는 방식에는 홍보와 관련된 문제가 있다. 콜리어 형제가 살았던 할렘의 저택을 허물어서 포켓 파크라는 공유지를 만들었든, 편집자가 불필요한 형용사를 삭제했든, 빼기로 제거된 것은 더는 사람들의 눈에 보이지 않기 때문이다.

눈에 띄고 안 띄고는 인류세의 온갖 문제를 해결하는 과정에서 매우 큰 변수다. 빼기의 결과는 눈에 보이지 않을 뿐만 아니라, 더하기를 하든 빼기를 하든 나타나는 변화 자체가 시간과 공간 차원에서 분산하는 경향이 있다. 인간이 가진 감각은 우리가 날씨의 변화를 알아차리는 데 도움이 된다. 그러나 우리가 기후의 변화를 알아차리는 데는 오랜 시간에 걸친 신중한 측정이 필요하며, 또 이상적으로는 이러한 측정치들을 터프티 식의 그래픽으로 표현해야 한다. 즉 기후를 안정시키려고 당신이 전기자동차를 사고, 태양광 판넬을 설치하고, 뒷마당을 숲으로 가꾸는 등 아무리 많은 노력을 한다고 하더라도, 당신이 기후변화를 저지하는 데 어떻게 도움을 주었는지 알 수 있는 피드백을 당신이 가진 감각기관들은 주지 못한다.

코스타리카가 바로 이 도전과제에 직면했다. 숲이 자라는 것은 눈으로 보고 알 수 있지만, 대기에서 이산화탄소가 줄어든 것은 눈으로 보고 알 수 없다. 탄소 배출량의 감소는 눈에 보이지 않고, 따라서 그만큼 효과도 멀게만 느껴진다.

보이지 않으며 요원하기만 한 변화를 눈에 잘 띄게 만드는 한 가지 방법은 그것들이 어떤 모습일지 상상하는 것이다. 여러 실험 결과를 보면 자기의 예전 이미지와 상호작용하는 사람들은 그렇지 않은 사람들보다 돈을 더 많이 절약한다.[31] 이런 발상을 돈을 절약하는 것에서 지구를 구하는 것으로 확장할 수 있는데, 이런 '전망하기visioning'를 실천하는 것은 우리가 원하는 인류세의 미래를 더 명확하게 상상할수록 그것이 실현될 가능성이 더 높아진다는 논리를 토대로 한다.[32]

코스타리카는 2021년까지 탄소중립 달성을 목표로 하는데, 이 목표는 두 가지 의무를 동시에 수행한다. 그 목표는 어떤 복잡한 시스템으로의 개선을 안내하는 본질이며, 그 변화들을 눈에 잘 띄게 만들어 주는 구체적인 표명(즉 전망의 구체적인 표명)이다. 코스타리카는 배출량을 줄일 뿐만 아니라 배출량을 제거하고 있으며, 탄소중립 목표를 달성할 때까지 계속해서 빼기를 수행할 것이다.[33] 코스타리카는 탄소중립을 향해 나아갈 뿐만 아니라 다른 어떤 나라보다 훨씬 앞선 시점인 2021년까지 그렇게 하겠다고 서약을 했다.

2021년까지로 정한 목표는 코스타리카인에게 동기를 부여하고, 이 목표의 '눈에 띔'은 다른 사람들과 다른 국가들에게 영감을 줘서 모방하게 한다. 브루스 스프링스틴과 케이트 오르프를 모방한 사람이 아무도 없었다면 로큰롤과 조경 건축은 바뀌지 않았을 것이다. 마찬가지로 그 어떤 나라도 코스타리카를 모방하지 않았다면 암담하기만 한 인류세도 바뀌지 않을 것이다.[34] 사실 코스타리카가 탄소중립을 진지하게 추구하기 전에도 이 나라가 배출하던 온실가스 배출량은 전 세계 배출량의 0.02퍼센트밖에 되지 않았다.

그러나 2021년 목표라는 구체적인 전망을 가짐으로써 코스타리카는 자기가 기울이는 노력을 눈에 잘 띄게 하고, 또한 다른 나라들이 모방할 수 있게 만들었다. 수 비어만이 엠바카데로 고속도로 철거를 이끌어낸 뒤로 전 세계에서 고속도로 철거가 확산되었던 것처럼, 더 야심적인 기후 전망이 확산되고 있다. 2050년까지 탄소중립을 완수하겠다고 약속한 나라가 많은데, 독일과 영국과 네덜란드 등이다.[35] 기업 아마존은 2040년까지 탄소중립 목표를 달성하겠다고 약속했다(열대우림 아마존은 탄소중립에 관한 한 이미 오래전부터 자기 역할을 해왔다). 코스타리카는 대담한 전망으로써 전 세계에 눈에 잘 띄고 모방이 가능한 '더 적음'을 제시했다.

대담한 전망의 단점은 대담할수록 실현하기 어렵다는 점이다. 아닌 게 아니라 코스타리카는 2021년으로 설정했던 목표 달성 기한을 2050년으로 연기했다. 그럼에도 코스타리카의 대담한 상상은 더 적음으로 나아가는 경로를 실질적으로 개선했다.[36] 즉 코스타리카는 거의 모든 전력을 재생가능한 에너지원으로 생산하고, 코스타리카의 산림은 탄소를 계속 제거하고 있으며, (추세로 자리를 잡아야 할 행동중단 조치의 일환으로) 석유 추출을 중단했다. 이처럼 눈에 잘 띄는 더 적음을 고집하는 행동 덕분에 코스타리카는 세계 1위의 녹색 국가로 인정받았고,[37] 그 결과 그곳을 찾는 방문객이 늘어났다. 바로 이것이 코스타리카가 상대적으로 적은 비용을 들이는 여러 방법 가운데 하나다.

뺀 것을 재사용한다

'더 적음 목록'의 마지막 항목은 뺀 것을 재사용하는 것이다. 도넛의 구멍이 일깨우듯이 뺀 것을 다시 투자할 수 있을지 따져보는 것은 충분히 가치 있는 일이다.

코스타리카 대기에서 빼기를 통해 제거된 이산화탄소는 광합성 덕분에 숲으로 바뀐다. 이 숲은 전 세계 사람을 관광객으로 끌어들인다. 부모님이 에즈라에게 열대우림 나무늘보 사진을 메일로 보낼 때, 나는 기후변화와 밀접한 관련이 있는 또 다른 인류세 상황이 개선되는 현상을 목격한다. 이를테면 지구의 전체 생물종 가운데 절반이 에즈라가 살아 있는 동안에 멸종할 수도 있다.

닥터 수스는 《로렉스》에서 멸종을 암시한다. 에즈라는 허밍피쉬가 오염되지 않은 물을 찾아서 지느러미를 다리 삼아 힘들게 걸어간다면 얼마나 멀리까지 갈 수 있을지 궁금해하며 낙담한다. 오늘날 실제 현실에서 일어나는 오염과 파괴는《로렉스》에서 원슬러가 경험한 것보다 더 심각하다. 인간은 도로와 도시를 포장하고 숲을 없애고 강의 물길을 돌리며, 결정적으로는 기후를 망치고 있다. 멸종이 자연선택의 한 부분이긴 하지만 현재의 멸종 비율은 정상치의 수천 배나 된다.**38** 이러한 대멸종mass extinction은 지구 전체 생태계를 불안정하게 만들고, 결국 트러풀라와 다른 모든 것은 사라지고 만다. 그러나 대기에서 제거한 이산화탄소가 숲을 만드는 데 재사용되면, 숲에서 살아가는 생물종이 살아갈 공간은 더 많이 생긴다.

눈에 잘 띄는 더 적음에 따른 코스타리카의 수익은 나무와 생물종의 다양성에서 비롯된다. 그런데 원슬러가 애초에 관심을 가졌던 부문인 경제라는 측면에서는 어떨까?

닥터 수스의 원슬러가 만든 옷인 스니드는 모두 가격이 3.98달러(한화 약 5,000원)로 책정되어 있고, 이 스니드들은 우리가 이 세상에 추가하는 엄청나게 많은 양을 대표한다. 흥청망청한 소비를 바라보는 닥터 수스의 관점은 명확하다. 원슬러는 한때 "스니드는 모든 사람이 필요로 하는 매우 멋진 것입니다"라고 말하는 콧대 높은 판매원이었다가, 나중에는 아무것도 아닌 사람으로 전락했기 때문이다. 원슬러는 시큼한 냄새가 나는 바람이 불고 가까이만 가도 온몸이 근질거리는 느낌이 나는 풀들만 자라는 폐공장을 지키고 있을 뿐이다. 이런 변화가 발전이 아님은 심지어 미취학 아동도 잘 안다.

그런데도 그 '스니드 어리석음'은 국내총생산GDP을 증가시켰을 것이다. 엄청나게 많은 스니드가 팔렸고 공장이 지어졌으며, 또 한동안은 원슬러의 모든 가족이 눈코 뜰 새 없이 바쁘게 일했다. 우리에게 가장 영향력이 있으며 또 무뚝뚝한 발전 척도인 GDP는 더 많음을 사랑한다. 트러풀라 나무가 우리 집 뒷마당에서 무성하게 자란다면 시장은 이것을 성공이라고 판단할 것이고, 쓸모없는 잡풀만 자란다면 그렇지 않을 것이다.

GDP가 늘 그렇게 강력한 더하기의 힘이었던 것은 아니다.[39] 노동자가 집으로 가져가는 임금의 가치가 기본적으로 새로 생산된 상품의 가치로 재규정된 것은, 전쟁 지출에 대한 회계처리가 필요했던 2차 세계대전 때였다. 이 전쟁이 끝난 뒤, GDP 기준은 상대적인 많음을 중시하는 철학과 함께 전 세계로 널리 퍼졌다. 2차 세계대전 이후 서구제국에 대한 미국의 원조계획인 마셜플랜을 통해 원조를 요청하는 국가들은 자기의 GDP를 추정해야 했다. 유엔은 회원국들이 각자 자기의 GDP를 보고할 모범적인 틀을 개발했다. 오늘날에는 거의 모든 정부가 GDP 성장을 목표로 정하고 있다.

GDP는 원래 하기로 계획했던 것만 할 뿐 그 이상은 하지 않는다. 또 생산을 측정하지 복지를 측정하지 않는다. 그렇기에 GDP는 몇몇 유용한 상대적인 적음을 놓칠 수밖에 없다.

GDP는 어떤 사람이 병원을 방문했을 때 발생하는 비용만 따지지, 이 환자의 결과는 따지지 않는다. 카테터 감염으로 병원에 입원한 환자에게는 외래진료를 받는 환자보다 더 많은 진료비가 청구된다. 비슷한 방식으로, GDP는 우리가 가진 여러 가지 발상에서 나타나는 발전을 측정하려고 애를 쓴다.[40] 우리가 인터넷 검색에서 아무리 많은 실질적인 가치를 끌어내더라도 구글 이용에 비용이 들지 않는 한 이 행위는 GDP 계산에서 제외된다. 위키피디아 등에서 사용자가 직접 내용을 편집하는 오픈소스 작업도 GDP 계산에서 제외된다.

이런 계산 방식은 유용성이 떨어질 뿐만 아니라 오히려 해로울 수 있다. 원슬러가 트러풀라 계곡을 약탈해서 황폐하게 만든 행위는 GDP를 높여주었다. 허리케인, 기름 유출 사건, 감옥 건설, 비효율적으로 집행된 정부 지출 등도 마찬가지다.

보안에서부터 건강한 환경, 훌륭하게 양육된 아이들까지, 우리가 원하는 많은 것은 무딘 국가 통계에 단순히 산정되지 않으며, 통계 수치를 떨어뜨릴 수도 있다. 인류세 회계에는 삶의 질과 환경의 변화가 반영되어야 한다. 물론 말보다 행동이 어렵긴 하다.

대책을 수정하려면 공공의 이익에 대해 어려운 질문을 해야 한다. 유엔이 제시한 인간개발지수◆를 포함한 대안들 역시 GDP만큼이나 계산하기가 까다롭다. 인간개발을 측정하려면 각 국가가 기대수명, 교육, 1인당 국민소득 등과 같은 수많은 지표를 추적하고 종합해야 한다. 그 모든 정보를 수집하는 게 어렵긴 하지만 적어도 지표에 대해서는 합의가 이루어져 있다. 심리적인 행복과 공동체 생활과 같은 인간개발의 그 밖의 다른 측면들은 우선 측정 자체가 어렵다.

한편 우리가 여기서 이야기하고 있는 것은 단지 하나의 측정일 뿐이다. 인간은 햇빛을 반사하는 거울을 우주에 추가하겠다는 생각을 할 만큼 똑똑한 생물종이다. 이런 우리라면 적어도 중요한 것을 측정할 수

◆　국제연합개발계획이 각국의 교육수준 등을 조사해 인간개발 성취 정도를 평가한다.

있어야 한다.**41** 그래야 마땅하다.

GDP가 우리더러 더하기를 하라고 강요하는 반면에, 다른 기준들은 빼기 행위에 보상을 하기도 한다. 코스타리카는 산림이 수행하는 탄소 제거와 저장에 경제적 가치를 부여한다. 이 기준에 따르면 원슬러의 스니드 공장은(《로렉스》에서는 그렇지 못했지만) 트러풀라 계곡보다 일시적으로만이 아니라 지속적으로 무한하게 더 좋아야 했다. 코스타리카 정부는 이런 수정된 기준을 바탕으로 농부들에게 나무를 베는 일이 아니라 나무를 기르는 일을 열심히 하게 만들 수 있다.**42**

코스타리카 사람들이 너무 순진한지도 모른다. 이 나라는 1949년에 군대를 없애고 군사비로 들어갈 예산을 교육, 보건, 연금, 심지어 미술관 설립에 사용했다.**43** 코스타리카의 1인당 GDP는 약 1만2,000달러인데 미국의 1인당 GDP는 약 6만5,000달러다.**44** 상대적으로 덜 공격적인 기후 행동 계획은 GDP를 개선할 수 있다. 적어도 군대는 확실히 그렇다.

반면에 코스타리카는 예산 지출의 우선순위를 재정비해서 국민의 문해력과 건강이 향상되도록 했는데, 그 덕분에 코스타리카인은 미국인보다 평균적으로 더 오래 산다.**45** 인류세와 관련해 그들의 빼기 전략에서 전 세계의 모든 나라가 배울 점이 있지 않을까 싶다.

빼기가 인류를 구할 것이다

중앙아메리카의 드넓은 지역에 대규모 산림을 다시 조성하는 것. 어떤 활동으로 이산화탄소를 더하고 **그리고** 어떤 활동으로는 이 산화탄소를 빼는, 즉 이산화탄소를 두고 균형 있는 국가의 장기적인 전 망을 세우는 것. 모든 석유 추출을 중단하는 조치를 취하는 것. 더 적음 을 통해서 발전이 인식되도록 측정 기준이나 대상을 바꾸는 것.

이런 일들은 우리가 일방적으로 만들 수 있는 변화가 아님을 나는 잘 안다. 손이 많이 필요하며 어렵고 전략적인 일이다. 게다가 상황이 달라지면 요구되는 변화도 달라진다. 우리는 미국 중서부에 숲을 다시 가꾸는 대신에 대기 중의 탄소를 빨아들이는 식물을 풍력 터빈 아래에 서 재배할지도 모른다.

그렇다면 우리가 인류세 유산으로 다음 세대에 물려줘야 할 것은 정확하게 무엇일까?

나는 "기후변화 문제를 해결하기 위해서 이러저러한 일을 하세요" 라는 말을 듣고 싶다. 그런 일이 하나라도 있다고 생각했다면 책의 후 반부인 지금까지 기다리지 않았을 것이다. 아마도 표지에 크고 큼지막 하게 썼을 것이다. 그렇긴 하지만, 내가 지금까지 깨우친 사실 한 가지 는 적어도 몇 가지 선택권을 남겨줘야 한다는 것이다.

복원력 프로젝트**Resilience Project**는 전 세계 최고의 생태학자, 경제학 자, 사회과학자, 수학자 사이에서 5년 동안 이루어졌던 전례 없는 파트 너십이었다. 여기에 참가한 연구자들은 환경 위기가 시스템과 관련이 있음을 인식하고, 또 시스템이 기본적으로 복잡하고 예측할 수 없음을 인정하면서, 오해의 소지가 있는 구체적인 방법으로 결론을 내리지 않 았다. 오히려 그들은 일반적인 처방을 제시했다.

"우리는 변화의 여지가 있는 어떤 시스템의 내재적 잠재력을 최대화하려고 노력해야 한다. 그 잠재력이 미래에 선택할 수 있는 선택지의 범위를 결정하기 때문이다."**46**

케이트 오르프가 그랬던 것처럼 그 연구자들은 뒤집어서 표현했다. '내재적인 잠재력을 최대화하는 것'이라는 표현이 '외부에 존재하는 것을 빼는 것'이라는 표현보다 듣기에 좋았기 때문이다. 그러나 변화의 가능성이 있는 도시의 역량을 늘린다는 것은 혼잡한 고속도로를 없앤다는 뜻이다. 어떤 사회에 내재된 잠재력을 극대화한다는 것은 인종차별주의를 철폐한다는 뜻이다. 가장 유용한 총체적인 지식을 남기려면 현재 만연해 있는 오해를 풀어야 한다. 요컨대 우리의 인류세 문제를 치료할 처방은 빼기이다.

선택지를 남긴다는 것은 현재 우리가 맞닥뜨린 혼란을 말끔하게 정리한다는 뜻이다. 우리는 여러 시스템에 만들어놓은 해로운 왜곡을 제거할 수 있다. 바로 이것이 상황을 바꾸는 좋은 방법이다. 레오 로빈슨, 런-디엠시, 이브람 켄디 등이 인종차별주의와 관련된 문제를 인식하고 그것을 철폐하는 데 도움을 주듯이, 우리는 공동의 미래를 착취하는 보이지 않는 구조를 인식하고 제거할 필요가 있다.

남아프리카공화국의 대주교이던 데스몬드 투투**Desmond Tutu**가 거듭 권고한 것처럼, 우리는 무엇이든 얼마든지 없앨 수 있다. 투투 대주교는 아파르트헤이트를 철폐하는 데 이바지한 일로 노벨평화상을 받았다. 그는 "남아프리카공화국에서 통했던 전술들을 구사해서 최악의 탄소 배출국들에 대항하자"라고 소리 높여 외치면서 다시 영향력 있는 투사로 돌아왔다.**47** 수십억 달러의 투자금이 남아프리카공화국에서 썰물 빠지듯이 빠져나가자 아파르트헤이트는 어렵지 않게 철폐되었다. 이 사례와 마찬가지로, 지구를 개선하는 좋은 방법 한 가지는 지구를 파괴하는 활동에 투입된 투자금을 빼는 것이다. 기회는 얼마든지 있다. 현재 화석연료 기업들이 확보하고 있는 화석연료의 매장량은, 과학자들이 안전한 범위 안에서 태울 수 있다고 판단하는 전체 탄소 배출량의 다섯 배나 되는 규모다.[48] 이런 기업들에 투자한 자금을 회수하자는 것이다.

아파르트헤이트의 철폐 때와 마찬가지로 캘리포니아대학교가 초기에 행동을 실천했는데, 이 대학교의 연기금은 화석연료 회사에 대한 지분을 처분한 여러 거대 투자기관 중 하나였다.[49] 그리고 아파르트헤이트를 철폐할 때와 마찬가지로 교황은 모든 가톨릭 신자에게 행동을 함께할 것을 촉구했다.[50] 환경운동가이자 저술가이며 활동가인 빌 맥키번**Bill McKibben** 주교는 자기가 평생 활동한 내용을 '사람들이 수많은 기관과 회사를 배척하게 만드는 것'으로 압축했다. 아일랜드와 게이츠 재단, 신앙을 기반으로 한 수백 개 단체가 맥키번 주교가 펼친 화석연료 배척 운동에 동참했다.[51]

우리는 해로운 발상과 정책을 빼는 것으로써 여러 선택지를 남기고, 또 우리가 개입된 것을 말끔하게 정리할 때 여러 선택지를 남긴다. 우리는 기억되기를 원하는데, 그렇게 하는 한 가지 방법은 자기 생애보다 훨씬 더 오래 지속되리라고 생각하는 물리적인 것을 남기는 것이다. 이것은 특별한 게 아니라 정상적인 것이다. 그러나 조심해야 한다. 만약 우리가 미래 세대에 물려주는 것이 남아프리카공화국에서 흑인에게 강요되었던 가짜 고향과 온갖 기념물과 석유회사의 주식뿐이라면, 우리는 콜리어 형제가 살았던 온갖 잡동사니 저택보다 수천수만 배나 큰, 행성 규모의 쓰레기 저택을 만드는 셈이다. 후대에 여러 선택지를 물려주려면 필요없는 잡동사니를 빼는 선택을 해야 한다.

닥터 수스의 《로렉스》 이야기로 돌아가자. 이 이야기의 마지막 부분에서, 나이가 훌쩍 들어버린 원슬러는 다음 세대에 무엇을 남길지 고민했던 '복원력 프로젝트'의 연구자들이 얻었던 것과 비슷한 깨달음을 얻는다. 자기를 만나러온 소년에게 원슬러가 물려주는 유산은 공장이나 오래된 기계가 아니다. 그가 미래의 생태계를 바꾸기 위해 소년에게 줄 수 있는 최고의 도구는 바로 트러풀라 나무의 마지막 씨앗 하나임을 알고 있었고, 그 씨앗을 소년에게 준다. 그리고 미래에 사람들이 살아갈 시스템을 개선하기 위해서 원슬러는 자기 이야기를 남긴다. 그에게는 여전히 기업가 자아가 남아 있어서, 호기심 많은 소년에게 15센트와 못 하나, 증고조 할아버지 달팽이의 껍데기를 자기가 해주는 이야기의 대가로 요구한다. 그것이 자기의 비밀 이야기에 매겨진 가격인 셈이다. 소년은 스니드 하나의 가격에 비하면 아주 적은 가격으로 원슬러가 평생에 걸쳐 깨우친 지혜를 얻는다.

'복원력 프로젝트'의 연구자들이 결론을 내렸던 것처럼, 그리고 원슬러가 그랬듯이, 우리도 지구와 인류의 잠재력을 다음 세대에 물려주어야 한다. 빼기를 실천함으로써 우리는 기회의 유산을 남길 수 있다. 심지어 성장에 초점을 맞추었던 트루먼조차도 이 점을 인정했다.

"우리가 다른 사람들을 돕는 데 쓸 물질적 자원은 제한되어 있습니다. 그러나 기술 지식에 관한 한, 헤아릴 수 없을 정도로 많은 자원이 끊임없이 늘어나고 있으며 또 무궁무진합니다."[52]

사물은 한정되어 있다. 그러나 사람은 그렇지 않고 또 그럴 필요도 없다.

8장 정보를 지혜로 증류하기

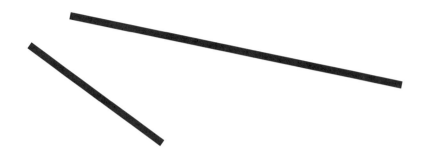

과부하의 시대에 딱 맞는 정보 관리 기술

중국의 철학자 노자는 "지식을 얻으려면 날마다 하나씩 보태고, 지혜를 얻으려면 날마다 하나씩 빼라"라고 말했다.

노자가 수천 년 전에 한 이 조언은 지금도 시의적절하다. 빼기는 인류세에서 살아남을 생존 기술인 동시에 우리가 살아가는 정보화 시대의 기술이기도 하다.

노자의 조언을 간과하는 우리 세대들의 약점은 컴퓨터 공학자인 칼 뉴포트가 쓴 기고문 '이메일은 교수들을 바보로 만드는가?Is Email Making Professors Stupid?'[1]에 잘 요약되어 있는데, 이 내용은 기고문이 실린 매체 〈크로니클 오브 하이어 에듀케이션The Chronicle of Higher Education〉을 포함해서 트위터, 콘텐츠 수집 웹사이트들 또 교수들의 이메일을 통해 널리 확산되었다. 이 기고문의 요지는 이메일이 교수들에게 어떤 면에서는 도움이 되지만, 끊임없이 이어지는 이메일 잡담이 정신을 집중해서 생각할 귀중한 시간을 갉아먹는다는 것이다. 생각할 시간은 여러 가지 일에 유용하다. 레슬리 펄로가 소프트웨어 엔지니어들을 시간 기근에서 해방하려 했던 이유도 바로 여기에 있다. 교수들에게는 정신을 고도로 집중하는 시간을 가지느냐 가지지 못하느냐에 따라서 자기 일을 제대로 하느냐 하지 못하느냐가 갈린다. 그런데 우리는 넘쳐나는 메시지를 관리하는 일에 발상을 확장할 능력을 소모하고 희생시킨다.

뉴포트의 그 기고문이 나의 이메일함으로 한 번이 아니라 세 번이나 날아왔다(여러 학과에 복수로 소속되어 있으므로 감수할 수밖에 없는 불편한 점이다). 각각의 경우에 모두 댓글들이 집중적으로 달렸다. 그런데 고맙게도 한 예리한 동료가, 이메일이 안고 있는 문제를 제기하는 글을 둘러싼 토론을 이메일로 하고 있다는 게 아이러니라고 지적했고, 그 덕분에 나는 그 건에 대해서 굳이 어떤 논평을 하지 않아도 되었다.

그런데 교수들만 그런 게 아니다. 평균적인 미국인이 하루에 접하는 단어의 개수는 무려 10만 개나 된다.[2] 10만 단어는 이 책보다 더 많은 분량이다. 2017년 기준, 인터넷에서는 1분 동안에 50만 건의 트윗과 300만 건이 넘는 구글 검색이 이루어졌다.[3] 우리의 이메일 생산 속도는 얼마나 될까? 1억5,600만 건이나 된다. 그것도 단 1분 동안 말이다.

우리는 모두 이 문제를 알고 있다. 우리는 정보 피로 증후군을 이야기한다. '기술'이란 이름의 정보에 대해서 다이어트를 해야 할지도 모른다. 다이어트가 효과가 없다면 정보를 폭력적으로 제거해야 할지도 모른다. '너무 많은 정보Too Much Information'라는 문구는 너무 흔하다 보니 어느새 TMI라는 약자로 통용되고, 구시대의 미디어라고 할 수 있는 사전에도 등재되었다. 그런데 역설적이게도 TMI라는 약자 또한 그 자체로는 정보의 밀도가 매우 높은 것이다. 자판을 스무 번 쳐야 하는 수고를 단 세 번 치는 것으로 줄여주니까 말이다.

너무 많은 정보는 우리의 정신 건강을 위협한다. 성가신 이메일들이 끈질기게 우리에게 좌절감을 안겨주고, 또 과도한 인터넷 쇼핑은 임상적 불안 증세까지 유발한다.[4] 너무 많은 정보는 민주주의 작동에 꼭 필요한 시민의 참여를 위태롭게 만든다.[5] 사람들은 좋든 나쁘든 너무 많은 콘텐츠에 노출되다 보니 무엇이 의미 있는 신호이고 무엇이 쓸모없는 소음인지 쉽게 구분하지 못한다. 우리는 시중에 나온 모든 아기 침대 매트리스의 장점을 체계적으로 살필 수 있고, 또 선거 때는 기후 변화에 대응하는 각 후보의 정책적 차별성을(혹은 부족함을) 세부적인 사항까지 확인할 수 있다. 그러나 우리는 그 모든 것을 다 할 수는 없다.

주어진 시간 안에 우리가 처리할 수 있는 정보의 양에는 현실적이고 생물학적인 한계가 있다. 얼굴을 맞대고 하는 일대일 대화는 가능하지만 두 사람을 동시에 그렇게 상대하기는 버겁다. 우리는 1초당 60비트에서 120비트 사이의 정보량을 감당할 수 있기 때문이다(텍스트의 글자 하나가 대략 8비트다).[6] 누군가가 자기의 정보처리 절차 역량을 어느 하나의 상황에 할애한다는 것은, 동시에 다른 상황에는 그 역량을 쓰지 못한다는 뜻이다. 이메일이 등장하기 훨씬 이전인 1971년에 이 분야의 권위자인 허버트 사이먼은 "정보의 풍부함은 관심의 빈곤을 야기한다"라고 통찰했다.[7]

정신적 대역폭을 갉아먹는 지나치게 많은 정보는 또 다른 빈곤을 유발할 수도 있다. 센딜 멀레이너선Sendhil Mullainathan과 엘다 샤퍼Eldar Shafir는《결핍의 경제학Scarcity》[8]이라는 책에서 경제적 빈곤과 나쁜 결정 사이의 관계에 대해 사람들이 통상적으로 생각하는 상식을 뒤집었다. 프린스턴대학교 심리학 교수인 샤퍼와 당시 하버드대학교 경제학교수였던 멀레이너선은 '가난한 사람들이 나쁜 결정을 내릴 가능성이 상대적으로 더 높다'는 사실을 발견했다. 이것만 놓고 보자면, '가난은 가난한 사람들의 탓'이라고 말하고 싶은 사람들이 좋아할 내용이다.

그러나 두 사람은 이 일반적인 추론이 반대로 바뀌어야 함을 보여준다. 나쁜 결정이 사람을 가난하게 만드는 것이 아니라, 자기가 가난하다고 생각하는 인지의 영향이 나쁜 결정으로 이어진다는 것이다. 동생들이 먹을 음식을 살까, 아니면 공부를 하기 위한 책을 살까 고민하느라 정신적 대역폭을 쓸 수밖에 없는 고등학생은 그 책들의 내용을 생각하기가 더 힘들어진다. 게다가 이 학생의 대역폭은 이미 책과 음식 사이의 딜레마에 소모되기 때문에, 비록 책을 무료로 제공받는다고 하더라도 자기가 놓인 상황에 대한 새로운 정보를 처리할 정신적인 공간이 상대적으로 적다.

가난한 사람들은 종종 이런 정신적 결핍 상태에 갇힌다. 반면에 그렇지 않은 사람들은 노자와 허버트 사이먼이 권하는 대로 느긋함의 호사를 누린다.

지식이 지혜가 되는 '선택과 집중'의 과학

철기시대에 철이 그랬던 것과 마찬가지로, 정보 자체가 우리 시대의 문제점은 아니다. 정보는 특권이자 가능성이다. 우리의 인류세 궤적에 대한 가장 희망적인 소식은 정보의 성장이 에너지 사용과 기후변화에 따른 탄소 배출량의 성장을 앞지른다는 것일지도 모른다.[9] 정보는 화석연료나 기후 공유자원과 달리 무진장한 자원이다. 그러므로 지구가 맞닥뜨린 문제와 그 밖의 다른 문제들을 개선하기 위해서 우리는 정보를 사용할 필요가 있다.

이메일이든 트위터든, 더하기를 하는 현대의 도구들은 도움이 되지 않는다. 그러나 정보가 너무 많다는 느낌은 생각만큼 새로운 게 아니다. 사이먼은 사람들이 "방송 시스템과 제록스 복사기의 세계에 완전히 잘못 적응했다"라고 썼다. 제록스 이전 시대에 경제학자 존 메이너드 케인스는(그의 발상은 '더 많음'이 세상에 도입되는 데 기여했다) 덜 유용한 정보를 제거할 때 인류가 이득을 얻을 수 있다고 지적했다.[10] 그리고 이 '덜 유용한 정보'에, 로마 가톨릭교회가 특정 구절을 삭제하지 않으면 읽지 못하도록 금지한 '금서 목록'에서 따와 '공인된 금서 목록accredited Index Expurgatoriu'이라는 이름을 붙였다.

책을 직접 필사해야 했던 시절에 히브리어 성경은 이미 "많은 책을 만드는 데는 끝이 없고, 많은 연구는 몸을 힘들게 만든다"라고 경고했다.[11] 로마의 스토아 철학자 세네카는 정보가 너무 위협적이라고 여긴 나머지, 시칠리아 지방장관이던 루킬리우스에게 보낸 124통의 도덕적 조언이 담긴 편지 가운데 두 번째 편지를 '독서를 할 때의 산만함'에 할애해서, 너무 많은 책을 읽으면 새로운 상황에 맞닥뜨렸을 때 동원할 수 있는 정신적인 역량을 너무 많이 써버릴 수 있다고 경고했다.[12]

역사학자 앤 블레어Ann Blair는 저서 《알기에는 너무 많은 것Too Much to Know》에서 인간은 항상 정보를 저장하고 요약하고 분류하는 방법을 찾아왔으며 지금도 그렇게 하고 있음을 확인했다.[13] 이런 점에서 보면 데이터 서버는 르네상스 시대의 박물관이나 도서관과 다르지 않다. 위키피디아 양식의 요약은 책으로 인쇄된 백과사전으로 그 기원이 거슬러 올라간다. 구글이 전 세계의 정보를 분류하는 방식도 알파벳 순서의 배열 혹은 듀이 십진분류법 Dewey Decimal System과 비슷하다.

우리는 정보를 조직화하는 것 말고도 더하기의 속도를 늦출 수 있다. 충족함 이후의 정보 설계 post-satisficed information design에 대한 에드워드 터프티의 가르침은 파워포인트, 슬라이드나 글머리 기호, 그 밖의 잉크 대비 정보량이 미미한 온갖 것을 회피하라고 한다. 최고의 창의적인 논픽션 작가로 많은 사람의 지지를 받는 존 맥피 John McPhee는 지금까지 줄곧 기계식 타자기를 고집하고 있다. 헤밍웨이는 정보가 추가되는 속도를 늦추는 도구인 연필을 사용했다. 그러나 연필은 비록 속도가 느리긴 하나 빼기의 도구가 아니라 여전히 더하기의 도구다(연필에 달린 지우개 부분이 다른 부분에 비해서 얼마나 짧은지 생각해보라).

저장과 요약과 분류는 빼기가 아니다. 정보의 속도를 늦추는 것은 벤이 노-벨을 흔드는 것과 같다. 그러나 블레어는 역사적인 전략을 하나 더 발굴했다. 바로 '선택하기 select'다. 더하기와 빼기의 자연스러운 균형을 맞추는 것과 마찬가지로 우리는 정보를 생성하는 것과 적절하고 유용한 정보를 선별하는 것의 균형을 맞출 필요가 있다. 선별적인 선택은 정보의 풍요와 주의력 빈곤 사이의 긴장을 덜어준다.

블레어는 이런 분류에서 이용할 수 있는 실용적인 팁을 여러 가지 일러준다. 그녀는 계몽주의 사상을 본문 17권으로 집대성한《백과사전 Encyclopédie》의 편집자들이 사용했던 선택 필터를 설명한다. 그 편집자들은 《백과사전》 안에 담긴 정보만 있으면 어떤 대재앙이 휩쓸고 지나가더라도 사회를 재건하기에 충분해야 한다고 판단했다. 따라서 이 목표에 적합하지 않다고 판단한 정보는 모두 빼버렸다. 적절성으로 따지자면 높은 기준이지만 기본적인 원칙은 당신이 설정하는 목표들과 상관없이 동일하다.

사회를 재건하기 위해서든, 이메일함을 관리하기 위해서든, 어떤 정보를 선별해서 선택하려면 의미 없는 데이터를 정보와 구분해야만 한다. 스팸 필터로 걸러지는 이메일의 대부분은 데이터이지 정보가 아니다. 또 어떤 경우에는 데이터와 정보의 구분이 사용자에 따라 달라지기도 한다. 대학교의 내 동료 대부분에게 '휴게실 냉장고에 곰팡이를 키우려고 샌드위치를 둔 사람'이라는 제목의 이메일은 분명 데이터일 뿐이다. 물론 그 이메일에 관심을 가지고 탐정 놀이를 즐기는 사람도 있을 것이다. 데이터와 정보를 가르는 가장 간단한 선택 필터는 '사용할 수 없는 것이라면 정보가 아니다'라는 사실이다.[14]

또 어떤 경우에는 '데이터냐 정보냐'가 아니라 '정보를 저장할 가치가 있느냐 없느냐' 하는 것이 문제다. 빼기 기술이 이런 판단을 내리는 데 도움이 될 수 있다. 라이언 맥팔랜드가 두 살짜리 아이를 놓고 생각하다가 자전거에서 빼기를 해야 한다고 떠올렸던 것처럼, 사람들을 놓고 생각할 때 우리는 자기의 대역폭과 다른 사람들의 대역폭에서 빼기를 수행할 대상이 되는 정보와 데이터를 포착할 수 있다.

이를테면 교수들은 새로운 주제와 관련된 내용을 빨리 배우도록 학생들에게 요구하지만, 종종 앞서 다루었던 주제들이 가지는 상대적 가치와 관련된 어려운 질문들은 회피한다. 학생들을 먼저 생각한다면 이런 어려운 질문을 학생들에게 해야만 하고 또 주의력 부족이 학습에 좋지 않다는 진리를 정면으로 받아들이는 게 옳다. 극단적인 경우를 상상하자면, 너무 많은 정보는 학생들에게 대역폭의 부담을 안겨주는 데 그치지 않고, 부정행위만이 유일한 선택지라는 믿음을 가지게 만들 수 있다.[15] 우리는 육군 장교들이 과중한 업무량에 치일 때 정해진 절차를 어떻게 무시하고 생략하는지, 또 학생들이 공부해야 할 것이 너무 많을 때 어떤 행동을 보이는지 이미 앞에서 살펴봤다.

교수나 다른 사람들이 정보를 빼서 제거하기 어려운 이유 가운데 하나는 그들이 각각 생산자의 비용과 소비자의 편익에만 직관적으로 초점을 맞추기 때문이다. 생산자인 제조업체는 블록이 1,100개 들어가는 레고 로봇을 40달러(제작비)라는 비용을 들여서 만들 수 있고, 소비자인 부모는 이 레고 블록 세트를 사는 데 90달러(사용자 편익 가치)를 기꺼이 지불한다. 바로 이때 바로 그 양면적인 사고가 작동한다.

그러나 레고 세트를 비롯한 물건의 거래에서 사용자도 비용을 발생시킨다. 물질적인 것을 대상으로 할 때는 종종 이 비용이 해당 재화를 사는 데 지불되는 비용에 비해 무시할 수 있을 정도로 작다. 레고 세트의 포장 상자를 재활용품으로 내놓으려고 재활용장으로 들고 나가는 것은 내가 썩 좋아하는 활동이라고 할 수 없어도 큰 비용이 들지는 않는다.

그러나 정보를 거래할 경우에는 사용자가 부담하는 비용 대부분이 거래 과정 자체에서 매듭지어지지 않는다. 이것은 당신이 이 책을 여기까지 읽었다는 사실에 내가 우쭐한 기분이 드는 이유이기도 하다. 이 책을 만들어서 당신 손에 들어가도록 하기까지 정보를 생성하고, 수집하고, 원고로 쓰고, 편집하고, 마케팅하고, 배포하는 활동에 들어가는 비용은 별개다. 당신이 이 책을 살 때는 돈을 지불했다. 그러나 이 책에 담긴 정보를 사용하는 데 들어가는 전체 비용에는 당신이 이 책을 읽는 데 들이는 시간도 포함된다. 당신이 이 책을 얼마나 빨리 읽든, 당신이 소비하는 시간의 가치를 시간당 15달러나 150달러나 1,500달러로 평가하든, 당신이 이 책에 투자한 시간의 가치는 당신이 책값으로 지불한 금액의 몇 배나 된다.

정보 특권이 가져다주는 편익을 활용하려면 우리는 생산자에게 발생하는 비용이든 사용자에게 발생하는 비용이든, 모든 비용을 자기가 책임져야 한다. '이메일은 교수들을 바보로 만드는가?'라는 글을 처음 나에게 이메일로 보냈던 동료 교수가 몹시 화가 났음은 이해할 수 있다. 지나치게 많은 이메일은 교수 회의를 할 때나 복도에서 우연히 마주쳤을 때 나누는 대화에서 그 동료가 열변을 토하는 주제 가운데 하나다. 그러나 이 동료가 자기가 보낸 메시지를 수신자가 읽지 않았다고 느낄 때 어떤 행동을 하는지 보라. 그는 자기가 받은 이메일에 정보를 추가하여 '전달 forward'함으로써, 자기가 과잉 정보로부터 보호하겠다고 스스로 생각하는 바로 그 집단에 속한 35명 동료의 대역폭을 상당한 수준으로 갉아먹었다.

정보의 기회비용 역시 새삼스러운 게 아니다. 케인스가 '금서 목록'이라는 표현을 들먹였던 일도 거의 100년 가까이 지났다. 도서관은 그때 이후로 지금까지 줄곧 있었으므로, 이런 사실을 고려한다면 사서가 수행하는 어둡고 은밀한 활동은 새로운 책을 놓을 공간을 마련하기 위해서 어느 공간을 비울지 판단하는 일이다. 케이트 오르프가 '깨끗하게 비우고 '덜어내고' 또 '드러낸다'는 표현을 사용했듯이 사서들도 이 변화를 빼기라고 부르지 않고 '추려내기 weeding'라고 바꿔서 부른다.

만일 당신도 나와 다르지 않다면, 책장에 꽂아둔 책을 한 권이라도 추려낼 경우 마음이 아플 것이다. 그 책이 앞으로 영원히 읽지 않을 책이라고 하더라도 말이다. 그럼에도 추려내기가 필요함을 사서는 잘 안다. 여기에 대한 대안은 '펄프 만들기 pulping'다. 이것은 한 무더기의 책을 무차별적으로 또 통째로 공장으로 가져가서 해체하고 녹여서 걸쭉한 액체로 만든 다음에 종이로 재생하는 작업을 말한다.

영국의 맨체스터 중앙도서관에서 21만 권의 책을 수거해서 펄프를 만들 때 이 도서관의 사서들은 눈물을 흘렸다. 그것은 '산업적인 규모로 진행된 문화적인 차원의 파괴 행위'였다.**16** 지난 10년 동안 단 한 번도 대출되지 않은 책이라고 해서 장차 누군가에게 기쁨을 가져다줄 일이 없다거나 문명을 재건할 토대가 되지 않는다고 누가 장담할 수 있겠는가? 추려내기가 뇌의 시냅스를 가지치기하는 것이라면 펄프 만들기는 뇌에서 뇌엽을 절제하는 수술이라고 할 수 있다.

정보가 서가에 있든, 이메일함에 있든, 뇌에 있든, 정기적이고 의도적으로 정보를 빼는 것은 다른 대안보다 훨씬 낫다. 잠을 자면 스냅스가 제거되는데, 잠을 자지 않으면 뇌는 과부하가 걸리고 작동이 느려진다. 깨어있을 때 정보를 의식적으로 선택하지 않으면 뇌는 멀쩡한 고전을 펄프로 만들어버리게 된다. 정보 과부하에 시달리기 때문이다. 그래서 누구보다도 똑똑하다는 교수들이 멍청하게도 '이메일이 교수들을 멍청하게 만든다'는 경고의 이메일을 마구 뿌려댄다.

좋은 소식도 있다. 정신의 저장고에서 정보를 빼어 버리고 나면, 쓸데없이 메모리 용량을 잡아먹던 컴퓨터 프로그램을 닫았을 때처럼 뇌의 처리 속도가 빨라진다는 점이다. 역량을 최대한으로 발휘해서 일할 때 우리는 새로운 지식을 창조할 수 있고, 그 지식을 지혜로 증류할 수도 있다.

군더더기는 버리고 본질에 접근하는 법

내가 공학 학사 학위를 취득할 때 역학 과목이 가장 까다로운 장애물이었다. 역학은 정지해 있거나 움직이는 물체를 다루는 물리학 분야다. 이 과목을 공부하려면 숫자를 방정식에 끼워넣는 것은 말할 것도 없고, 온갖 개념이 세상에서 작동하는 방식을 시각화해야 했다. 쉽지 않은 도약의 도전 과제였다. 만일 이 과제를 넘어서지 못한다면, 나중에 이어질 다른 과목들을 온전하게 통과하지 못할 게 분명했다.

첫 역학 강좌의 세 번째이자 마지막 시험을 앞두었을 때, 내 성적은 C학점이었다. 이 강좌를 맡았던 비스코미 교수님은 우리가 성공하기를 간절히 원했지만, 그 성공은 각자 자기 힘으로 따내야만 했다. 교수님은 이미 30년이 넘는 세월 동안 한 번에 25명씩 수천 명의 학생을 가르쳤는데, 커빙◆, 출석가산점 부여, 성적 조정 탄원 등을 일절 고려하지 않는 것으로 유명했다.

나는 태어나 처음으로 낙제할지도 모른다는 불안감을 안고 시험을

◆ 모든 학생에게 일괄적으로 동일한 점수를 더 올려주는 채점 방식.

치렀다. 만일 낙제한다면 두 가지 선택지가 있었다. 부모님에게 등록금을 추가로 더 내달라고 하고 졸업을 미루어 다음 해에 그 과목을 새로 수강하거나, 역학이 전공필수 과목이 아닌 다른 전공을 선택하는 것이었다. 아무튼 그렇게 불안한 마음으로 시험을 치렀다.

드디어 제출한 시험지를 돌려받으며 점수를 확인하는 순간이 왔다. 이때 교수님이 늘 하는 세리머니가 있었다. 시험지를 돌려주기 전에 칠판에 최고점과 최하점을 적어서, 누가 그 점수의 주인공일지 짐작하게 하는 것이었다. 교수님이 칠판에 적은 점수는 98점과 47점이었다.

그런데 교수님이 나를 바라보더니 빙긋 웃었다. 친구들은 나를 보고 킬킬거리는 한편, 98점을 받았을 것 같은 친구에게는 장난스러운 탄성을 보냈다. 나는 당황했다. 아무리 낮은 점수를 받았기로서니 교수님이 놀릴 거라고 예상하지 못했고, 또 내 성적이 그렇게나 나쁘리라고는 생각하지 않았기 때문이었다. 교수님이 시험지를 돌려주는 동안 나는 역학 아닌 다른 과목으로 전공을 바꾼 대학 생활을 상상했다. 수강생의 80퍼센트가 여학생인 수업을 듣고, 공부를 설렁설렁하면서 축구를 마음껏 하는 상상을 했다. 어느 과목을 전공으로 선택해야 하나. 그 즐거운 백일몽은 금방 끝났다. 시험지를 돌려받았을 때, 교수님이 나를 보고 웃었던 이유를 알았다. 내 점수가 98점이었다.

세 번째 시험에서 내 점수가 완전히 달라졌던 이유가 무엇이었을까? 나는 강의를 열심히 들었고 숙제로 나온 연습 문제도 열심히 풀었다. 그렇지만 이건 달라진 습관이 아니었다. 학기 내내 그랬기 때문이다. 그렇게 열심히 했는데 C학점을 받았다. 달라진 건 따로 있었다. 세 번째 시험을 앞두고 나는 세부적이고 구체적인 것은 모두 던져버리고 해당 과목의 본질에만 매달렸다. 눈에 잘 띄는 상대적인 적음을 발견했던 것이다.

눈치 빠르게도 공학 전공을 피해갔던 사람들을 위해서 설명하자면, 내가 수강했던 역학 첫 번째 과목의 내용은 뉴턴의 제2법칙을 정지해 있거나 일정한 속도로 움직이는 물체에 적용하는 것으로 요약된다. 여기에서 일어날 수 있는 모든 시나리오는 F=ma(힘=질량×가속도)라는 간단한 방정식 하나로 설명할 수 있다. 나는 이 방정식을 통해 그 방정식의 이면에 있는 발상, 물체에 작용하는 하중의 분석에 방정식을 적용하는 몇 가지 규칙을 포함해 내가 필요한 모든 것을 얻어냈다. 세 번째 시험을 치르기 전에는 수십 개의 다른 방정식과 접선 개념을 달달 외우는 것을 그만두었다. 이렇게 외우는 것이 나를 C학점의 구렁텅이로 몰아넣은 더하기의 덫이었던 것이다.

응용해서 만들어낼 수 있는 방정식에 대해 내가 걱정을 딱 끊어버렸던 것처럼 당신도 이렇게 할 수 있다. 방금 내가 역학에 대해서 길게 얘기했던 것은 다 잊어버리고, 딱 한 가지만 기억하면 된다.

나를 억누르던 한계를 돌파한 것은 상대적으로 덜 유익한 발상을 버리는 순간 가능해졌다. 비스코미 교수님의 과목은 엄청나게 어려웠다. 그러나 핵심만 놓고 보면 다른 과목과 다를 게 전혀 없었다. 교수님은 핵심에서 응용되는 많은 개념과 방정식을 가르쳤지만, 그 모든 것은 몇 가지 핵심적인 발상에서 파생된 것이었다. 온갖 힘이니 질량이니 가속도니 하는 곁가지들을 모두 알 필요는 없이 그저 F=ma만 알면 되었다.

중요하지 않은 것을 걸러내는 메모법

어떤 과목이든, 우리는 그 과목을 배우면서 정신적인 모델을 구축한다. 우리는 이런저런 발상과 그 발상 사이의 여러 관계를 취한 다음에, 이것을 이용해서 현실을 표현한다. 이 작업을 가장 효과적으로 하려면 더하기 **그리고** 빼기를 할 필요가 있다. 우주와 자연이 그렇게 하고, 또 마야 린이 그랬던 것처럼 말이다. 물론 정신적인 모델에 세부 사항을 추가할 필요가 있다. 그러나 본질에 도달하는 것은 해당 시스템의 이런저런 곁가지들을 제거할 때만 가능하다. 상대적으로 덜 유용한 발상을 추려낼 때 비로소 본질적인 발상이 번창할 수 있다.

빼기를 의식적으로 하는 것이 가장 좋지만, '펄프 만들기'를 피하려면 정보를 추려내는 과정을 자동화할 수도 있다. '더 적은 것이 생산성이 더 높다'라는 원리를 실현하기 위해서 내가 즐겨 구사하는 팁 중 하나는 노트 필기를 될 수 있으면 적게 하는 것이다. 이것은 1년 동안 한 번도 입지 않은 옷을 옷장에서 치우는 정리정돈 팁의 정보 버전이라고 생각하면 된다. 입지 않는 옷을 치우든 쓸모없는 정보를 지우든, 두 경우 모두 중요하지 않은 것을 걸러내는 것이 핵심이다. 만약 어떤 셔츠가 가치가 있다면, 나는 최근에 그것을 입었을 것이다. 만약 어떤 발상이 본선 진출을 결정할 정도로 가치가 있다면, 나는 굳이 메모장 없이도 충분히 기억할 수 있을 만큼 많이 생각했을 것이다.

나는 아직도 몇 가지는 메모장에 적는다. 집에서 모니카에게서나 직장에서 동료들에게서 호감을 살 수 있는 일을 적고, 또 머릿속 생각을 정리하기 위해서 메모한다. 그러나 나는 핵심적이고 큰 발상에 대해서는 내 머리를 믿는다. '사람들은 빼기를 무시하고 간과한다'라는 사실은 우리 연구팀이 진행한 일련의 실험에서 계속 확인한 결과이기 때문에 굳이 적지 않아도 된다. 내 머릿속의 미세아교세포가 그 통찰을 지워버릴 일은 절대로 없다.

나는 지금까지 아이디어 노트에 메모를 상대적으로 적게 해왔기 때문에, 뇌가 무의식적으로 추려서 제거한 오래된 생각을 알아내려 애쓸 좌절의 시간을 절약했다. 그 덕분에 좋은 발상을 생각할 시간이 그만큼 더 많아졌다. 또 나는 어떤 중요한 것을 잊어버렸다고는 생각하지 않는다. 사실인지 아닌지 어떻게 알 수 있을까마는.

무슨 일이든 빼기로 시작하라

비본질적인 개념을 추려내는 습관을 익힌 덕분에 나는 역학 과목과 다른 과목을 모두 통과할 수 있었다. 덜 유용한 정보를 걸러내면 이메일함과 대역폭을 보호할 수 있다. 이거면 충분하겠지만, 그래도 더 적음을 계속 고집하자. 왜냐하면 잘못된 생각을 빼는 방법을 배울 수 있다면, 드물고 귀한 힘을 얻을 수 있기 때문이다.

그 이유를 온전하게 이해할 수 있는 일화를 하나 소개하겠다. 최근에 두 살 반이 된 에즈라는 '형들이 다니는'[17] 유치원에 막 다니기 시작했다. 에즈라가 전에 다녔던 유아원에서는 아이들에게 장난감 덤프트럭이 무제한에 가까울 정도로 많이 공급되었지만, 이번에 에즈라를 맡은 칼라 선생님의 유치원 놀이터에는 짐칸이 떨어져나간 녹슨 덤프트럭이 한 대밖에 없었다.

나는 이 상황을 고쳐야 할 문제 상황으로 바라보았다. 에즈라의 정강이에 난 상처가 증명하듯, 두 살 반 된 아이들은 남아와 여아를 가릴 것 없이 모두 덤프트럭을 밀면서 달리는 걸 좋아하니까 말이다. 장난감 덤프트럭을 밀고 달리는 것은 아직은 불안정한 걸음걸이와, 커다란 물건을 움직임으로써 자기의 유능함을 과시하려는 본능에 완벽하게 들어맞는 활동이기 때문이다.

나는 반짝반짝 빛나는 노란색 덤프트럭 세 대를 에즈라가 다니는 유치원 놀이터에 기부했다. 그런데 왜 칼라 선생님이 내게 고맙다는 말을 하지 않았을까?

유치원 교사는 인간성의 가장 높은 단계에 있으므로 칼라 선생님이 나에게 고맙다는 말을 하지 않은 데는 분명 이유가 있었다. 내가 무언가 크게 잘못했을 수 있었다. 결국 나는 깨닫고 말았다. 놀이터에 덤프트럭을(그것도 세 대나!) 추가한 행동은 그녀가 정교하게 조성한 놀이터 학습 환경을 망가뜨리는 짓이었다.

칼라 선생님도 두 살 반짜리 아이들이 덤프트럭을 좋아한다는 것을 알고 있었다. 덤프트럭 **한 대**가 거기에 있었던 것도 그래서였다. 그러나 놀이터에 트럭이 너무 많으면, 에즈라와 같은 아이들이 유아원에서 그랬던 것처럼 하루 종일 트럭을 밀고 다닐 게 분명하다는 것도 알고 있었다. 만약 이렇게 에즈라가 덤프트럭만 가지고 시간을 보낸다면, 이 아이는 버려진 목재 데크, 검은색 배수관, 차곡차곡 쌓을 수 있는 우유 상자, 온갖 공, 식물 뿌리덮개, 모래, 바위, 물, 종이비행기, 거품, 천으로 만든 날개, 베이킹소다를 이용한 화산 폭발 등 교사들이 의도적으로 마련한 놀이 도구들을 모두 놓쳐버릴 게 분명했다.

교육학자들은 미취학 아동과 우리 모두가 무언가를 학습하는 방법에 이름을 붙여두었다. 이 학습법은 바로 '구성주의constructivism'다.[18] 간단하게 말하면, 사람은 자기 주변과 자기 마음 사이의 상호작용을 통해서(즉 자신의 경험을 토대로) 의미를 구성한다는 것이다. 이런 맥락에서 보면, 덤프트럭만 가지고 놀 때 에즈라가 의미를 구성할 수 있는 상황은 단 하나밖에 주어지지 않는다는 뜻이다. 물에 젖은 바위에서 미끄러져 내려오면서 마찰력을 경험할 수 없다는 뜻이고, 태양 에너지가 검은 배수관 안으로 모여서 그곳이 놀이터 전체에서 가장 따뜻한 공간이 되는 열역학 현상을 경험하지 못한다는 뜻이며, 또 우유 상자를 쌓아올린 망루에서 떨어지면서 중력과 편심력off-center force을 경험하지 못한다는 뜻이다. 에즈라의 새로운 놀이터가 모든 경험을 하도록 유도할 때, 에즈라는 다양한 육체적 경험 속에서 지식을 차곡차곡 쌓아갈 수 있었다.

우리가 의미를 구성하는 상황들이 반드시 물리적이어야 할 필요는 없다. 한 대밖에 없는 덤프트럭에는 '여러 명이 이것을 공유해야 한다'는 조건이 자연스럽게 마련되었다. 적어도 소유자들 사이에 서열이 정해져야만 했다. 에즈라는 제2주인이었는데 제1주인인 말콤과 빠르게 친해졌다. 이렇게 공유하거나 혹은 공유하지 않는 것은 시작에 불과했다. 놀이터의 절반을 덮은 해변 같은 샌드박스에 웅덩이가 형성되면 이 미취학 아동들은 꼬마 건축가가 되어서 웅덩이와 웅덩이 사이로 운하를 만들기도 한다.

시간이 흐르면서 나는 놀이터가 아이들의 행동을 어떻게 발전시키는지 바라보고는 기념비적인 건축이 문명보다 앞선다는 이론을 떠올렸다. 괴베클리 테페에 있는 거대한 암석 기념물은 너무 커서 한 무리의 수렵채집인이 조각해서 옮겼을 수는 없다. 에즈라의 놀이터에 있는 버려진 목제 데크 조각들은 너무 커서 미취학 아동 한 명이 혼자서는 어떻게 할 수가 없다. 그래서 아이들은 힘을 합친다.

몇 대의 덤프트럭을 가지고 자랐든, 우리는 그렇게 놀면서 우주의 법칙에 대한 발상을 형성했다. 지식은 친구나 교사와 나누는 말과 행동, 그리고 빼기에 관한 내용을 담은 책에서 나온다. 통찰이 어디에서 비롯되든, 구성주의에서의 **구성**은 세상의 작동 원리에 대한 기존의 발상에 새로운 정보를 추가함으로써 지식을 쌓는다는 사실을 말한다. 우리의 새로운 발상은 낡은 발상을 토대로 한다.[19]

개인적인 차원에서 보자면 발상은 우리의 세계관과 자아관을 형성한다. 총체적인 차원에서 지식 구성은 우리에게 인간만의 독특한 강점을 제공하는 문화적 진화 과정이다.[20] 지식을 쌓을 때 우리는 문명을 건설할 때와 마찬가지로 더하기에 치중하는 경향이 있다. 아는 것이 모르는 것보다 낫긴 하다. 그러나 문명을 건설할 때와 마찬가지로, 발상이 많으면 많을수록 빼기를 함으로써 세상을 개선할 기회와 편익은 그만큼 더 커진다.

잘못된 생각을 버리지 않는 사람들

정신적인 빼기의 최고 수준은 더는 옳지 않거나 처음부터 옳지 않았던 발상을 제거하는 것이다. 물론 이게 말처럼 간단하지는 않다. 그래서 연구자들은 새로운 발상이 더 안정적인 기반 위에 설 수 있도록 잘못된 발상을 제거하는 것이 얼마나 가치 있는지 인식하고, 어떻게 하면 그렇게 할 수 있을지 방법을 찾으려 연구 작업을 수행해왔다.

비록 상식적으로는 맞는 것 같지만 알고보면 잘못된 방식으로 세상을 해석하는 것을 연구자들이 '천진한naive' 물리학, '천진한' 화학, 또는 '천진한' 심리학이라고 묘사한 것은 그리 오래되지 않았다. (이런 것들은 '진리를 깨달은enlightened' 연구자를 만나서 바로잡혔다.) 수천 개의 문서화된 '오해'는 사람들이 중력에서 기후변화에 이르는 온갖 것을 배우는 방법을 왜곡한다.[21] 만일 그런 잘못된 발상을 암 종양을 떼어내듯이 쓱싹 제거할 수만 있다면, 새로운 발상이 아주 자연스럽게 제자리를 찾아갈 것이다.

그러나 지금껏 살펴보았듯이 사람들은 모든 영역에서 대체로 빼기를 소홀히 한다. 지식을 구성하는 데서도 예외는 아니다. 에즈라가 산타클로스로부터 예쁘게 포장된 레고 소방차를 받았을 때를 놓고 생각해보자. 에즈라가 맞이한 이 새로운 경험은 그가 어린 시절 대부분의 시간을 무언가를 쌓고 조립하는 데 썼던 지식과 충돌했다. 에즈라는 산타와 산타의 요정들, 그들의 목재 작업장 등에 대해서 자세한 것까지 알고 있었다. 또한 레고를 만들 때 당연히 필요한 플라스틱 제조 공장을 산타는 가지고 있지 않다는 것도 알고 있었다. 이런 에즈라가 나를 바라보며 말했다.

"이상하네…. 산타가 어떻게 레고를 만들었을까?"

나는 빨리 머리를 굴려서 그럴듯한 대답을 마련해야 했다.

"응, 레고 같은 것은 산타도 아마존에 주문해서 받아."

에즈라는 내 말을 곧이곧대로 받아들였다. 산타가 레고를 전자상거래업체를 통해서 아웃소싱 방식으로 조달한다는 사실이 자기가 세상에 대해서 이미 알고 있는 지식과 충돌하지 않았기 때문이기도 했지만,

더 강력한 이유는 내 대답이 산타클로스에 대해 자기가 지금까지 구성했던 모든 지식을 제거할 것을 요구하지 않았기 때문이다.

이런 에즈라처럼 어떤 믿음을 버리기보다 두 배로 굳게 강화하는 집단은 산타의 존재를 믿는 아이들만이 아니다. 1954년에 쿠르트 레빈의 제자이던 심리학자 레온 페스팅거 Leon Festinger 는 그해 12월 21일에 세상이 종말을 맞을 것이라고 믿던 사이비 종교 단체에 가입했다.[22] 이 단체의 신자가 될 때 누릴 수 있는 혜택은, 종말이 일어나기 직전의 한밤중에 외계 방문객들이 우주선을 타고 와서 그들을 안전하게 데려가 종말에서 살아남을 수 있다는 점이었다.

페스팅거는 계획을 세웠다. 그의 영리한 계획에는 흠잡을 데가 없었다. 자기 믿음이 틀렸다는 사실을 확인할 때 사람들의 믿음이 어떻게 변하는지 분석하는 흥미로운 심리학 사례 연구였다. 만일 그 사람들 말이 맞다면 자기도 안전하게 구원을 받을 테니, 이러나저러나 그로서는 손해볼 게 없었다.

결국 문제의 그날은 아무 일도 일어나지 않고 지나갔다. 세상이 끝나지 않았던 것이다. 그러나 에즈라와 산타의 경우가 그랬듯, 그 종말론의 신도들은 끝내 자기들이 틀리지 않았다고 확신했다. 자정이 지난 직후에 그 신도들은 종말의 시각을 알리는 공식적인 시계가 무엇인지를 놓고 토론했으며, 그 뒤로도 몇 시간 동안 조용히 앉아서 외계의 구원자가 찾아오길 기다렸다. 새벽 5시가 되기 직전에 이 사이비 종교단체의 지도자는 위대한 소식을 받아들였다. 신도들은 밤새 구원을 기대하며 앉아 있음으로써 세상을 종말에서 구할 더 강력한 힘을 확신했다.

사이비 종교는 모순된 생각을 머릿속에 담아둘 때 어떤 일이 일어날 수 있을지 보여주는 그야말로 극단적인 사례라고 페스팅거는 분석했다. 사람들은 잘못된 생각을 제거해서 모순의 갈등을 해결하기보다는 모순된 정반대의 발상을 동시에 왜곡한다.[23]

사람들은 네 살짜리 아이들이 산타에 대해 가지는 생각이나 사이비 종교단체 신도들이 가지는 허황한 종말론을 잘못된 것이라고 생각한다. 그러나 사실 우리는 너나 할 것 없이 모두 잘못된 생각을 벗어던지기를 거부한다. 평생을 사색과 명상으로 보낸 훌륭한 시인이자 스승인 랄프 왈도 에머슨도 예외는 아니었다. 생각과 사물 사이의 관계를 그가 어떻게 규정했는지 보자.

"생각을 아주 조금만 확대해도 외부의 사물들에는 엄청난 변화가 일어날 것이다."

에머슨은 사물에 대해서는 변화의 유형을 제한하지 않았다. 그러나 생각에 대해서는 오로지 '확대'만이 변화의 유일한 가능성이라고 바라보았다.

에머슨이 실제로 어떤 발상이나 생각을 머릿속에서 빼는 것을 고려하지 못했을 수도 있다. 그러나 그런 행동이 워낙 만연해 있어서 교육자들은 그것을 바꾸겠다는 시도를 포기했다. 1994년에 〈학습과학저널 Journal of Learning Sciences〉에 발표된 중요한 논문 '다시 생각하는 잘못된 이해 Misconceptions Reconceived'[24]가 대안적인 접근법을 제시했고, 이 접근법은 지금까지 널리 수용되어왔다. 이 논문의 저자들은 다양한 지식 조각 사이의 상호관계에 초점을 맞추어야지 "흠결이 있는 특정한 개념이나 구상"을 찾아내려고만 해서는 안 된다고 주장했다. 이 접근법에서는 학생들이 쌓아나가는 생각을(그 생각이 옳든 그르든) 파악하는 것이

299

여전히 중요하다. 그러나 이 접근법은 잘못된 이해를 쳐내기보다는 이런 것들을 인지 성장에 활용하는 자원으로 여긴다.

잘못된 인식을 새로운 방식으로 재구성하는 것은 좋은 점이 많다. 교사가 제시하는 규범과 동떨어진 모든 발상을 무조건 쳐내기만 하는 데 초점을 맞춘다면, 결과적으로는 어떻게 될까? 학생들이 일상의 경험을 통해 얻어 교실로 가져오는 온갖 발상의 다양성을 과소평가하게 되고 만다. 이러한 평가절하는 소수민족 출신 학생들에게 집중되었고, 따라서 이 학생들은 자기 집단의 문화가 수용·인정받지 못한다고 느낄 수밖에 없었다. 재구성 전략을 채택할 때는 이제 그 누구도, 지식의 보유자와 학습자 사이의 인위적인 구분을 무너뜨리는 '천진함'의 덫에 빠지지 않는다. 물론 가르치는 사람은 가르침을 받는 사람이 가지지 못한 지식을 가지고 있긴 하다. 그러나 그 반대도 성립한다. 재구성을 통해서 실질적인 학습이 더 많이 이루어진다는 점에서 조직은 바뀔지 몰라도 조직을 구성하는 요소들은 바뀌지 않는다.

즉 잘못된 개념이나 구상을 끌어안는 것은 우리의 학습 방식이라는 그림에서 빼기라는 한 가지를 빼는 것이다. 자기가 가진 생각을 새로운 경험에 맞게 재구성하는 과정을 설명하는 데는, 한 가지를 없애야 하는 '대체replacement'보다는 '수용accommodation'이 더 선호되는 용어로 자리를 잡았다.**25** 제거가 아니라 수용이 우리가 새로운 지식을 구성하는 (즉 쌓아나가는) 방법이다.**26**

새로운 발상을 수용하는 것이 이것을 완전히 거부하는 것보다 낫다. 에즈라가 산타의 요정들이 플라스틱 레고를 손으로 만들 수 없음을 깨닫는 순간 진실에 더 가깝게 다가간다. 그러나 잘못된 생각을 제거하

지 않을 때 우리는 새로운 생각을 왜곡할지도 모르는 위험을 감수해야
한다.

빼기는 우리가 세상을 바라보는 방식을 바꾼다

토마스 쿤Thomas Kuhn은 저서《과학혁명의 구조The Structure
of Scientific Revolutions》에서, 세상에 대한 우리의 집단적인 생각에서의 평
범한 발전과 '혁명적인' 발전을 구분한다.[27] 나처럼 학계에 종사하는
사람들이라면 쿤이 밝혀낸 과학적인 깨달음에 짜릿한 전율을 느끼는
게 전혀 놀라운 일이 아니다. 범례exemplar와 공약불가능성 incommensu-
rability ◆, 패러다임◆◆ 같은 추상적인 개념을 치밀하게 다루는 저작인《과
학혁명의 구조》가 20세기의 가장 영향력 있는 저서로 자리매김했을
것 같지 않지만, 실제로는 그랬다.[28]

쿤이 연구했던 한 가지 혁명은, 모든 행동을 물체에서 찾았던 아리
스토텔레스의 역학에서 갈릴레오 갈릴레이의 관점으로 바뀌는 이행이
었다. 갈릴레이의 관점은 내가 비스코미 교수님에게 배운 것과 더 가까
운데, 이는 마찰력이나 중력과 같은 힘을 설명하기 때문이다.

발상에서의 이런 혁명은 우리가 과학을 배우는 방법을 바꾸는 것보
다 더 많은 것을 한다. 또 우리가 세상을 바라보는 방식을 바꾼다. 에즈

◆　　　　한쪽에서는 특정한 현상이 설명하기 힘든 변칙적인 현상인데 다른 한쪽에서는 법칙과
　　　　도 같은 당연한 현상이 되는 것.
◆◆　　　패러다임을 현재 사용되는 의미로 처음 사용한 사람이 토마스 쿤이다.

라가 놀이터에서 그네를 타는 모습을 갈릴레이와 아리스토텔레스가 바라본다고 치자. 이때 이 두 사람은 문자 그대로 각자 전혀 다른 것을 볼 것이다. 갈릴레이는 에즈라 속에 있는 관성과 에즈라에게 작용하는 중력과 공기 저항, 내가 에즈라를 밀어주는 힘, 그리고 에즈라가 다리를 흔들 때 작용하는 힘 등을 볼 것이다. 아리스토텔레스는 한 소년이 우주의 중심에 있는 자기의 자연적인 위치로 반복적으로 이끌리는 것을 볼 것이다.

역사의 렌즈를 통해 바라보면, 어떤 발상에서 심오한 발전이 이루어지려면 기존에 가지고 있던 지식을 빼야 한다는 사실이 명백해진다. 물론 갈릴레이는 자기가 새롭게 발견한 것을 추가해야 했다. 그러나 그는 아리스토텔레스의 발견만을 기반으로 할 수 없었다. 갈릴레이는 아리스토텔레스가 발견한 것을 확인하고 또 해체해야 했다.

낡은 발상을 빼는 것은 우리가 이 책에서 확인한 발견을 받아들이려면 반드시 거쳐야 하는 과정이다. 공유지 관리에 대해서 엘리너 오스트롬이 통찰했던 공동 경영을 이용하려면 하딘의 비극을 제거해야 한다. 허버트 사이먼이 제시한 개념인 '충분해서 만족함' 즉 '충족함'을 본다는 것은 그 이전에 있었던 이성적 선택 이론의 일부를 버리는 것을 의미한다. 그리고 마야 린의 '더하기 **그리고** 빼기'에서 무언가를 배우려면 '더하기 또는 빼기'를 생각하는 것을 멈춰야 한다.

양자 이론의 혁명가 막스 플랑크**Max Plank**는 "새로운 과학적 진리는 반대자들을 설득하여 진리의 빛을 바라보게 함으로써 승리하는 것이 아니라 반대자들이 결국에는 죽기 때문에 승리한다"라는 비관적인 견해를 가지고 있었다. 더하기를 통한 수용이 미취학 아동들이나 사이비 종교집단의 신자들이나 연구자들 사이에서 학습이 진행되는 방식임은 사실이다. 그러나 사람들이 죽기를 기다리지 않고서도 잘못된 생각을 제거할 수 있다면, 이것이 더 좋은 방법 아니겠는가.

다행히도, 잘못된 생각을 없애는 성향이 우리에게 없다고 해서 우리가 실제로 그렇게 할 수 없다는 뜻은 아니다. 쿤의 혁명적인 생각이 '어떻게 세상에서 길을 찾아가는가' 하는 점에 초점을 맞춘 반면에, 인지 과학자인 낸시 네르세시안**Nancy Nersessian**은 혁명적인 사상가의 머릿속에서 생각이 어떻게 형성되는지 연구한다. 이 연구를 하기 위해서 네르세시안은 쿤이 했던 역사적 사례 연구들을 인지 과학 분야의 전문 지식을 이용한 분석과 결합한다.[29]

이 접근법을 동원해서 네르세시안이 수행했던 사례 연구는 생각의 혁명에서 벌어지는 핵심적인 빼기 전투들과 관련하여 많은 것을 말해준다. 예상되는 실험과 수치 분석이 있다. 그러나 이런 것들은 통상적인 기술들이다. 특이함을 창출하기 위해서 즉 이미 알려진 것에서 아직 알려지지 않은 것으로 나아가기 위해서, 혁명적인 과학자들은 가장 높은 수준의 현대적인 과학적 관행을 소박하고도 오래된 장치인 비유와 하나로 묶는다는 사실을 네르세시안이 발견했다.

비유라는 도구는 누구나 구사한다. 비유는 개념을 설명할 때 편리하기 때문이다. 내가 네르세시안의 사례연구를 '생각의 혁명에서 벌어지는 빼기 전투들'이라고 했듯이 말이다.

비유는 새로운 발상을 가르칠 수 있다. 인간 뇌의 정보 처리를 컴퓨터의 정보 처리에 비유할 때나, 뇌의 시냅스 가지치기를 과일나무 가지치기에 비유할 때, 우리는 알려지지 않은 것을 더 잘 이해할 수 있도록 친숙한 것에서 대상과 닮은 점을 가려낸다. 또 유추를 할 때 하나의 문제에서 다른 문제로 확장되는 것은 주의를 분산하는 세부 사항이 아니라 본질인 경우가 많다.[30] 다른 말로 하면 뇌를 컴퓨터로 비유할 때, 우리는 뇌가 애플이나 델 로고가 새겨진 매끈한 은색 케이스에 들어 있다고 생각하지 않는다. 그러나 우리는 뇌를 이해하면서 컴퓨터의 정보 처리 행동을 확장한다. 비유는 지식이 정신 모델 안으로 들어가기 전에 지식을 해독하기 위해서 세부 사항을 제거한다.

네르세시안이 보여주듯이 매우 특별한 경우에는 잘못된 생각을 뺄 수 있도록 비유가 도움을 주기도 한다. 이 경우 비유가 통하는 것은 그 비유가 수용처럼 느껴지기 때문이다. 이런 수용 과정에서 비유는 이미 알려진 것 속으로 우리가 한 걸음 들어가게 허용하며 또 다른 걸음으로는 새로운 근거를 찾도록 허용한다. 과학 학습을 대상으로 하는 여러 연구는, 새로운 증거를 가지고서 새로운 발상을 제시하는 것이 잘못된 이해를 제거하지 못함을 보여준다. 새로운 발상과 새로운 증거는 이미 깊이 뿌리 내린 잘못된 이해를 압도하지 못한다.[31] 그러나 학습자의 마음속에 자리 잡은 어떤 타당한 발상을 비유로 들어 상대방을 설득할 때는, 상대방이 지닌 잘못된 이해가 쉽게 허물어질 수 있다.

교사가 행성이 태양 주위를 공전하는 현상을 설명하려고 요하네스 케플러의 여러 방정식을 소개하고 또 방정식들이 맞아떨어지는 모든 지점을 아무리 자세하게 설명하더라도, 지구가 우주의 중심이라고 믿는 학생의 선입견을 깨는 데 역부족일 수 있다. 그렇지만 만약 학생이 상대적으로 작은 전자가 상대적으로 큰 원자 주위를 어떻게 공전하는지 이미 알고 있다면, 교사는 비유를 동원해서 이 학생의 생각을 태양계로 확장할 수 있다. 이럴 때 상대적으로 큰 태양이 상대적으로 작은 지구 주위를 돈다는 이른바 지구중심설이라는 잘못된 발상은 사라질 것이다.

새로운 발상이 기존의 발상과 경쟁해서 이기기는 어렵다. 기존의 발상이 틀린 것이라고 하더라도 마찬가지다. 그러나 기존의 올바른 발상의 지지를 받는 새로운 생각은 기존의 잘못된 발상을 극복할 수 있다. 이 비유의 힘을 케플러도 인정했다. 케플러는 자기가 제시하는 혁명적 이론을 설명하면서 "나는 내가 가장 신뢰하는 나의 주인인 비유를 다른 무엇보다도 소중하게 여긴다"라고 고백했으니까 말이다.

더하기와 빼기라는 선택지를 함께 생각하자

지금까지 여덟 개의 장을 거치는 동안 우리는 새로운 발상을 이야기하면서 아직 활용되지 않고 있는 빼기의 잠재력에 대해서, 또 빼기라는 방식을 선택할 때 뒤따르는 보상에 대해 살펴보았다. 우리는 비유라는 도구의 도움을 받아서 기존의 발상을 뺐다. 또 더 적음이 손실이나 손해가 아니라는 근거를 토대로 빼기에 담긴 부정적인 원자가를 제거했다. 이제 우리는 '더하기 혹은 빼기'라는 틀에 갇혀 있지 않다. 왜냐하면 우주와 자연이 그런 것처럼 '더하기 **그리고** 빼기'가 되어야 하기 때문이다.

눈에 잘 띄는 더 적음을 고집하는 데는 더 많은 정신적 단계들이 필요하지만, 그 단계들을 밟아나갈 가치가 충분히 있음을 이미 당신은 확신하고 있을 것이다(적어도 그렇게 기대한다). 빼기의 효과는 파급 효과를 능가한다. 수 비어만의 유산은 그녀의 이름을 딴 공원에서, 원숭이 풍선을 들고 아장아장 걸어가는 어린아이들에서 지금도 생생하게 살아 있다. 또 엠바카데로 고속도로 철거 이야기가 편익보다 비용이 큰 어떤 고속도로 처리를 두고 고민하는 도시에 영감을 줄 때마다 그녀의 유산은 되살아난다. 빼기는 또한 우리의 발상에 커다란 반향을 일으킨다. 여기에 대해서는 교수들에게 이메일을 보내는 이야기로 (조심스럽게) 다시 돌아가보자.

'그것은 어디에나 있다!'

사람들이 빼기를 소홀하게 여긴다는 내용으로 프린스턴대학교에서 강연을 하고 돌아왔을 때, 나에게 '전달'된 이메일의 제목이었다. 원본 이메일은 기후 안정화를 위한 쐐기들을 탁월하고도 유명하게 요약한 물리학 교수 로버트 소콜로**Robert Socolow**가 현대에서 가장 영향력 있는 심리학자 가운데 한 명이자 그날 내 강연의 진행자였던 엘크 웨버**Elke Weber**에게 보낸 것이다. 학계의 거물 두 사람이 보내고 또 받은 그 이메일에는 어떤 내용이 담겨 있을까? 내가 했던 강연은 과연 어떤 위대한 발상의 혁명에 영감을 주었을까? 나는 이런 게 궁금했고, 이메일에 그런 내용이 조금은 담겨 있을 것이라고 기대했다.

그런데 이메일에는 소콜로가 받아보던 뉴스피드의 요리법 하나가 포함되어 있었다. 그 요리법은 닭고기를 맛있게 굽는 비법이었다.

'식초를 듬뿍 처발라라. 그런 다음에는 식초의 효과를 희석시키는 양념을 제거하라.'

굳이 왜 이런 쓸데없는 짓을 해야 할까? 우리는 이제 이 조언이 직관과 어긋난다는 것을 안다. 그 레시피가 소콜로가 받아보는 뉴스피드에 들어가 있다는 것도 이상하고 또 소콜로가 굳이 시간과 수고를 들여서 그 이메일을 보냈다는 것도 이상하다. 왜 이것이 이상해 보일까? 그 이유는 분명하다. 지금까지 살펴보았듯이, 우리는 믿을 수 없을 정도로 강력한 선택권인 빼기를 무시하며, 빼기를 도무지 실행하려 하지 않기 때문이다.

우리는 해야 할 일은 부지런하게 쌓아두면서도 하지 말아야 할 것에 대해서는 생각도 하지 않는다. 높은 성과를 독려하는 인센티브 제도는 만들면서도 목표 달성을 방해하는 걸림돌을 제거하지는 않는다. 새로운 법률안을 부지런히 내면서도 달라진 현실에 맞지 않는 구닥다리의 낡은 법률을 폐지하지 않는다. 가정에서 아이들이 더 나은 행동을 하도록 모색하든, 직장에서 새로운 프로젝트를 설계하든, 우리는 늘 (시스템적으로) 더 적은 것보다는 더 많은 것을 선택한다.

빼기가 정말 믿을 수 없을 정도로 강력하고 많은 보상을 안겨주며 또한 재미있는 것임을 당신이 이 책을 통해서 깨달았으면 좋겠다. 아울러, 당신도 나처럼 **빼기**의 영웅들에게서 영감을 받았으면 좋겠다.

앞으로도 계속 이어질 나의 바람을 말하면 이렇다. 당신이 이 책에서 소개한 빼기의 사례와 과학적이고 구체적인 사항을 까맣게 잊어버리고, 또 많은 세월이 지난 뒤에도, 당신이 더 맑은 눈으로 세상을 바라볼 수 있으면 얼마나 좋을까? 닭고기를 맛있게 굽는 요리법이든, 과제 목록표든, 도시 최고의 전경을 가로막고 있는 고속도로든, 그 밖의 어떤 문제를 해결해야 하든, 나는 당신이 놓치고 살아가는 선택지를 다양하게 찾을 수 있으면 좋겠다. 그리고 그 선택지를 추구하겠다는 마음이 뜨겁게 불타오르면 좋겠다.

에필로그 빼기의 잠재력을 최대로 이용하는 법

지금까지 우리는 수백만 년을 넘나들고 과학의 온갖 분야를 섭렵하면서 이메일함부터 인류세까지 온갖 과부하 상황을 돌아보는 시간 여행을 함께했다. 이 과정에서 우리는 빼기에 반대하는 강력한 힘을 발휘하는 여러 요인을 발견했다. 진화의 역사를 돌아볼 때, 의식적으로 정신적인 차원의 가지치기를 하는 것이야말로 바람직한 접근법임을 명심해야 한다. 또 상대적인 많음의 문화가 포켓 파크를 가능하게 만든다는 사실을, 경제 체제는 빼기의 접근법에 힘을 부여한다는 사실을 알아야 한다.

그러나 우리가 사는 세상에서 빼기는 여전히 더하기에 비해 불리하다. 레고 블록, 격자 패턴, 단어 등을 보아도 우리는 더 적은 것을 상상하기가 쉽지 않다. 빼기를 머릿속에 떠올린다고 해도, 더하기 본능은 콜리어 형제가 그랬던 것처럼 온갖 잡동사니를 끌어모으게 만든다. 유능함을 과시하려는 본능 때문에 우리는 아무 쓸모 없는 온갖 하위 폴더를 만든다. 신전이 만든 문화는 고속도로를 성스럽게 보이게 한다. 더 많음을 추구하는 경향 탓에 우리가 사는 집에, 하기로 한 일정에 온갖 물건과 온갖 계획이 끊임없이 추가된다.

우리는 더하기의 다양한 모습을 살펴본 뒤에 빼기를 시도하기 시작했다. '눈에 잘 띄는 더 적음'을 발견하고 또 공유했다. 이 과정에서 '더 적음 목록'과 그 밖에 '꼭 기억할 것들'을 뽑아냈다. 과연 이 짧은 글로 책 전체의 교훈을 요약할 수 있을까? 할 수 있다고 믿자.

당신이 꼭 기억해야 할 점은 다음과 같다.

뒤집어라: 더 많은 것을 추구하기 전에 더 적은 것을 추구해라. 응급실에서 의사가 환자를 분류할 때처럼, 행동을 하기 전에 먼저 세부 사항을 빼라. 그런 다음, 변화를 시도할 준비가 되면 뺐던 것을 맨 먼저 보태라. 젠가 게임을 하듯이 빼기를 먼저 한 다음에 더하기를 하라는 말이다. 그런데 꼭 기억해야 할 게 있다. 더 적음이 손해가 아님을 당신이 깨닫는다고 해서 당신의 청중이나 고객도 그걸 안다는 뜻은 아니다. 그러니 사람들에게 이 책의 내용을 말해주되, 한동안은 '빼기'라는 표현을 삼가라. 대신 '깨끗하게 비우기'나 '덜어내기'나 '드러내기' 같은 표현을 사용해라. 그리고 전환을 시도해라.

확장하라: '더하기 **그리고** 빼기'를 생각해라. 자연과 마야 린은 더하기와 빼기가 변화를 지향하는 상호보완적인 접근법임을 보여준다. 더하기는 빼기를 위한 전제여야 하지 빼기 자체를 완전히 배제해서는 안 된다. 또,

자기 안의 다른 자아를 동원해서 문제에 접근해라. 아버지라는 자아는 자전거 설계자가 놓친 것을 볼 수 있다. 당신 안에 그런 자아가 부족하다면, 편집자를 고용하면 된다. 그리고 반드시 전체적인 '장'을 바라볼 수 있도록 시야를 넓게 가져야 한다. 왜냐하면 행동중단과 음수는 불가능한 것이 아니기 때문이다. 게다가 장은 긴장이 존재하는 공간이고, 긴장을 제거하는 것은 시스템을 바꾸는 '좋은 방법'이다. 다양성을 더하고 인종차별주의를 빼라.

증류하라: 사람에게 집중해라. 자전거는 균형을 잡지 못해도 어린아이는 균형을 잡을 수 있다. 기쁨을 주는 것이 드러날 때까지 그 밖의 다른 것은 벗겨내서 빼버려라. 잡다한 것을 빼는 행위는 기쁨을 가져다 주며, 최적의 경험이라는 심리 역시 마찬가지다. 상대적인 차이를 가려내는 자기만의 타고난 감각을 이용해라. 매머드 한 마리를 빼는 것은 매머드 한 마리를 더하는 것보다 더 큰 변화다. 복잡성을 받아들이되 본질을 붙잡으려고 노력해라. 물체는 잊어버리되 변수로 작용하는 요인들은 기억해라. 그리고 역학 과목에는 낙제하지 말고 통과해라. 정보는 빼고 지혜는 더해라.

지속하라: 빼기를 계속 해나가라. 더 적음을 부인할 수 없는 진리로 만들 수 있는가? 브루스 스프링스틴은 음반 〈도시 변두리에 깔린 어둠〉을 눈에 보이게 만들었다. 코스타리카는 탄소중립을 눈에 잘 띄는 것으로 만들었다. 어린 시절 내 친구이자 사촌인 칩은 운전자가 사라져버린 고카트를 웃음의 소재로 만들었다. 도넛에 구멍을 만들려고 뺐던 밀가루 반

죽으로 호두 모양의 도넛을 만드는 것처럼, 뺐던 것을 재사용할 수 있음을 잊지 마라. 뺀 것을 가지고서 또 다른 선택의 유산을 만들 수 있다. 수비어만, 레어 로빈슨, 엘리너 오스트롬이 그랬던 것처럼 말이다.

이 책에 담긴 발상이 당신에게 도움이 되면 좋겠다. 당신이 무엇을 대상으로 어떤 시도를 하든, 조금이라도 나은 변화가 생기길 진심으로 바란다. 나는 어떻게 하고 있느냐고? 에즈라의 여동생에게 레고를 가지고서 놀 수 있는 또 다른 방법을 가르쳐주고 싶어 죽겠다.

감사의 글

　　빼기라는 발상을 온전하게 바라볼 수 있게 도와준 분들에게 감사드린다. 우선 이 책에 담긴 과학적 본질을 발견한 가브리엘 애덤스, 벤 컨버스, 앤디 헤일즈에게 감사한다. 이들과 함께 일한 경험은 내 경력에서 최고의 순간이었다. 과학을 발전시키고 실제로 본질적인 요소를 찾는 일을 해준 마고 플레밍과 에이전시인 브록먼 팀에게도 고마움 전한다. 발상이라는 분야는 당신들이 일하기에 더 나은 공간이다.

　　이 책의 본문과 저자 주에서 언급한 수백 명의 사상가와 실천가에게도 고마운 마음을 전한다. 그들이 학문과 디자인, 과학과 예술을 창조한 덕분에 나는 이 책에 담긴 발상을 연마할 수 있었다. 그들의 저작은 나에게 영감을 주었고, 이 점을 늘 감사하게 여긴다. 설계와 행동과학 사이에 간극을 훌쩍 뛰어넘을 수 있도록 지원한 버지니아대학교와 국립과학재단NSF, 강의와 연구 과정에서 나와 함께한 모든 학생에게도 고마운 마음을 전한다.

빼기라는 발상을 독자와 나눌 수 있게 도와준 분들에게도 감사드린다. 이 책을 치밀하고 간결하게 만들어준 메건 하우저와 사라 머피에게 고마움을 전한다. 당신들은 편집 작업에 대한 나의 높은 기대치를 훌쩍 뛰어넘었다. 과학을 독자와 나눌 때의 어려운 온갖 장벽을 제거해준 아멜리아 포산자, 캐서린 투로, 밥 밀러 등을 비롯한 플랫아이언북스의 직원들에게 감사한다. 이들은 내가 자유롭게 배우고 생각하고 또 쓸 수 있게 해줬다. 초고를 읽고 토론하며 불필요한 부분을 제거해준 모렐라 에르난데스, 제니 추, 크리스틴 모스켈, 루카 황, 테드 번스, 에반 네스테락, 데이브 누스바움, 헤더 크라이들러에게도 감사한다. 내가 썼던 모든 기사와 글을 이 멋진 팀이 다듬어주었다면 얼마나 좋을까 생각한다. 마지막으로 팬데믹과 출산 와중에도 내가 이 책에 집중할 수 있도록 도와준 부모님 로리 클로츠와 래리 클로츠, 그리고 나의 동반자 모니카 패터슨에게 고마운 마음을 전한다.

그림 출처

그림 1. Created by Andy Hales.

그림 4. Hanne Huygelier, Ruth Van der Hallen, Johan Wagemans, Lee de-Wit, and Rebecca Chamberlain, "The Leuven Embedded Figures Test (L-EFT): Measuring Perception, Intelligence or Executive Function?" PeerJ 6:e4534. https://peerj.com/articles/4524/.

그림 5. Fgrammen, "File:Savannah-four-wards.png," Wikimedia Commons, https://commons.wikimedia.org/w/index.php?curid=19978483.

그림 9. Town Branch Commons, Lexington, Kentucky. Image of Winning Competition Entry, 2013. SCAPE / LANDSCAPE ARCHITECTURE.

프롤로그

1   Richard F. Weingroff, "Federal-Aid Highway Act of 1956: Creating The Inter-
    state System," *Public Roads* 60, no. 1 (1996).

2   Charles Siegel, *Removing Freeways—Restoring Cities* (n.p.: Preservation Institute,
    2007), ebook.

3   Hai S. Lew, "Performance of Structures During the Loma Prieta Earthquake
    of October 17, 1989," NIST Special Publication, 778 (Gaithersburg, MD: National
    Institute of Standards and Technology, 1990).

4   Gregory Wallace, "The 10 Most Expensive U.S. Earthquakes," CNN Busi-
    ness, August 25, 2014.

5   Stephan Hastrup, "Battle for a Neighborhood," *Places* 18, no. 2 (2006): 66~71.

6   "Embarcadero Freeway," Congress for the New Urbanism (CNU), https://
    www.cnu.org/what-we-do/build-great-places/embarcadero-freeway.

7   Douglas Nims et al., "Collapse of the Cypress Street Viaduct as a Result of
    the Loma Prieta Earthquake," Earthquake Engineering Research Center,
    University of California, UCB/EERC 89/16 (Berkeley, CA, 1989).

8   Mark A. Stein and Norma Kaufman, "Future of Embarcadero Freeway Di-
    vides San Francisco," *Los Angeles Times*, April 13, 1990.

9   Siegel, *Removing Freeways*.

10 "Resolution Endorsing the Concept of a Subsurface Freeway on the Embar-
    cadero Subject to Conditions," *Journal of Proceedings, Board of Supervisors,
    City and County of San Francisco* 52, no. 1 (April 16, 1990), 405.

11 Robert Cervero et al., "From Elevated Freeways to Surface Boulevards: Neighborhood and Housing Price Impacts in San Francisco," *Journal of Urbanism* 2, no. 1 (March 2009): 31~50.

12 Ibid.

13 Bryan Goebel, "Bikeway on San Francisco's Embarcadero a Step Closer to Reality," KQED, July 24, 2014.

14 Edward Epstein, "Ceremony Opens an Era of Optimism for S.F. Embarcadero," *SFGate*, June 17, 2000.

15 Randy Shaw, "Sue Bierman: Neighborhood Activist Led Battles Against San Francisco's Runaway Development," *BeyondChron*, August 9, 2006.

16 International Longshore and Warehouse Union (ILWU), "Leo Robinson: ILWU Activist Led Anti-Apartheid Struggle," *Dispatcher*, January 30, 2013.

17 Peter Cole, "No Justice, No Ships Get Loaded," *International Review of Social History* 58, no. 2 (August 2013): 185~217.

18 Bay Area Free South Africa Movement, "Oakland: Divest Now!," 1985 flyer, http://www.freedomarchives.org/Documents/Finder/DOC54scans/54.OaklandDivestNow.flyer.pdf.

19 Robert Lindsey, "California's Tough Line on Apartheid," *New York Times*, August 31, 1986.

20 Nelson Mandela, June 30, 1990, Oakland-Alameda County Coliseum, Oakland, CA.

21 "Elinor Ostrom—Facts," Nobel Media AB, https://www.nobelprize.org/prizes/economic-sciences/2009/ostrom/lecture/.

22 Garrett Hardin, "The Tragedy of the Commons," *Science* 162, no. 3859 (1968): 1243~1248.

23 Garrett Hardin, "Lifeboat Ethics: The Case Against Helping the Poor," *Psychology Today* 8 (1974): 38~43. 하딘과 치매에 걸린 그의 아내는 80대이던 2003년 62번째 결혼기념일 직후에 자살했다. 두 사람 모두 안락사를 지지하는 단체의 회원이었다.

24 Elinor Ostrom, *Governing the Commons: The Evolution of Institutions for Collective Action* (Cambridge, UK: Cambridge University Press, 1990).

25 Elinor Ostrom, "Self-Governance and Forest Resource," Center for International Forestry Research, Occasional Paper no. 2 (February 1999): 1~19.

26 Elinor Ostrom, *Crafting Institutions for Self-Governing Irrigation Systems* (San Francisco: Institute for Contemporary Studies and Center for Self-Governance, 1992).

27 Paul Dragos Aligica and Ion Sterpan, "Governing the Fisheries: Insights from Elinor Ostrom's Work," in *Institutions and Policies*, ed. R. Wellings (London: Institute of Economic Affairs Monographs, 2017).

28 National Research Council, *The Drama of the Commons* (Washington, D.C.: National Academies Press, 2002).

29 Mary MacVean, "For Many People, Gathering Possessions Is Just the Stuff of Life," *Los Angeles Times*, March 21, 2014.

30 "Reg Stats: Total Pages in the Code of Federal Regulations and the Federal Register," GW Regulatory Studies Center, https://regulatorystudies.columbian.gwu.edu/reg-stats.

31 National Research Council, *How People Learn: Brain, Mind, Experience, and School* (Washington, D.C.: National Academies Press, 2000).

32 Matthew E. May, *In Pursuit of Elegance: Why the Best Ideas Have Something Missing* (New York: Broadway Books, 2010).

33 Rory Stott, "Spotlight: Mies van der Rohe," *ArchDaily*, March 27, 2020. 건축가 루트비히 미스 반 데어 로에는 자기의 미의식을 묘사하려고 "더 적은 것이 더 많은 것이 다"라는 문구를 채택했다.

34 Cal Newport, *Digital Minimalism: Choosing a Focused Life in a Noisy World* (New York: Portfolio/Penguin, 2019).

35 Jamie Oliver, *5 Ingredients: Quick & Easy Food* (New York: Flatiron Books, 2019).

36 Marie Kondo, *The Life-Changing Magic of Tidying Up* (Berkeley, CA: Ten Speed Press, 2014).

37 Ralph Waldo Emerson, *The Complete Works of Ralph Waldo Emerson: Miscel-lanies*, vol. XI (Cambridge, MA: Riverside Press, 1904), 164~166.

38 William James, *The Principles of Psychology* (New York: Henry Holt and Company, 1890).

39 Renee Cho, "COVID-19's Long-Term Effects on Climate Change—For Better or Worse," State of the Planet, Earth Institute, Columbia University, online, June 25, 2020.

40 Centers for Disease Control and Prevention, "COVID-19 Hospitalization and Death by Race/Ethnicity," Cases, Data & Surveillance, August 18, 2020.

41 Rashawn Ray, "Why Are Blacks Dying at Higher Rates from COVID-19?," Brookings Institution, April 9, 2020.

1부 왜 우리는 빼기를 떠올리지 못하는가

1장 빼기의 기술을 놓치는 이유

1 건물 부문의 탄소 배출량이 자동차 부문과 비행기 부문을 합친 탄소 배출량보다 많다. 다음을 참조하라. Our World in Data, "Greenhouse Gas Emissions by Sector, World, 2016," https://ourworldindata.org/grapher/ghg-emissions-by-sector.

2 Leidy Klotz et al., "Unintended Anchors: Building Rating Systems and Ener-gy Performance Goals for U.S. Buildings," *Energy Policy* 38, no. 7 (July 2010): 3557~3566.

3 Tripp Shealy et al., "Using Framing Effects to Inform More Sustainable Infrastructure Design Decisions," *Journal of Construction Engineering and Management* 142, no. 9 (September 2016).

4 Nora Harris et al., "How Exposure to 'Role Model' Projects Can Lead to De-cisions for More Sustainable Infrastructure," *Nature Sustainability* 8, no. 130 (2016).

5 Timothy Ferriss, *The 4-Hour Workweek* (London: Vermillion, 2010).

6 Maya Itah, "Best 40-Under-40 Professor Gabrielle Adams," *Poets&Quants*, February 12, 2014.

7 Walter Mischel and Ebbe E. Ebbesen, "Attention in Delay of Gratification," *Journal of Personality and Social Psychology* 16, no. 2 (1970): 329~337.

8 Walter Mischel, *The Marshmallow Test: Mastering Self-Control* (Boston: Little, Brown, 2014).

9 게이브, 벤, 앤디 그리고 내가 실험 시나리오를 구상하면, 우리의 연구 조교들이 나서서 실험이 진행되도록 돕곤 했다. 조교들은 때로는 캠퍼스 내 푸드트럭 옆에서, 때로는 학교 근처 식당 및 술집이 즐비한 거리에서 탁자를 펼쳐놓고서는 각계각층의 사람들이 레고 블록을 가지고 노는 것을 지켜보았다. 그리고 수천 번이나 반복되는 그 상황에서 무슨 일이 일어나는지 세심하게 기록했다.

10 Annual Meeting of the Society for Experimental Social Psychology, Seattle, WA, October 4~6, 2018.

11 Elke Weber, Princeton psychology professor after this talk: Leidy Klotz, "Saving Carbon Where Design Meets Psychology," David Bradford Energy and Environmental Policy Seminar Series, Princeton University, October 1, 2018.

12 Michael I. Norton et al., "The IKEA Effect: When Labor Leads to Love," *Journal of Consumer Psychology* 22, no. 3 (July 2012): 453~460.

13 Hal R. Arkes and Catherine Blumer, "The Psychology of Sunk Cost," *Organizational Behavior and Human Decision Processes* 25, no. 1 (February 1985): 124~140.

14 Scott Eidelman et al., "The Existence Bias," *Journal of Personality and Social Psychology* 97, no. 5 (November 2009): 765~775.

15 Daniel Kahneman and Amos Tversky, "An Analysis of Decision Under Risk," *Econometrica* 47, no. 2 (March 1979): 263~291.

16 다음 두 저작은 우리가 접근성이라고 부르는 것을 훌륭하게 설명한다. Shelley E. Taylor et al., "Salience, Attention, and Attribution: Top of the Head Phenom-

ena," *Advances in Experimental Social Psychology* 11 (1978): 249~288. 다음 책도
참조하라. E. Tory Higgins, "Knowledge Activation: Accessibility, Applicability,
and Salience" in *Social Psychology: Handbook of Basic Principles*, ed. E. Tory
Higgins and Arie W. Kruglanski (New York: Guilford Press, 1996).

17 Allen Newell and Herbert A. Simon, *Human Problem Solving* (Englewood Cliffs,
NJ: Prentice-Hall, 1972).

18 Matthew Jull, University of Virginia, after this talk: Leidy Klotz, "Design and
Human Behavior," A Convergence Dialogue, UVA Environmental Resilience
Institute, September 21, 2018.

19 Anuh K. Shah et al., "Some Consequences of Having Too Little," *Science* 338
(November 2012): 682~685.

20 Anandi Mani et al., "Poverty Impedes Cognitive Function," *Science* 341, no.
6149 (August 2013): 976~980.

21 Gabe Adams et al. "Overlooking Subtractive Changes," *Nature* (2021).

2장 우리는 본능적으로 더하기만 한다

1 Gerald Borgia, "Sexual Selection in Bowerbirds," *Scientific American* 254, no.
6 (June 1986): 92~100.

2 Robert W. White, "Motivation Reconsidered: The Concept of Competence,"
Psychological Review 66, no. 5 (1959): 297~333.

3 Albert Bandura, "Self-Efficacy: Toward a Unifying Theory of Behavioral
Change," *Psychological Review* 84, no. 2 (March 1977): 191~215.

4 또는 진화생물학자이자 저술가인 리처드 도킨스가 말했듯이, "비행기나 자동차는 설계
자인 엔지니어에 의해서 설명된다. 그러나 이것은 설계자가 자연선택으로써 설명되기
때문이다." 다음을 참조하라. Patrick Richmond, "Richard Dawkins' Darwinian
Objection to Unexplained Complexity in God," *Science & Christian Belief* 19,
no. 2 (2007): 101.

5 Scott H., "Finding Your Inner Neanderthal," *23andMe Blog*, December 11, 2011. 동료 평가를 받은 주요 논문들을 포함한 현재 버전에 대한 자세한 내용은 다음을 참조하라. Robert P. Smith et al., "Neanderthal Ancestry Inference," 23andMe, white paper 23–05 (December 2015).

6 이런 변화들이 얼마나 갑작스럽고 혁명적이었는지를 두고는 약간의 논쟁이 있다. 그 내용을 빠르게 살펴보고 싶으면 다음을 참조하라. Richard G. Klein, "Anatomy, Behavior, and Modern Human Origins," *Journal of World Prehistory* 9, no. 2 (1995): 167~198. 꼼꼼한 설명을 천천히 살펴보고 싶다면 다음을 보면 된다. Sally McBrearty and Allison S. Brooks, "The Revolution That Wasn't: A New Interpretation of the Origin of Modern Human Behavior," *Journal of Human Evolution* 39, no. 5 (November 2000): 453~563. 우리가 중요하게 받아들여야 할 점은 인간이 항상 이런 기술을 가지고 있었던 것은 아니라는 사실이다.

7 Thomas Wynn and Frederick L. Coolidge, "The Implications of the Working Memory for the Evolution of Modern Cognition," *International Journal of Evolutionary Biology* 741357 (2011): 1~12.

8 Richard B. Lee and Richard Daly, *The Cambridge Encyclopedia of Hunters and Gatherers* (Cambridge, UK: Cambridge University Press, 1999).

9 World Health Organization, "Obesity and Overweight," WHO Fact Sheets, April 1, 2020.

10 William Bryk, "The Collyer Brothers," *New York Sun*, April 13, 2005. 다음 글을 참조하라. "The Collyer Mystery Solved—Langley Kept Faith with Brother to the End, Died Under Junk Near Him in Their 'Castle,'" *Pittsburgh Press*, April 9, 1947, 21. 다음 책도 참조하라. Franz Lidz, *Ghostly Men: The Strange but True Story of the Collyer Brothers and My Uncle Arthur, New York's Greatest Hoarders* (New York: Bloomsbury, 2003).

11 "Weird Tales," *Reading Eagle*, August 7, 1942, 6.

12 Stephanie D. Preston et al., *The Interdisciplinary Science of Consumption* (Cambridge, MA: MIT Press, 2014). 이 책은 비록 저평가되었지만, 가난에서 물 부족까지,

인간의 행동과 자원 제약에서 비롯된 문제를 연구하는 사람이라면 반드시 읽어야 한다.

13 Stephanie D. Preston et al., "Investigating the Mechanisms of Hoarding from an Experimental Perspective," *Depression and Anxiety* 26 (2009): 425~437.

14 Brian D. Vickers and Stephanie D. Preston, "The Economics of Hoarding," in *Oxford Library of Psychology: The Oxford Handbook of Hoarding and Acquiring* (Oxford, UK: Oxford University Press, 2014), 221~232.

15 2013년이 되어서야, 온갖 잡동사니를 집착적으로 모으는 행동이 공식적으로 장애로 분류되었다. 그러므로 랭글리 콜리어가 이 일과 관련해서 공식적으로 진단이나 치료를 받은 적은 없다. 다음 책을 참조하라. American Psychiatric Association, *Diagnostic and Statistical Manual of Mental Disorders, Fifth Edition (DSM-5)* (Washington, D.C.: American Psychiatric Press, 2013).

16 Stephanie D. Preston and Lucia F. Jacobs, "Conspecific Pilferage but Not Presence Affects Merriam's Kangaroo Rat Cache Strategy," *Behavioral Ecology* 12, no. 5 (September 2001): 517~523.

17 Erin Keen-Rhinehart et al., "Psychological Mechanisms for Food-Hoarding Motivation in Animals," *Philosophical Transactions of the Royal Society of London. Series B, Biological Sciences* 365, no. 1542 (March 2010): 961~975.

18 Nasir Naqvi et al., "The Role of Emotion in Decision Making: A Cognitive Neuroscience Perspective," *Current Directions in Psychological Science* 15, no. 5 (October 2006). 다음 글도 참조하라. John P. O'Doherty, "Reward Representations and Reward-Related Learning in the Human Brain: Insights from Neuroimaging," *Current Opinion in Neurobiology* 14, no. 6 (December 2004): 769~776. 다음 글도 참조하라. Wolfram Schultz et al., "Reward Processing in Primate Orbitofrontal Cortex and Basal Ganglia," *Cerebral Cortex* 10, no. 3 (2000): 272~283.

19 Ming Hsu et al., "Neural Systems Responding to Degrees of Uncertainty in Human Decision-Making," *Science* 310, no. 5754 (December 2005): 1680~1683. 다음 글을 참조하라. Brian Knutson et al., "Neural Predictors of Purchases,"

Neuron 53, no. 1 (January 2007): 147~156. 다음 글도 참조하라. Steven W. Anderson et al., "A Neural Basis for Collecting Behaviour in Humans," *Brain* 128 (2005): 201~212. 다음 글도 참조하라. Ian Q. Whishaw and Rick A. Kornelsen, "Two Types of Motivation Revealed by Ibotenic Acid Nucleus Accumbens Lesions: Dissociation of Food Carrying and Hoarding and the Role of Primary and Incentive Motivation," *Behavioural Brain Research* 55, no. 2 (1993): 283~295.

20 Daria J. Kuss and Mark D. Griffiths, "Internet and Gaming Addiction: A Systematic Literature Review of Neuroimaging Studies," *Brain Science* 2, no. 3 (September 2012): 347~374.

21 "Hoarding Disorder," Mayo Clinic, February 3, 2018, https://www.mayoclinic.org/diseases-conditions/hoarding-disorder/diagnosis-treatment/drc-20356062.

22 Elizabeth S. Spelke, "Nature, Nurture, and Development," in *Handbook of Perception and Cognition: Perception and Cognition at Century's End*, 2nd ed. (San Diego, CA: Academic Press, 1998), 333~371.

23 Camilla K. Gilmore et al., "Symbolic Arithmetic Knowledge Without Instruction," *Nature* 447, no. 31 (May 2007): 589~591.

24 우연히 정답을 말할 확률은 절반이라고 예측할 수 있다. 그러나 아이들은 이보다 더 높은 확률로, 즉 네 명에 세 명꼴로 정답을 말했다.

25 Gilmore et al., "Symbolic Arithmetic."

26 Stanislas Dehaene, *The Number Sense: How the Mind Creates Mathematics* (Oxford, UK: Oxford University Press, 1997).

27 Ibid., 28.

28 예를 들면 측두엽의 경계에 있는 두정엽의 한 부위인 각회(angular gyrus)와 두정내구 (intraparietal sulcus)의 수평 부분이 그렇다. 다음을 참조하라. Wim Fias et al., "Processing of Abstract Ordinal Knowledge in the Horizontal Segment of the Intraparietal Sulcus," *Journal of Neuroscience* 27, no. 33 (August 2007): 8952~8956. 다음 글도 참조하라. Mohamed L. Seghier, "The Angular Gyrus: Multiple Func-

tions and Multiple Subdivisions," *Neuroscientist* 19, no. 1 (February 2013): 43~61.

29 약 4만 년 전으로 거슬러 올라가는 가장 초기의 수학 관련 유물 가운데 하나는 29개의 홈이 새겨진 개코원숭이의 종아리뼈, 이른바 르봄보(Lebombo) 유골이다. 다음을 참조하라. Johanna Pejlare and Kajsa Brating, "Writing the History of Mathematics: Interpretations of the Mathematics of the Past and Its Relation to the Mathematics of Today," in *Handbook of the Mathematics of the Arts and Sciences* (Switzerland: Springer Nature, 2019).

30 Editors of the Encyclopedia Britannica, "Weber's Law," *Encyclopedia Britannica*, January 31, 2020.

31 Blaise Pascal, *Pascal's Pensées* (New York: E. P. Dutton, 1958).

32 Lisa Hefendehl-Hebeker, "Negative Numbers: Obstacles in Their Evolution from Intuitive to Intellectual Constructs," *For the Learning of Mathematics* 11, no. 1 (February 1991): 26~32.

33 Edward M. Hubbard et al., "Interactions Between Number and Space in Parietal Cortex," *Nature Reviews Neuroscience* 6 (June 2005): 435~448.

34 William Andrefsky Jr., *Lithics: Macroscopic Approaches to Analysis*, 2nd ed., Cambridge Manuals in Archaeology (Cambridge, UK: Cambridge University Press, 2005).

35 K. Kris Hirst, "Levallois Technique—Middle Paleolithic Stone Tool Working: Advanced in Human Stone Tool Technology," *ThoughtCo*, May 30, 2019.

36 Understanding Evolution Team, "Welcome to Evolution 101!," Understanding Evolution, https://evolution.berkeley.edu/evolibrary/article/evo_01.

37 Keely Clinton, "Average Cranium / Brain Size of Homo neanderthalensis vs. Homo sapiens," Montague Cobb Research Lab, Howard University, December 24, 2015. 아울러 다음 글도 참조하라. Bridget Alex, "Neanderthal Brains: Bigger, Not Necessarily Better," *Discover Magazine*, September 21, 2018.

38 Christopher Wanjek, "Sleep Shrinks the Brain—and That's a Good Thing," *LiveScience*, February 3, 2017.

39 Katrin Kierdorf and Marco Prinz, "Microglia in Steady State," *Journal of Clinical Investigation* 127, no. 9 (September 2017): 3201~3209.

3장 문명은 더하기의 논리 위에서 발전했다

1 Joshua J. Mark, "Daily Life in Ancient Mesopotamia," *Ancient History Encyclopedia*, April 15, 2014.

2 Antoine de Saint-Exupéry, trans. Lewis Galantiere, *Wind, Sand and Stars* (New York: Houghton Mifflin Harcourt, 1967).

3 Peter J. Richerson and Robert Boyd, *Not by Genes Alone: How Culture Transformed Human Evolution* (Chicago: University of Chicago Press, 2005).

4 물론 행동과 관련된 문화적 이유는 생물학적 이유와 얽혀 있다. 도시와 그 결과로 생겨난 문화가 가장 중요할 수밖에 없는 한 가지 이유는, 사람들이 함께 일한다는 조건이 사람들이 자기 유전자를 후대에 물려주는 데 도움이 되었기 때문이다. 그 관계는 다른 방향으로도 작용한다. 러시아 스텝에서 온 기마 침략자들이 첫 번째 도시의 말 없는 방어자들을 압도했던 것처럼, 일부 문화적 적응은 인간의 유전자 풀을 바꿀 수 있다.

5 사회학자 루이스 멈퍼드(Lewis Mumford)는 선구적인 저서 《역사 속의 도시(The City in History: Its Origins, Its Transformations, and Its Prospects)》(1961년) 119쪽에서 "상징적인 형태와 인간적인 패턴 속에서 어떤 문화의 대표적인 부분을 전달하는 능력"을 기준으로 각각의 도시를 구분한다. 변혁을 포함한 총체적인 행동의 기록을 제공하는 것은 단지 도시들이 우연히 수행하는 것이 아니다. 바로 그런 것들이 도시를 만든다.

6 George E. Stuart, "Coba," in *The Oxford Encyclopedia of Mesoamerican Cultures,* ed. Davíd Carrasco (Oxford, UK: Oxford University Press, 2001).

7 Bruce G. Trigger, "Monumental Architecture: A Thermodynamic Explanation of Symbolic Behavior," *World Archaeology* 22, no. 2 (October 1990): 119.

8 U.S. Census Bureau, *1830 Census: Abstract of the Returns of the Fifth Census* (Washington, D.C.: Duff Green, 1832).

9 Smithsonian Institution Research Information System, "Washington Monument," *Inventory of American Sculpture*, IAS 75006044.

10 로버트 밀스가 그 기념비 공모전에서 당선된 것은 놀라운 일이 아니었다. 그는 이미 볼
티모어에 있는 워싱턴 기념비를 설계한 경력을 가지고 있었다.

11 다음에 따르면 1836년에 1,600만 명에서 1888년에 6,140만 명으로 늘어났다. Max
Roser, Hannah Ritchie, and Esteban Ortiz-Ospina, "World Population
Growth," Our World in Data, https://ourworldindata.org/world-popula-
tion-growth.

12 Andrew Curry, "Gobekli Tepe: The World's First Temple?," *Smithsonian Mag-
azine*, November 2008.

13 가장 높은 기둥은 16피트이고 무게가 7~10톤인 반면에, 다음에 따르면 기린은 키가
14~19피트이고 무게는 1,750파운드(약 794킬로그램)가 넘는다. "Giraffe," *National
Geographic*, https://www.nationalgeographic.com/animals/mammals/g/
giraffe/.

14 "Zuerst Kam Der Tempel, Dann Die Stadt," *Istanbuler Mitteilungen* 50 (2000):
5~41.

15 예를 들어서, 다른 곳에서 발굴 작업을 지휘한 이안 호더(Ian Hodder) 스탠퍼드대학교 인
류학 교수는 "괴베클리는 모든 것을 바꾼다. 이것은 정교하고 복잡하며 농경 이전 시대
이다"라고 지적한다. 다음을 참조하라. Nicholas Birch, "Oldest Temple on Earth
Discovered in Turkey," *Eurasianet*, May 5, 2008.

16 그 이전에 여러 학문의 통섭 연구 저작으로는 다음을 참조하라. Robin Dunbar et al.,
The Evolution of Culture (New Brunswick, NJ: Rutgers University Press, 1999).

17 Robin Dunbar et al., *Social Brain, Disturbed Mind* (Oxford, UK: Proceedings of the
British Academy, 2010).

18 마커스는 수백 편의 논문을 썼는데, 이 논문들은 지금까지 10만 번 이상 인용되었다.

19 Hazel Rose Markus and Alana Conner, *Clash!: How to Thrive in a Multicultural
World* (New York: Plume, 2014).

20 Hazel R. Markus and Shinobu Kitayama, "Culture and the Self: Implications
for Cognition, Emotion, and Motivation," *Psychological Review* 98, no.2 (April

1991): 224~253.

21 Bill Reiche, "How Do You Know Which Way is Up?," *Popular Science*, December 1950, 109~113.

22 Developed by Herman A. Witkin et al., *Psychological Differentiation* (New York: John Wiley & Sons, 1962).

23 Solomon E. Asch and Herman A. Witkin, "Studies in Space Orientation I–IV," *Journal of Experimental Psychology*, 1948.

24 Herman A. Witkin, "Individual Differences in Ease of Perception of Embedded Figures," *Journal of Personality* 19, no. 1 (1950).

25 Mutsumi Imai and Dedre Gentner, "A Cross-Linguistic Study of Early Word Meaning: Universal Ontology and Linguistic Influence," *Cognition* 62 (1997): 169~200.

26 Thomas D. Wilson, *The Oglethorpe Plan: Enlightenment Design in Savannah and Beyond* (Charlottesville: University of Virginia Press, 2012).

27 American Society of Planning Officials(ASPO), "Vest Pocket Parks," Information Report No. 229 (Chicago, December 1967).

28 "Collyer Brothers Park," NYC Parks, https://www.nycgovparks.org/about/history/historical-signs/listings?id=7845.

29 ASPO, "Vest Pocket Parks."

30 "Designer of the Vietnam Veterans Memorial: Maya Lin," Vietnam Veterans Memorial Fund, https://www.vvmf.org/About-The-Wall/history-of-the-vietnam-veterans-memorial/Maya-Lin/.

31 Maya Lin, *Smithsonian Magazine*, August 1996.

32 Maya Lin, "Making the Memorial," *New York Review of Books*, November 2, 2000.

33 Ibid.

34 Ibid.

35 Bill Moyers, "Public Affairs Television 'Becoming American' Interview with

Maya Lin," PBS, https://www.pbs.org/becomingamerican/appjourneystran-
script5.html.

36 다음 책은 문화 심리학 분야의 연구를 놀랍도록 쉽게 요약했다. Richard Nisbett, *The Geography of Thought: How Asians and Westerners Think Differently…and Why* (New York: Free Press, 2003).

37 미국세라믹학회는 1931년 연례총회에서 그녀의 발명을 인정했다. 다음 글을 참조하라. "Anna Wagner Keichline: Bellefonte Architect," Bellefonte Historical and Cultural Association, http://www.bellefontearts.org/localhistoryfiles/local-hist2new.htm.

38 T. Wayne Waters, "Renaissance Woman Anna Keichline," *Town&Gown*, March 2, 2015. 키클라인은 건축학을 전공했다는 배경 덕분에 자기가 그런 일을 수행하게 되었지만, "만약 당신이 나에게 더 어려운 과제를 맡기려고 했거나 내가 더 위험한 일을 하고자 했다면, 나는 기꺼이 그렇게 했을 것이다"라고 썼다.

39 Anna M. Lewis, *Women of Steel and Stone: 22 Inspirational Architects, Engineers, and Landscape Designers* (Chicago: Review Press, 2014).

40 Anna Keichline, "Modern Wall Construction," *Clay Worker*, June 1, 1932.

41 Nisbett, *The Geography of Thought.*

42 Usha Menon and Richard A. Shweder, "Kali's Tongue: Cultural Psychology and the Power of Shame in Orissa, India," in *Emotion and Culture: Empirical Studies of Mutual Influence* (Washington, D.C.: American Psychological Association, 1994).

43 Chris Dixon, "How Aristotle Created the Computer," *Atlantic*, March 20, 2017.

44 Bruce Johnston, "Colosseum Built with Loot from Sack of Jerusalem Temple," *Telegraph*, June 15, 2001.

45 〈탈출기〉 22장 25절은 대체로 고리대금업을 불우한 사람을 착취하는 것으로 규정한다. 다음 글을 참조하라. Peter Russell, "Usury—the Root of All Evil?," Spirit of Now, https://www.peterrussell.com/SP/Usury.php. 다음 글도 참조하라. Fordham University Center for Medieval Studies, "Medieval Sourcebook: Thom-

as Aquinas: On Usury, c. 1269~1271," and "The Prophet Muhammad's Last Sermon," Internet History Sourcebooks Project, January 2, 2020. 다음 책도 참조하라. Bhikkhu Bodhi, "Right Speech, Right Action, Right Livelihood (*Samma Vaca, Samma Kammanta, Samma Ajiva*)," in *The Noble Eightfold Path: The Way to End Suffering* (Onalaska, WA: Buddhist Publication Society Pariyatti Editions, 1994).

46 Robert L. Heilbroner, *The Worldly Philosophers: The Lives, Times, and Ideas of the Great Economic Thinkers* (New York: Touchstone, 1999).

4장 더하고 또 더해야 성공한다는 신화

1 Dieter Rams, *Less but Better* (New York: Gestalten, 2014).

2 George Whitesides, "Toward a Science of Simplicity," TED video, 17:46, https://www.ted.com/talks/george_whitesides_toward_a_science_of_simplicity.

3 George Carlin, "George Carlin Talks About 'Stuff,'" YouTube video, 5:10, posted by Tony Gustafsson, May 9, 2012, https://www.youtube.com/watch?v=4x_QkGPCL18.

4 Harry S. Truman, inaugural address, January 20, 1949, in *Inaugural Addresses of the Presidents of the United States* (Washington, D.C.: Government Printing Office, 1989).

5 Ibid.

6 이런 이타적인 동기를 세계 정책으로 전환할 여러 방법에 대해서는 1944년 7월의 브레튼우즈 회의를 포함하여 여러 곳에서 논의되었고, 브레튼우즈 회의는 2차 세계대전 이후의 국제 통화 제도를 확립했다. 그러나 트루먼이 이 연설을 하기 전까지는 아무것도 결정되지 않았다.

7 〈에제키엘서〉 18장 13절에는 이렇게 쓰어 있다. "변리를 받으려고 돈을 내놓거나, 이자를 받으면, 아들이 살 것 같으냐? 그는 살지 못한다. 이 모든 역겨운 짓을 저질렀으니, 그는 반드시 죽어야 한다. 그가 죽은 책임은 자신에게 있다."

8 Steve H. Hanke, "A Great Depression," *Globe Asia*, December 2008.

9 John Maynard Keynes, *The Essential Keynes,* ed. Robert Skidelsky (New York: Penguin Books, 2015).

10 예를 들어서 1946년에 의결된 미국의 고용법(P.L. 304, 79차 의회)은 "최대의 고용과 생산과 구매력"을 추구하는 것이었다.

11 "GDP per Capita, 1870 to 2016," Our World in Data, https://ourworldindata.org/economic-growth.

12 "Life Expectancy, 1770 to 2015," Our World in Data, https://ourworldindata.org/life-expectancy.

13 "Literate and Illiterate World Population," Our World in Data, https://ourworldindata.org/literacy.

14 "World Poverty Clock," World Data Lab, https://worldpoverty.io/.

15 Lynn Stuart Parramore, "Why a Medieval Peasant Got More Vacation Time Than You," Reuters, August 29, 2013.

16 Tim Kreider, "The 'Busy' Trap," *New York Times*, June 30, 2012.

17 Jim Collins, *Good to Great: Why Some Companies Make the Leap and Others Don't* (New York: HarperCollins, 2011).

18 Leslie A. Perlow, "The Time Famine: Toward a Sociology of Work Time," *Administrative Science Quarterly* 44, no. 1 (1999): 57~81.

19 펄로의 엔지니어들은 저렴한 사무용 컬러 레이저 프린터를 위한 소프트웨어를 연구하고 있었다.

20 Tracy Kidder, *The Soul of a New Machine* (New York: Avon, 1982). 다음 책도 참조하라. Fred Moody, *I Sing the Body Electronic: A Year with Microsoft on the Multimedia Frontier* (New York: Viking, 1995). 다음 책도 참조하라. G. Pascal Zachary, *Show Stopper!: The Breakneck Race to Create Windows NT and the Next Generation at Microsoft* (New York: Free Press, 1994).

21 Leslie A. Perlow, "Boundary Control: The Social Ordering of Work and Family Time in a High-Tech Corporation," *Administrative Science Quarterly* 43, no. 2

(1998): 328~357.

22 그 밖의 팁들은 다음에 있다. Leslie A. Perlow, *Sleeping with Your Smartphone: How to Break the 24/7 Habit and Change the Way You Work* (Boston, MA: Harvard Business School Publishing Corporation, 2012), and Leslie A. Perlow and Jessica L. Porter, "Making Time Off Predictable—and Required," *Harvard Business Review* 87, no. 10 (2009): 102~109.

23 Leonard Wong and Stephen J. Gerras, "Lying to Ourselves: Dishonesty in the Army Profession" (Carlisle, PA: Strategic Studies Institute, United States Army War College, February 2015).

24 Leonard Wong, "Stifled Innovation? Developing Tomorrow's Leaders Today" (Carlisle, PA: Strategic Studies Institute, United States Army War College, April 2012).

25 "Total Pages in the Code of Federal Regulations and the Federal Register," Regulatory Studies Center, George Washington University, https://regulatorystudies.columbian.gwu.edu/reg-stats.

26 1970년에 제정된 이 법률은 연방 차원의 법률로, 모든 대기오염원을 규제한다.

27 Barack Obama, "Remarks by the President in State of the Union Address," White House, Office of the Press Secretary, January 24, 2012.

28 "Executive Order 13563—Improving Regulation and Regulatory Review," White House, Office of the Press Secretary, January 18, 2011.

29 "Milk Exemption under the SPCC Rule," Environmental Protection Agency (EPA), https://www.epa.gov/oil-spills-prevention-and-preparedness-regulations/milk-exemption-under-spcc-rule.

30 "EPA Updates SPCC Regulation to Exclude Milk and Milk Products / Updated Rule in Keeping with President's Executive Order on Regulatory Reform," EPA Press Office, April 12, 2011.

31 "Administrator Lisa P. Jackson, Testimony Before the U.S. House Committee on Agriculture," EPA Press Office, March 3, 2011. 이 청문회에서 잭슨은 다음과 같이 말했다. "마지막으로, EPA는 유출된 우유를 유출된 석유와 같은 방식으로 처

331

리하려고 한다는 내용입니다. 이것은 명백하게 잘못된 것입니다. 오히려, EPA는 우유와 유제품 용기에 대한 처리를 석유와 다르게 면제할 것을 제안했고 또 최종 결정을 앞두고 있습니다. 의회에서 통과된 법률이 우유 용기를 포괄하도록 광범위하게 규정하기 때문에 이 면제 조치가 확정될 필요가 있었습니다. EPA가 면제 조치를 발의하고 법의 기준이 상식적인 차원에서 적용되도록 하는 것은 우리가 낙농업계와 함께 추진하는 우리의 일이었습니다. EPA가 취한 모든 조치는 우유 용기를 석유 규제 내용에서 면제하자는 것이었습니다. 우리는 이것이 곧 매듭지어질 것이라고 예상합니다."

32 "Administrator Lisa P. Jackson, Testimony Before the U.S. House Committee on Agriculture," 2011. 이 청문회에서 잭슨 국장은 이 조치가 "낙농업계에 연간 1억4,000만 달러를 절약하게 해줄 것"이라고 말했다. 이와 관련된 업계 내부의 입장에 대해서는 다음을 참조하라. Cass R. Sunstein, *Simpler: The Future of Government* (New York: Simon & Schuster, 2013). 이 보고서는 5년 동안 7억 달러 이상 절감될 것이라고 추정했다.

33 다음 책은 부조화 이론(incongruity theory)을 설명한다. John Morreall, *The Philosophy of Laughter and Humor* (Albany, NY: SUNY Press, 1986).

34 "Surfer Bitten by Shark: 'I Just Feel Really, Really, Lucky,'" *Hawaii News Now*, March 23, 2006. 다음 기사도 참조하라. Eloise Aguiar, "North Shore Surfer Survives Shark Bite," *Honolulu Advertiser*, March 24, 2006.

35 Hal E. Hershfield et al., "People Who Choose Time Over Money Are Happier," *Social Psychological and Personality Science* 7, no. 7 (May 2016).

36 Ashley V. Whillans et al., "Buying Time Promotes Happiness," *Proceedings of the National Academy of Sciences* (July 2017).

37 Ibid. "모든 것을 종합할 때, 당신은 얼마나 행복하다고 말할 수 있는가? 0=전혀 그렇지 않다, 10=매우 그렇다." "당신은 현재 최악의 삶에서 최고의 삶으로 이어지는 사다리에서 어디쯤을 올라가고 있습니까? 0=맨 아래, 10=맨 위."

38 Drake Baer, "This Dad Built a $10 Million Business by Reinventing the Bicycle," *Business Insider*, May 20, 2014.

39 "Leading Athletic Apparel, Accessories and Footwear Companies Worldwide

in 2020, by Sales (in Million U.S. Dollars)," Statista, https://www.statista.com/statistics/900271/leading-sportswear-and-performance-wear-companies-by-sales-worldwide/.

40 "A Brief History of Nike Air," *Nike News*, March 18, 2019.

41 Tess Reidy, "Nike's Iconic Air Max Trainer Celebrates 25th Anniversary with Tinker Hatfield," *Guardian*, December 14, 2013.

42 다음을 참조하라. Google Patents, https://patents.google.com/.

43 Katelyn Stenger, Clara Na, and Leidy Klotz, "Less Is More? In U.S. Patents, Design Transformations That Add Occur More Often Than Those That Subtract," Ninth International Conference on Design Computing and Cognition, July 2020. 더하기 아홉 개 단어는 '더하다(add)', '붙이다(attach)', '늘리다(augment)', '강화하다(bolster)', '코팅하다(coat)', '연결하다(connect)', '결합하다(join)', '복수의(multi)', '강화하다(reinforce)'였다. 빼기의 아홉 개 단어는 '빼다(subtract)', '떼다(detach)', '자유롭게 풀어주다(free)', '더 적음(less)', '제한하다(limit)', '없는(no)', '제거하다(remove)', '단순화하다(simplify)', '~없이(without)'였다.

44 "Inventor's Story," Strider, https://www.striderph.com/about.

45 Ibid.

46 Truman, inaugural address.

2부　어떻게 빼기를 적용할 것인가

5장　더 적은 것이 탁월하다

1 "If I Had More Time, I Would Have Written a Shorter Letter," Quote Investigator, https://quoteinvestigator.com/2012/04/28/shorter-letter/.

2 "The Epistle to the Reader," in *The Works of John Locke Esq.*, vol. 1 (London: John Churchill and Sam. Manship, 1714).

3 Herbert A. Simon, "Rational Choice and the Structure of the Environment," *Psychological Review* 63, no. 2 (1956): 129~138. 다음 책도 참조하라. Herbert A.

Simon, *Administrative Behavior: A Study of Decision-Making Processes in Administrative Organization* (New York: Macmillan, 1947).

4　Joshua Yaffa, "The Information Sage," *Washington Monthly*, May/June 2011.

5　Edward Tufte, *The Visual Display of Quantitative Information*, 2nd ed. (Cheshire, CT: Graphic Press, 2001).

6　Ibid., 105.

7　Adam Ashton, "Tufte's Invisible Yet Ubiquitous Influence," *Bloomberg*, June 10, 2009.

8　Deborah Shapley, "The Da Vinci of Data," *New York Times*, March 30, 1998.

9　"Lexington, Kentucky Population 2020," World Population Review, https://worldpopulationreview.com/us-cities/lexington-ky-population.

10　Terry Foody, *The Pie Seller, The Drunk, and the Lady: Heroes of the 1833 Cholera Epidemic in Lexington, Kentucky* (n.p.: Terry Foody, 2014). 이 책은 19세기 미국에서 콜레라가 창궐해서 무덤 파는 직업을 가진 사람들이 콜레라가 무서워 도시를 떠날 때 윌리엄 솔로몬이 궂은일을 도맡아 하면서 지역의 영웅이 된 과정을 묘사한다. 솔로몬은 주로 위스키를 마셨는데, 위스키가 콜레라 바이러스를 막아주었다. 그는 제퍼슨 데이비스라는 미군 중위와 함께 일했는데, 이 중위는 나중에 남부연합의 대통령이 된다. 다음 글을 참조하라. "Solomon, William 'King,'" Lexington History Museum, http://lexhistory.org/wikilex/solomon-william-king.

11　콜레라가 휩쓸고 간 뒤 렉싱턴에서는 타운브랜치크릭이 공중보건을 위협하는 요인이라고 바라보는 시각이 점점 커졌다. 게다가 렉싱턴은 점점 커지고 있었다. 다른 데서도 흔히 그랬지만, 렉싱턴에 철도가 깔릴 때 이 철도는 타운브랜치크릭을 따라서 이어졌고, 그 덕분에 인근의 땅값이 올라갔다. 그런데 타운브랜치크릭 주변으로 교통량과 활동량이 늘어나면서 홍수가 질병을 퍼트렸을 뿐만 아니라 상업과 교통의 흐름에도 방해가 되었다.

12　"Town Branch Commons, Lexington, KY," SCAPE, https://www.scapestudio.com/projects/reviving-town-branch/.

13　Wallace J. Nichols, *Blue Mind: The Surprising Science That Shows How Being*

Near, In, On, or Under Water Can Make You Happier, Healthier, More Connected, and Better at What You Do (Boston: Little, Brown, 2014).

14 Larissa Zimberoff, "Minetta Brook: A Lost River Under the Streets of Manhattan," Untapped New York, July 24, 2012.

15 Joel Pomerantz, Seep City, http://www.seepcity.org.

16 Ernest Hemingway, *A Moveable Feast* (New York: Scribner's, 1964). 헤밍웨이는 이렇게 설명한다. "나는 그 노인이 목을 매 자살했다는 (단편소설 〈철이 지난(Out of Season)〉의) 진짜 결말을 생략했다. 이렇게 뺀 것은 나의 새로운 이론을 토대로 한 것이다."

17 Paul Smith, "Hemingway's Early Manuscripts: The Theory and Practice of Omission," *Journal of Modern Literature* 10, no. 2 (1983): 268~288.

18 Daniel Oppenheimer, "Consequences of Erudite Vernacular Utilized Irrespective of Necessity: Problems with Using Long Words Needlessly," *Applied Cognitive Psychology* 20 (2006): 139~156.

19 William Strunk Jr. and E. B. White, *The Elements of Style*, 4th ed. (London: Pearson, 1999).

20 "Most Frequently Assigned Titles," Open Syllabus, https://opensyllabus.org/. 이 웹페이지는 《문체의 요소》가 미국 교육제도의 커리큘럼에서 가장 많이 사용되는 교재임을 보여준다(2020년 9월 기준).

21 Strunk Jr. and White, *The Elements of Style*.

22 다른 사람이 요약한 내용을 편집할 때는 실험참가자의 28퍼센트가 빼기를 했는데, 자기가 요약한 내용을 편집할 때는 실험참가자의 14퍼센트만 빼기를 했다. 자세한 내용은 다음을 참조하라. Gabe Adams et al., "Overlooking Subtractive Changes," *Nature*(2021).

23 Caren M. Rotello and Evan Heit, "Modeling the Effects of Argument Length and Validity on Inductive and Deductive Reasoning," *Journal of Experimental Psychology: Learning, Memory, and Cognition* 35, no. 5 (September 2009): 1317~1330.

24 "Admissions: Apply," Harvard University Graduate School of Design, https://

www.gsd.harvard.edu/admissions/apply/(as of September 2020).

25 Bruce Springsteen, *Born to Run* (New York: Simon & Schuster, 2016).

26 Ibid., 264.

27 맨프레드 맨스 어쓰 밴드(Manfred Mann's Earth Band)가 커버곡으로 불렀던 스프링스틴의 '불빛에 눈이 멀어'는 빌보드차트 1위에 오르며 이 그룹의 최고 히트곡이 되었다.

28 Dave Marsh, "Darkness on the Edge of Town," *Rolling Stone*, July 27, 1978. 비평가 데이브 마쉬(Dave Marsh)는 스프링스틴의 전기와 관련된 글을 이것 말고도 여러 편 썼다.

29 "Albums and Tracks of the Year: 1978," *NME*, October 10, 2016.

30 "Bruce Springsteen Tour Statistics: Songs Played Total," Setlist.fm, https://www.setlist.fm/stats/bruce-springsteen-2bd6dcce.html.

31 Adrian Higgins, "For the First Time, MacArthur Foundation has Given 'Genius' Award to a Landscape Architect," *Washington Post*, October 18, 2017.

32 Christopher Y. Olivola, "The Interpersonal Sunk-Cost Effect," *Psychological Science* 29, no. 7 (2018): 1072~1083.

33 자기가 쓴 글을 편집할 때는 실험참가자의 14퍼센트가 축약을 했고, 다른 사람이 쓴 글을 편집할 때는 실험참가자의 28퍼센트가 축약을 했다. 자세한 내용은 다음을 참조하라. Adams et al., "Overlooking Subtractive Changes." TK.

34 Marie Kondo, *The Life-Changing Magic of Tidying Up* (Berkeley, CA: Ten Speed Press, 2014).

35 *Tidying Up with Marie Kondo* (Los Gatos, CA: Netflix, 2019).

36 Marie Kondo, *Spark Joy: An Illustrated Master Class on the Art of Organizing and Tidying Up* (Berkeley, CA: Ten Speed Press, 2016).

37 Albert Bandura, *Self-Efficacy: The Exercise of Control* (New York: W. H. Freeman, 1997). 다음 글도 참조하라. "Information on Self-Efficacy, A Community of Scholars," University of Kentucky, https://www.uky.edu/~eushe2/Pajares/self-efficacy.html. 다음 글도 참조하라. James E. Maddux, "Self-Efficacy: The Power of Believing You Can" in *The Oxford Handbook of Positive Psychology*,

2nd ed. (Oxford Handbooks Online, September 2012).

38 Mihaly Csikszentmihalyi, *Finding Flow: The Psychology of Engagement with Everyday Life* (New York: Basic Books, 1997).

39 Hardeep Phull, "Springsteen Hasn't Done a Day's Work Since His Teens," *New York Post*, April 29, 2017.

40 Mark Zachary and Charlotte Thralls, "Cross-Disciplinary Exchanges," *Technical Communication Quarterly* 13, no. 4(2004): 447~462.

41 Kurt Lewin, *Field Theory in Social Science: Selected Theoretical Papers*, ed. Dorwin Cartwright (New York: Harpers, 1951). 다음 글도 참조하라. Kurt Lewin, "Need, Force and Valence in Psychological Fields," in *Classic Contributions to Social Psychology* (London: Oxford University Press, 1972).

42 Saif M. Mohammad and Peter D. Turney, "Crowdsourcing a Word-Emotion Association Lexicon," *Computational Intelligence* 29, no. 3 (2013): 436~465. 다음 글도 참조하라. Saif M. Mohammad and Peter D. Turney, "Emotions Evoked by Common Words and Phrases: Using Mechanical Turk to Create an Emotion Lexicon," NAACL-HLT Conference, January 2010.

43 Kate Orff et al., "The Deep Section: Karst Urbanism in Town Branch Commons," *Oz* 37, no. 9 (2015). "(그들은) 그 지하천 및 물의 다면적인 특성을 일련의 도시 여행지로서의 모습으로 드러내고, 타운브랜치크릭을 생태적으로 실행 가능하며 안전한 수로로 깨끗하게 비워내고, 타운브랜치크릭을 도시의 특성을 살리는 방향으로 덜어내서 지형적 특성을 연출하고, 타운브랜치크릭을 발원지인 그 주변과 연결하는 것을 목표로 한다."

44 Amos Tversky and Daniel Kahneman, "Prospect Theory: An Analysis of Decision Under Risk," *Econometrica* 47 (1979): 263~291.

45 아모스 트버스키는 1996년에 사망했다.

46 Daniel Kahneman, *Thinking, Fast and Slow* (New York: Farrar, Straus and Giroux, 2011).

47 Michael Lewis, *The Undoing Project: A Friendship That Change Our Minds* (New

York: W. W. Norton, 2016).

48 Daniel Kahneman et al., "Experimental Tests of the Endowment Effect and the Coase Theorem," *Journal of Political Economy* 98, no. 6 (December 1990): 1325~1348.

49 이 차이도 허버트 사이먼이 발견한 것에서 비롯된다고 할 수 있지 않을까? 아마도 학생들은 교환을 목적으로 굳이 자리에서 일어나는 것을 바라지 않을 수도 있고, 또 낯을 가려서 서로 대화를 나누려 하지 않을 수도 있다. 그래서 카너먼과 그의 팀은 머그잔을 토큰으로 바꾼다는 것 외에는 모든 조건을 동일하게 설정한 일련의 실험을 통해서 이런 가능성을 배제했다. 거래에 사용된 토큰은 교실에서 나갈 때 현금으로 교환할 수 있었다. 교실 바깥으로 나가면 아무런 가치가 없는 토큰이라고 하더라도, 토큰으로 거래를 할 때는 머그잔으로 거래를 할 때와 마찬가지로 몸을 움직이고 이동해야 하고 또 대화를 해야 한다. 따라서 현금 지불 의지나 판매 의지는 토큰이라고 하더라도 머그잔과 다르지 않았다.

50 Alan Silberberg et al., "On Loss Aversion in Capuchin Monkeys," *Journal of the Experimental Analysis of Behavior* 89, no. 2 (March 2008): 145~155.

51 Sabrina M. Tom et al., "The Neural Basis of Loss Aversion in Decision-Making Under Risk," *Science* 315, no. 5811 (January 2007): 515~518. 다음 글도 참조하라. Ben Seymour et al., "Differential Encoding of Losses and Gains in the Human Striatum," *Journal of Neuroscience* 27, no. 18 (May 2007): 4826~4831.

52 Kate Orff, *Toward an Urban Ecology* (New York: Monacelli Press, 2016).

6장 변화를 창조하는 빼기의 힘

1 Dave Marsh and James Bernard, *New Book of Rock Lists* (New York: Fireside, 1994).

2 "The Sharpeville Massacre, 1960," Divestment for Humanity: The Anti-Apartheid Movement at the University of Michigan, https://michiganintheworld.history.lsa.umich.edu/antiapartheid/.

3 United Nations Security Council Resolution 181 (1963). 이 유엔 안보리 결의안은

각국이 자발적으로 남아프리카공화국에 대한 모든 탄약과 군용 차량에 대한 판매 및 선적의 중단을 요구했다. 이 조항은 나중에 결의안 418호(1977년)로 의무사항이 되었다.

4 Ibram X. Kendi, *How to Be an Antiracist* (New York: One World, 2019).

5 Kurt Koffka, *Principles of Gestalt Psychology* (London: Routledge, 1935).

6 Kurt Lewin, *Field Theory in Social Science: Selected Theoretical Papers*, ed. Dorwin Cartwright (New York: Harpers, 1951).

7 레빈은 또한 사회문제심리학연구학회(SPSSI) 설립을 도왔다. 지금도 활동하는 이 단체는 현대의 사회·경제·정치 정책과 가장 치명적인 관련이 있는 심리 문제에 대한 연구를 장려한다. 또 대중과 그 대표자들이 사회적인 정책을 형성하는 데서 인간 행동에 대한 과학적인 조사에서 비롯되는 기여를 이해하고 사용할 수 있도록 돕는 것을 목적으로 한다.

8 "Making the Invisible Visible: Transformative Research and Social Action," SPSSI 2020 Summer Conference, Denver, Colorado, June 26~28, 2020.

9 Stephen Dubner, "How to Launch a Behavior-Change Revolution," *Freakonomics Radio*, episode 306, produced by Stephen J. Dubner, 47:53.

10 Russell A. Dewey, "Gestalt Psychology," in *Psychology: An Introduction*, https://www.psywww.com/intropsych/.

11 Dietrich Braess, "On a Paradox of Traffic Planning," *Transportation Science* 39, no. 4 (November 2005): 443~556.

12 Richard Steinberg and Willard I. Zangwill, "The Prevalence of Braess' Paradox," *Transportation Science* 17, no. 3 (August 1983): 239~360.

13 Joel E. Cohen and Paul Horowitz, "Paradoxical Behaviour of Mechanical and Electrical Networks," *Nature* 352 (1991): 699~701.

14 Sagra Sahasrabudhe and Adilson E. Motter, "Rescuing Ecosystems from Extinction Cascades Through Compensatory Perturbations," *Nature Communications* 2, no. 170 (January 2011): 1~8.

15 "2019 Patriot League Men's Soccer Record Book," Patriot League, https://patriotleague.org/sports/2016/6/13/sports-m-soccer-archive-patr-m-soccer-archive-html.aspx.

16 "Elizabeth: Dr. Albert Einstein School (aka #29)," State of New Jersey Schools Development Authority, https://www.njsda.gov/NJSDA/ProjectSchoolDetails/SchoolGrantDetails?vProjectID=39–1320-x05&vSchoolDistrict=Elizabeth.

17 State of New Jersey Schools Development Authority, https://www.njsda.gov.

18 Jorge Luis Borges, purportedly from *Suárez Miranda, Travels of Prudent Men, Book Four, Ch. XLV* (Lérida: 1658) in Jorge Luis Borges, "On Exactitude in Science," in *Collected Fictions*, trans. Andrew Hurley (n.p.: Penguin Books: 1999). 아울러 다음을 참조하라. Lewis Carroll, *Sylvie and Bruno Concluded, Chapter XI* (London: 1895).

19 보르헤스의 《작품 모음집(Collected Fictions)》에서는 이렇게 말한다. "제국의 지도 제작술이 너무나 완벽해서 한 지역의 지도가 도시 하나의 크기였고, 제국의 지도는 한 지방의 크기에 달했다. 시간이 흘러도, 터무니없이 그 큰 지도들에 만족하지 못했고, 지도 제작자 조합은 결국 제국과 크기가 똑같은 지도를 만들었다. 그런데 그다음 세대는 지도 제작술 연구를 윗세대만큼 좋아하지 않았는데, 이들은 광대한 지도가 쓸모없음을 깨닫고는 태양과 겨울의 무자비함에 내던져버렸다. 서쪽에 있는 사막에는 지금도 그 지도의 너덜너덜한 폐허들이 있는데, 거기에는 동물과 거지들이 살고 있다. 그리고 이제는 모든 땅에 지리학이라는 과목의 유물은 아무것도 남아 있지 않다."

20 George A. Miller, "The Magical Number Seven, Plus or Minus Two: Some Limits on Our Capacity for Processing Information," *Psychological Review* 63, no. 2 (March 1956): 81~97.

21 Ibid., 96. 여기에서는 이렇게 말한다. "사실 나는 내 이야기가 정말 흥미로워지기 시작하면 바로 거기에서 멈춰야 한다고 느낀다."

22 Alan Baddeley, "The Magical Number Seven: Still Magic After All These Years?," *Psychological Review* 101, no. 2 (1994): 353~356. 다음 글을 참조하라. Paul M. Bays and Masud Husain, "Dynamic Shifts of Limited Working Memory Resources in Human Vision," *Science* 321, no. 5890 (August 2008): 851~854. 다음 글도 참조하라. Wei Ji Ma et al., "Changing Concepts of Working Memory,"

Nature Neuroscience 17 (2014): 347~356.

23 Donella H. Meadows, *Thinking in Systems: A Primer*, ed. Diana Wright (White River Junction, VT: Chelsea Green, 2008).

24 Agency for Healthcare Research and Quality (AHRQ), *Emergency Severity Index (ESI): A Triage Tool for Emergency Departments*, version 4 (Rockville, MD: AHRQ, last reviewed May 2020).

25 피터 프로노보스트의 중심정맥관 카테터 삽입술 관련 이야기는 다음 책에 묘사되어 있다. Atul Gawande, *The Checklist Manifesto: How to Get Things Right* (New York: Picador, 2011). 아툴 가완디가 쓴 이 책은 제목에 걸맞게 공공 보건 분야에 혁명을 일으켰다. 생명을 구하는 점검목록표를 가져온 것과 같이 빼기는 더 적음에 대한 우리의 생각 수준을 드높일 수 있다. 의사이자 작가인 저자는 이 내용을 다음과 같이 멋지게 표현했다. "꼭 필요한 지식이 개인적인 차원의 지식을 넘어서며 또 예측불가능성이 지배하는 공간이기도 한 진정한 복잡성의 여러 조건 아래에서는, 중앙에서 모든 것을 일일이 지시하려는 노력이 실패로 끝나고 만다. 사람들에게는 행동하고 적응할 공간이 필요하다."

26 다음 글에 따르면, "환자 가운데 무려 2만8,000명이나 사망했다." Peter Pronovost et al., "An Intervention to Decrease Catheter-Related Bloodstream Infections in the ICU," *New England Journal of Medicine* 355 (December 2006): 2725~2732. 이것을 다음 보고서와 비교해보라. *Traffic Safety Facts: 2006 Data* (Washington, D.C.: NHTSA National Center for Statistics and Analysis, 2006). 이 보고서는 2006년에 자동차 사고로 사망한 사람이 3만2,119명이라고 보고한다. (이 수치에는 오토바이를 탄 사람이나 자동차에 타지 않았던 사람 가운데서 발생한 사망자는 포함되지 않았다.)

27 "Appendix 5: Central Line Insertion Care Team Checklist," AHRQ, https://www.ahrq.gov/hai/clabsi-tools/appendix-5.html.

28 "Practice Guidelines for Central Venous Access: A Report by the American Society of Anesthesiologists Task Force on Central Venous Access," *Anesthesiology* 116, no. 3 (March 2012): 539~573.

29 Pronovost et al., "An Intervention to Decrease."

30 "Surgical Fire Prevention," ECRI, https://www.ecri.org/solutions/acci-

dent-investigation-services/surgical-fire-prevention.

31 그런데 캐리가 마지막 학기에는 A학점을 한 과목에서밖에 받지 못해서 나와 나의 남동
    생은 무척 기분이 좋았다.

32 Leslie Scott, *About Jenga: The Remarkable Business of Creating a Game that
    Became a Household Name* (Austin, TX: Greenleaf Book Group Press, 2010).

33 '젠가'라는 이름은 '쌓다'를 뜻하는 스와힐리어 'kujenga'에서 비롯되었다.

34 이 연속적인 처리 과정은 빼기를 워낙 무시하므로 선호 구성(preference construction)이
    라고 불린다. 다음을 참조하라. Paul Slovic, "The Construction of Preference,"
    American Psychologist 50, no. 5 (1995): 364~371.

35 Chris Hendrickson, *Project Management for Construction: Fundamental Con-
    cepts for Owners, Engineers, Architects and Builders*, version 2.2 (n.p., 2008),
    https://www.profkrishna.com/ProfK-Assets/HendricksonBook.pdf.

36 미국의 도넛협회가 뉴욕에 있는 아스토르호텔에서(이 호텔은 콜리어 형제의 저택에서 약 8킬
    로미터 떨어진 거리에 있다) "누가 맨 처음 도넛에 구멍을 냈을까?"라는 주제로 '위대한 도넛
    토론회(Great Donut Debate)'를 열었는데, 그레고리의 사촌이 그레고리의 편지 및 선서진
    술서를 가져와서 그레고리가 도넛에 구멍을 낸 최초의 인물이라고 주장을 했고, 유명인
    사들로 구성된 심사위원단은 그레고리를 최초의 인물로 인정했다. 그레고리가 도넛에
    맨 처음 구멍을 낸 인물이라는 이야기가 전혀 근거 없는 이야기는 아니라는 말이다. 다
    음 기사를 참조하라. Candy Sagon, "The Hole Story," *Washington Post*, March 6,
    2002.

37 도넛의 구멍이 다양한 모양의 케이크를 만들 때처럼 동그란 형태의 반죽을 떼어내는 공
    정을 통해서 생긴다고 당신은 생각할지도 모르겠다. 그러나 도넛 반죽이 사출 방식으
    로 만들어질 때는 구멍이 생기지 않고 반죽이 상대적으로 더 많이 들어간다. 다음 글을
    참조하라. David A. Taylor, "The History of the Doughnut," *Smithsonian Maga-
    zine*, March 1998.

1   Simon L. Lewis and Mark A. Maslin, "Defining the Anthropocene," *Nature* 519 (2015): 171~180.

2   Dr. Seuss, *The Lorax* (New York: Random House, 1971). 닥터 수스의 이 고전적인 작품은 200만 부 넘게 팔렸으며, 2012년에는 극장용 애니메이션으로도 제작되었다.

3   Ray Anderson, *Mid-Course Correction: Toward a Sustainable Enterprise: The Interface Model* (n.p.: Peregrinzilla Press, 1999).

4   "Climate Change: How Do We Know?," NASA, http://climate.nasa.gov/evidence. 다음 글도 참조하라. "Is the Current Level of Atmospheric CO2 Concentration Unprecedented in Earth's History?," National Academies Press, https://www.nap.edu/resource/25733/interactive/.

5   "History of Energy Consumption in the United States, 1775–2009," U.S. Energy Information Administration, https://www.eia.gov/todayinenergy/detail.php?id=10.

6   "CO2 Ice Core Data," CO2.earth, https://www.co2.earth/co2-ice-core-data.

7   "Climate Change and Health," World Health Organization, February 1, 2018, https://www.who.int/news-room/fact-sheets/detail/climate-change-and-health.

8   Andy Haines and Kristie Ebi, "The Imperative for Climate Action to Protect Health," *New England Journal of Medicine* 380 (January 2019): 263~273.

9   "Alan Kurdi," 100 Photographs, *Time*, 2005, http://100photos.time.com/photos/nilufer-demir-alan-kurdi.

10 Mark Fischetti, "Climate Change Hastened Syria's Civil War," *Scientific American*, March 2, 2015.

11 Jørgen Stig Nørgård et al., "The History of the Limits to Growth," *Solutions* 1, no. 2 (March 2010): 59~63.

12 Donella H. Meadows et al., *The Limits to Growth* (New York: Report to the Club of Rome, 1972). 제목이 부정적임에도 불구하고 이 책에 담긴 세 가지 시나리오 가운데 하나

는 인류가 지구를 약탈하지 않고서도 번영을 이어갈 수 있는 길을 낙관적으로 묘사한다.

13 "환경보호는 가장 오랜 기간에 걸쳐서 이어지는, 가장 많은 사람의 가장 많은 행복을 위해서 숲, 물, 땅, 광물을 선견지명의 지혜로써 이용하고 보존하고 재생하는 것이다"라고 다음 책은 말한다. Gifford Pinchot, *Breaking New Ground* (Washington, D.C.: Island Press, 1998).

14 Will Steffen et al., "Planetary Boundaries: Guiding Human Development on a Changing Planet," *Science* 347, no. 6223 (February 2015): 1259855.

15 예를 들어 다음 책에 실린 주장이 그렇다. Nicolas Stern, *The Economics of Climate Change: The Stern Review* (Cambridge, UK: Cambridge University Press, 2007).

16 Justin Farrell, "Corporate funding and ideological polarization about climate change," *Proceedings of the National Academies of Sciences* 113, no. 1 (2016): 92~97.

17 Hans Rosling et al., *Factfulness: Ten Reasons We're Wrong About the World— and Why Things Are Better Than You Think* (New York: Flatiron Books, 2018).

18 마법사와 예언자의 주장이 대립하는 것은 다음 책에서 다루는 주제다. John McPhee, *Encounters with the Archdruid* (New York: Farrar, Straus and Giroux, 1971). 다음 책도 참조하라. Charles Mann, *The Wizard and Prophet: Two Remarkable Scientists and Their Dueling Visions to Shape Tomorrow's World* (New York: Knopf, 2018).

19 S. Nazrul Islam and John Winkel, "Climate Change and Social Inequality," working paper no. 152 (New York: United Nations, October 2017).

20 IPCC, *Climate Change 2014: Synthesis Report. Contribution of Working Groups I, II, and III to the Fifth Assessment Report of the Intergovernmental Panel on Climate Change* (Geneva, Switzerland: IPCC, 2015).

21 그리고 어떤 목표들과 상황들은 기후와 관련된 목표들 및 상황들과 밀접하게 연관되어 있다. IPCC 말고도 특히 생물종의 멸종에 관심을 기울이는 단체가 IPBES(생물다양성 과학기구)인데, 이 단체는 IPCC처럼 엄격한 과정을 거쳐서 밀도 높은 보고서를 내놓는다.

22 Carolina Mauri, "Co2sta Rica, The National Climate Change Strategy and the Carbon Neutrality Challenge," Ministry of Environment, Energy, and

Telecommunications, https://unfccc.int/files/meetings/sb30/press/applica-
tion/pdf/session4_mitigation.pdf.

23 John McPaul, "Costa Rica Pledges to Be 'Carbon Neutral' by 2021," *Reuters*,
June 7, 2007.

24 바이오연료는 에너지 회생률보다 느리게 소비된다.

25 "'Reduce, Reuse, Recycle' Button," Smithsonian Natural Museum of Amer-
ican History, https://americanhistory.si.edu/collections/search/object/
nmah_1284430.

26 Jean-Francois Bastin et al., "The Global Tree Restoration Potential," *Science*
365, no. 6448 (July 2019): 76~79. 아울러 다음 논문도 참조하라. "Erratum for the
Report," *Science* 368 no. 6494 (May 2020): eabc8905.

27 Justin McClellan et al., "Cost Analysis of Stratospheric Albedo Modifica-
tion Delivery Systems," *Environmental Research Letters* 7, no. 3 (August 2012):
034019.

28 Hashem Akbari and H. Damon Matthews, "Global Cooling Updates: Reflec-
tive Roofs and Pavements," *Energy and Buildings* 55 (December 2012): 2~6.

29 Mark G. Lawrence et al., "Evaluating Climate Geoengineering Proposals in
the Context of the Paris Agreement Temperature Goals," *Nature Communi-
cations* 9, no. 3734 (2018).

30 현재 엔지니어들은 거대한 공기 여과기와 인공 나무, 이산화탄소를 추출·저장하는 새로
운 종류의 콘크리트와 작물을 연구하고 있다.

31 Hal E. Hershfield et al., "Increasing Saving Behavior Through Age-Pro-
gressed Renderings of the Future Self," *Journal of Marketing Research* 48
(2019): S23~S37.

32 Arnim Wiek and David Iwaniec, "Quality Criteria for Visions and Visioning in
Sustainability Science," *Sustainability Science* 9, no. 4 (2014): 497~512.

33 Hannah Ritchie and Max Roser, "Costa Rica: What Share of Global CO2
Emissions Are Emitted by the Country?," Our World in Data, https://our-

worldindata.org/co2/country/costa-rica. 이것은 전 세계 탄소 배출량 중 코스타리카가 차지하는 비율이 2006년 0.02퍼센트였으며 2007년에는 0.03퍼센트로 올라갔다가, 그 뒤로는 전반적으로 내려가고 있음을 보여준다.

34 Hannah Ritchie and Max Roser, "CO2 Emissions," Our World in Data, https://ourworldindata.org/co2-emissions.

35 Megan Darby and Isabelle Gerretsen, "Which Countries Have a Net Zero Carbon Goal?," *Climate Change News*, https://www.climatechangenews.com/2020/09/17/countries-net-zero-climate-goal/.

36 "Country Summary: Costa Rica," Climate Action Tracker, https://climateactiontracker.org/countries/costa-rica/. 이 자료는 코스타리카에서 생산되는 전력의 98퍼센트가 재생가능 에너지로 생산됨을 보여준다.

37 Anna Bruce-Lockhart, "Which Is the Greenest, Happiest Country in the World," World Economic Forum, July 29, 2016. 아울러 다음 글도 참조하라. "Costa Rica," Happy Planet Index, http://happyplanetindex.org/countries/costa-rica.

38 Gerardo Ceballos et al., "Accelerated Modern Human-Induced Species Losses: Entering the Sixth Mass Extinction," *Science Advances* 1, no. 5 (Jun 2015): e1400253.

39 Elizabeth Dickinson, "GDP: A Brief History," *Foreign Policy*, January 3, 2011.

40 "The Trouble with GDP," *Economist*, April 30, 2016.

41 GDP 개념을 경제에 도입한 사람 가운데 한 명인 존 메이너드 케인스는 수치를 측정하기 어려운 상황에 맞닥뜨린 사람들을 위해서 현명한 조언 하나를 남겼다. "정확히 틀리는 것보다 차라리 막연하게 옳은 게 좋다."

42 코스타리카는 오랫동안 더 적음에 재투자를 해왔다. 1997년, 코스타리카는 세계 최초로 온실가스 배출을 완화하는 기업에 보조금을 지급하는 제도를 전국적으로 실시했다. 다른 나라들도 환경보호 관련 보조금 제도를 마련했지만, 코스타리카는 이 제도를 서비스에 대한 지불 제도로 처음 재규정했다. 그러나 그 제도는 완벽하지 않았다. 정액제 지불 방식이었던 이 제도는 환경에 대한 기여 정도를 따로 고려하지 않았기 때문이다. 그

래서 온실가스 배출 저감 효과가 가장 높은 분야가 이 프로그램의 사각지대에 놓일 수밖에 없었다. 게다가 보조금으로 지급되는 유류세는 세계은행과 다른 나라에서 들여온 외부 자금으로 충당해야 했다. 이 제도는 땅을 소유한 사람들에게만 도움이 될 뿐이다. Katia Karousakis, "Incentives to Reduce GHG Emissions from Deforestation: Lessons Learned from Costa Rica and Mexico," Organisation for Economic Co-Operation and Development and International Energy Agency, May 2007.

43 Judith Eve Lipton and David P. Barash, *Strength Through Peace: How Demilitarization Led to Peace and Happiness in Costa Rica, and What the Rest of the World can Learn From a Tiny, Tropical Nation* (Oxford, UK: Oxford University Press, 2019).

44 "GDP Per Capita (Current US$)—Costa Rica, United States," World Bank, https://data.worldbank.org/indicator/NY.GDP.PCAP.CD?locations=CR-US.

45 Luis Rosero-Bixby and William H. Dow, "Exploring Why Costa Rica Outperforms the United States in Life Expectancy: A Tale of Two Inequality Gradients," *Proceedings of the National Academy of Sciences* 113, no. 5 (Feb 2016): 1130~1137.

46 복원력프로젝트의 결과는 다음에 요약되어 있다. Lance Gunderson and Crawford Holling, eds., *Panarchy: Understanding Transformations in Human and Natural Systems* (Washington, D.C.: Island Press, 2009). 본문의 인용 부분은 위의 책 내용을 요약한 다음 책에서 가져왔다. Crawford Holling, "Understanding the Complexity of Economic, Ecological, and Social Systems," *Ecosystems* 4, no. 5 (2001): 390~405.

47 Desmond Tutu, "We Need An Apartheid-Style Boycott to Save the Planet," *Guardian*, April 10, 2014.

48 "Do the Math," 350.org, https://math.350.org/.

49 Teresa Watanabe, "UC Becomes Nation's Largest University to Divest Fully from Fossil Fuels," *Los Angeles Times*, May 19, 2020.

50 Philip Pullella, "Vatican Urges Catholics to Drop Investments in Fossil Fu-

51 Track additional progress at 350.org, https://www.350.org.

52 Harry S. Truman, inaugural address, January 20, 1949, in *Inaugural Address-es of the Presidents of the United States* (Washington, D.C.: Government Printing Office, 1989).

8장 정보를 지혜로 증류하기

1 Cal Newport, "Is Email Making Professors Stupid?," *Chronicles of Higher Education*, February 12, 2019.

2 Nick Bilton, "The American Diet: 43 Gigabytes a Day," *New York Times*, December 9, 2009.

3 Jeff Desjardin, "What Happens in an Internet Minute in 2017?," *Visual Capitalist*, August 2, 2017.

4 Barry Schwartz, *The Paradox of Choice: Why More Is Less* (New York: HarperCollins, 2004).

5 Cass R. Sunstein, *How Change Happens* (Cambridge, MA: MIT Press, 2019).

6 Daniel J. Levitin, "Why It's So Hard to Pay Attention, Explained by Science," *Fast Company*, August 23, 2015.

7 Herbert A. Simon, "Designing Organizations for an Information-Rich World," in *Computers, Communications, and the Public Interest* (Baltimore, MD: Johns Hopkins University Press, 1971).

8 Sendhil Mullainathan and Eldar Shafir, *Scarcity: Why Having Too Little Means So Much* (New York: Picador, 2013).

9 Richard Van Noorden, "Global Scientific Output Doubles Every Nine Years," *Nature News Blog*, May 7, 2014. 다음 자료도 참조하라. EIA, *International Energy Outlook 2019 With Projections to 2050* (Washington, D.C.: U.S. Energy Information Administration, 2019). 다음 글도 참조하라. "World Economic Outlook Reports,"

International Monetary Fund, https://www.imf.org/en/Publications/WEO.

10 John M. Keynes, *A Treatise on Probability* (London: Macmillan, 1921).

11 Ecclesiastes 12:12, Christian Standard Bible.

12 Lucius Annaeus Seneca, *Letters from a Stoic*, trans. Robin Campbell (New York: Penguin Books, 1969).

13 Ann M. Blair, *Too Much to Know: Managing Scholarly Information Before the Modern Age* (New Haven, CT: Yale University Press, 2010).

14 Richard Saul Wurman, *Information Anxiety* (New York: Bantam, 1990).

15 Clara Levy, "Cheating at Mines: Part One & Two," *Oredigger*, March 8, 2016, http://oredigger.net/2016/03/cheating-at-mines-part-one/.

16 Helen Carter, "Authors and Poets Call Halt to Book Pulping at Manchester Central Library," *Guardian*, June 22, 2012.

17 St. Mark Lutheran Preschool, http://www.stmarkpreschool.net/.

18 "Workshop: Constructivism as a Paradigm for Teaching and Learning," WNET Education, https://www.thirteen.org/edonline/concept2class/con-structivism/. 이 자료집은 피아제(Piaget)에게서 시작되는 전반적인 개괄을 잘 보여준다. 이것은 한층 더 더하기 중심적인 페퍼트(Papert)의 구성주의와 혼동해서는 안 되는데, 페퍼트의 구성주의는 다음 책이 잘 설명하고 있다. Idit Harel and Seymour Papert, *Constructionism* (Norwood, NJ: Ablex Publishing, 1991). "심리학의 구성주의 이론에서는 학습을 지식 전달이라기보다는 지식 재구성으로 바라본다. 그런 다음, 대상을 얼마든지 조작할 수 있다는 발상을, 학습자가 자기가 수행하는 어떤 활동의 일부를 의미있는 산물을 구성하는 것으로서 경험할 때 학습이 가장 효과적으로 이루어진다는 발상으로 확장한다." 이어서 이 책은 "학습자가 해변에서 모래성을 쌓든 우주 이론을 구성하든 어떤 공식적인 실체를 구성하는 일에 의식적으로 몰두할 때" 이런 일이 가장 잘 일어난다는 의견을 덧붙인다.

19 Dedre Gentner and Albert L. Stevens, eds., *Mental Models* (New York: Psychology Press, 2014).

20 Andrea A. DiSessa, "A History of Conceptual Change Research: Threads and

Fault Lines" (Berkeley: UC–Berkeley, 2014).

21 예를 들어 다음 책을 참조하라. Michael Allen, *Misconceptions in Primary Science* (New York: McGraw-Hill, 2010).

22 Leon Festinger et al., *When Prophecy Fails: A Social and Psychological Study of a Modern Group That Predicted the Destruction of the World* (Minneapolis: University of Minnesota Press, 1956).

23 John D. Sterman and Linda Booth Sweeney, "Understanding Public Complacency About Climate Change: Adults' Mental Models of Climate Change Violate Conservation of Matter," *Climatic Change* 80 (2007): 213~238.

24 John P. Smith III et al., "Misconceptions Reconceived: A Constructivist Analysis of Knowledge in Transition," *The Journal of Learning Sciences* 3, no. 2 (1994): 115~163.

25 George J. Posner et al., "Accommodation of a Scientific Conception: Toward a Theory of Conceptual Change," *Science Education* 77, no. 2 (April 1982): 211~227.

26 연구자들의 표현을 빌려서 풀어 설명하면 이렇게 된다. "세상이 오로지 자기가 생각하는 한 가지 방식으로만 돌아간다고 생각하면서 행동할 때, 이런 기대는 자주 어긋나고 우리는 실패를 거듭한다. 그러나 그 새로운 경험을 수용하고 세상이 돌아가는 방식에 대한 자기 생각을 재구성할 때 우리는 실패의 경험에서 교훈을 얻는다."

27 Thomas S. Kuhn, *The Structure of Scientific Revolutions*, 3rd ed. (Chicago: University of Chicago Press, 1996).

28 "100 Best Nonfiction," Modern Library, https://www.modernlibrary.com/top-100/100-best-nonfiction/.

29 Nancy J. Nersessian, *Creating Scientific Concepts* (Cambridge, MA: MIT Press, 2010).

30 Dedre Gentner and Keith J. Holyoak, "Reasoning and Learning by Analogy: Introduction," *American Psychologist* 52, no. 1 (1997): 32~34.

31 하나의 예로 다음 글을 참조하라. Dedre Gentner, "Flowing Waters or Teeming

Crowds: Mental Models of Electricity," in *Mental Models* (Hillsdale, NJ: Lawrence Erlbaum Associates, 1983), 99~129. 다음 자료도 참조하라. David E. Brown and John Clement, "Overcoming Misconceptions via Analogical Reasoning: Abstract Transfer Versus Explanatory Model Construction," *Instructional Science* 18 (1989): 237~261. 다음 글도 참조하라. David E. Brown, "Using Examples and Analogies to Remediate Misconceptions in Physics: Factors Influencing Conceptual Change," *Journal of Research in Science Teaching* 29, no. 1 (1992): 17~34.

본질에 집중하는 힘

빼기의 기술

1판 1쇄 인쇄 2023년 5월 3일
1판 1쇄 발행 2023년 5월 10일

지은이 라이디 클로츠
옮긴이 이경식
펴낸이 고병욱

기획편집실장 윤현주 **책임편집** 유나경 **기획편집** 장지연 조은서
마케팅 이일권 김도연 함석영 김재욱 복다은 임지현
디자인 공희 진미나 백은주 **제작** 김기창 **관리** 주동은 **총무** 노재경 송민진

펴낸곳 청림출판(주)
등록 제1989-000026호

본사 06048 서울시 강남구 도산대로 38길 11 청림출판(주) (논현동 63)
제2사옥 10881 경기도 파주시 회동길 173 청림아트스페이스 (문발동 518-6)
전화 02-546-4341 **팩스** 02-546-8053
홈페이지 www.chungrim.com **이메일** cr1@chungrim.com
블로그 blog.naver.com/chungrimpub **페이스북** www.facebook.com/chungrimpub

ISBN 978-89-352-1414-3 (03320)